왕릉
풍수
이야기

왕릉풍수 이야기

최낙기 지음

한국학술정보

● 머리말

　우리 조선왕릉 40기가 2009년 6월 30일에 유네스코 세계문화유산으로 등재되었다. 등재 기준은 유산의 완전성과 진정성, 그리고 뛰어난 보편적 가치가 내재되어 있는지의 판단과 함께 적절한 보존 관리 계획이 수립되어 시행되고 있는지가 된다. 그런 만큼 세계문화유산으로 등재된 조선왕릉은 문화적으로 충분한 가치를 지니면서, 우리에게 자긍심과 자존감을 심어주는 유산임을 입증하고 있다.

　조선시대에는 총 27명의 왕이 있었으나 왕릉은 44기에 이른다. 재위한 왕보다 왕릉의 수가 많은 것은 능호를 받을 수 있는 기준 때문이다. 왕과 왕비 그리고 계비, 추존된 왕과 왕비의 무덤은 능호(陵號)를 받을 수 있다. 그러나 자신이 낳은 아들이 왕위에 올랐어도 자신이 왕이나 왕비가 아니면 능호를 받지 못하고 원호(園號)를 받는다. 또 다른 왕족은 일반 백성과 같이 묘호(墓號)가 적용된다. 그래서 27명의 왕, 왕과 따로 조성된 왕비나 계비의 무덤, 추존된 5명의 왕과 왕비의 무덤 44기가 따로 능호를 받았다. 여기서 44기는 왕을 지냈지만 폐위되면서 군(君)으로 강등되어 사후에 능호를 받지 못하고 묘호를 받은 연산군묘와 광해군묘를 필자가 인위적으로 포함한 수치다. 44기 중에 정종과 이성계의 정비 신의왕후 한씨 능은 개성에 있다. 그런 연유로 개성에 있는 후릉과 제릉, 그리고 능호를 받지 못한 연산군묘와 광해군묘는 세계문화유산 등재 신청 시에 빠져서 등재되지 못해 아쉬움이 크다.

조선왕릉의 위치를 보면 대개 서울 근교에 몰려있다. 이것은 조선 시대에 왕릉은 도성을 기준으로 100리(40km) 이내에만 조성할 수 있다는 기준이 적용되었기 때문이다. 왕이 선왕의 무덤에 참배를 갔을 때 유사시에 도성으로 빠르게 복귀할 수 있는 여건이 고려된 조건이다. 그래서 특별한 사유가 있었던 장릉(단종)만 도성으로부터 멀리 떨어진 영월에 있는 것이다.

대개 사람들은 왕릉을 대단한 명당으로 단정을 하면서도 한편으로는 '정말 그럴까?'라고 스스로 반문을 한다.

이 반문에 "명당 맞아!"라고 단정해서 대답하고 싶다. 당대 최고의 고수들이 상지관(相地官)으로 선발되었고, 왕실에는 순위가 정해진 왕릉후보지 목록이 지속적으로 관리되었으며, 당시에는 왕족과 대신들도 풍수에 능하여 왕릉 선정을 두고 충분한 논의와 토론이 있었기 때문이다. 풍수 공부를 하다 보면 "명당은 풍수를 아는 사람이 제일 좋은 곳을 차지할 수 있고, 그다음은 힘이나 돈이 있는 자"가 아니냐는 질문을 가끔 받는다. 그러나 풍수 책에는 "덕을 쌓은 자만이 명당을 차지할 수 있다"고 분명하게 기록되어 있다. 왕릉의 선정 과정을 살펴보면 왕들의 성정이 분명하게 드러나 있다. 『조선왕조실록』에 기록되어 있는 국장 과정과 왕릉후보지 결정 과정을 살펴보면 왕의 성격, 당시의 시대상, 권력의 장악 정도, 왕의 주변 인물과 배경 등이 크게 영향을 미쳤음을 알 수가 있다. 이런 부분들이 적덕(積德)과 관련이 있지 않을까 생각된다. 또한 "완전한 땅은 없다"는 것은 어쩔 수 없는 자연조건이기 때문에 명당인지 아닌지의 판단에 고려될 사항이다.

오랜 세월을 거치면서 완전에 가깝게 보존 관리되어온 조선왕릉이 우리에게 주는 교훈은 인성교육에 있을 것이다. 어떤 분이 "요즈음 청소년들은 조상의 무덤을 참배하면서 느낄 수 있는 조상의 얼과 교훈, 조상의 차례를 모시면서 배울 수 있는 선행과 덕을 쌓을 수 있는 가정교육의 기회가 줄어들어 참 아쉽다"는 이야기를 하셨다. 조선왕릉이 우리에게 남아있다는 사실만으로도 우리의 미래가 밝다고 여겨지는 부분과 일치되는 말씀이다.

　『왕릉 풍수 이야기』에 기록된 내용은 『조선왕조실록』을 근간으로 삼았으며, 내용이 미흡하다고 생각되거나 의문스러운 부분은 다른 자료를 찾아 대조 또는 수정 보완하였다. 이 글을 읽는 분들의 생각이나 지식에 배치될 수도 있는 내용이 있을 수 있으나, 대부분 『조선왕조실록』의 내용을 참고로 하였음을 밝혀둔다. 필자 역시 『조선왕조실록』은 당시에 사신들이 기록에 대한 충분한 검토와 논의를 통하여 기록하였다고 인정한다. 그러나 부분부분 '승자의 기록이 아닌가?'라는 생각이 들었음 또한 인정한다.

　이 글을 읽어 주신 분들께 감사를 드린다.

최낙기 올림

● 목 차

제3장 왕릉 풍수 / 330

제1장 조선왕릉

1. 조선의 왕족

1.1 왕과 왕비

구분	묘호	이름	생몰연대	재위기간	특이사항
제1대	태조 신의왕후 신덕왕후	李成桂 안변한씨 곡산강씨	1335~1408 1337~1391 ?~1396	1392.7~1398.9 (6년 2개월)	
제2대	정종 정안왕후	李芳果 경주김씨	1357~1419 1355~1412	1398.9~1400.11 (2년 2개월)	신의왕후 아들
제3대	태종 원경왕후	李芳遠 여흥민씨	1367~1422 1365~1420	1400.11~1418.8 (17년 10개월)	신의왕후 아들
제4대	세종 소헌왕후	李祹 청송심씨	1397~1450 1395~1466	1418.8~1450.2 (31년 6개월)	
제5대	문종 현덕왕후	李珦 안동권씨	1414~1452 1418~1441	1450.3~1452.5 (2년 3개월)	
제6대	단종 정순왕후	李弘暐 여산송씨	1441~1457 1440~1521	1452.5~1455.윤6 (3년 2개월)	
제7대	세조 정희왕후	李瑈 파평윤씨	1417~1468 1418~1483	1455.윤6~1468.9 13년 3개월	세종 2남
제8대	예종 장순왕후 안순왕후	李晄 청주한씨 청주한씨	1450~1469 1455~1461 ?~1498	1468.9~1469.11 (1년 2개월)	세조 2남
제9대	성종 공혜왕후 정현왕후	李娎 청주한씨 파평윤씨	1457~1494 1456~1474 1462~1530	1469.11~1494.12 (25년 11개월)	의경세자 2남
제10대	연산군 거창군부인	李㦕 거창신씨	1476~1506	1494.12~1506.9 (11년 10개월)	폐비 함안윤씨 아들
제11대	중종 단경왕후 장경왕후 문정왕후	李懌 거창신씨 파평윤씨 파평윤씨	1488~1544 1487~1557 1491~1515 1501~1565	1506.9~1544.11 (38년 2개월)	정현왕후 아들

제12대	인종 인성왕후	李岵 나주박씨	1515~1545 1514~1577	1544.11~1545.7 (8개월)	장경왕후 아들
제13대	명종 인순왕후	李峘 청송심씨	1534~1567 1532~1575	1545.7~1567.6 (22년)	문정왕후 아들
제14대	선조 의인왕후 인목왕후	李昖 반남박씨 연안김씨	1552~1608 1555~1600 1584~1632	1567.7~1608.2 (40년 7개월)	창빈안씨(중종 후궁) 손자
제15대	광해군 문성군부인	李琿 문화유씨	1575~1641 1576~1623	1608.2~1623.3 (15년 1개월)	공빈 김해김씨 아들
제16대	인조 인열왕후 장열왕후	李倧 청주한씨 양주조씨	1595~1649 1594~1635 1624~1688	1623.3~1649.5 (26년 5개월)	선조 후궁 인빈김씨 손자
제17대	효종 인선왕후	李淏 덕수장씨	1619~1659 1618~1674	1649.5~1659.5 (10년)	인조 2남
제18대	현종 명성왕후	李棩 청풍김씨	1641~1674 1642~1683	1659.5~1674.8 (15년 3개월)	
제19대	숙종 인경왕후 인현왕후 인원왕후	李焞 광산김씨 여흥민씨 경주김씨	1661~1720 1661~1680 1667~1700 1687~1757	1674.8~1720.6 (45년 10개월)	
제20대	경종 단의왕후 선의왕후	李昀 청송심씨 함종어씨	1688~1724 1686~1718 1705~1730	1720.6~1724.8 (4년 2개월)	희빈 인동장씨 아들
제21대	영조 정성왕후 정순왕후	李昑 달성서씨 경주김씨	1694~1776 1692~1757 1745~1805	1724.8~1776.3 (51년 7개월)	숙빈최씨(숙종 후궁) 아들
제22대	정조 효의왕후	李祘 청풍김씨	1752~1800 1753~1821	1776.3~1800.6 (24년 3개월)	사도세자 아들
제23대	순조 순원왕후	李玜 안동김씨	1790~1834 1789~1857	1800.7~1834.11 (34년 4개월)	수빈박씨 아들
제24대	헌종 효현왕후 효정왕후	李奐 안동김씨 남양홍씨	1827~1849 1828~1843 1831~1904	1834.11~1849.6 (14년 7개월)	효명세자 아들
제25대	철종 철인왕후	李元範 안동김씨	1831~1863 1837~1878	1849.6~1863.12 (14년 6개월)	사도세자 증손, 은언군 손자
제26대	고종 명성황후	李命福 여흥민씨	1852~1919 1851~1895	1863.12~1907.7 (43년 7개월)	인조 9대손 인평대군 8대손
제27대	순종 순명황후 순정황후	李坧 여흥민씨 해평윤씨	1874~1926 1872~1904 1894~1966	1907.7~1910.8 (3년 1개월)	

1.2 왕의 세계도

구분	묘호	원비	계비	후궁
제1대	태조 (太祖)	**신의왕후** 　진안대군 　영안대군(**정종**) 　익안대군 　회안대군 　정안대군(**태종**) 　덕안대군 　경신공주 　경선공주	**신덕왕후** 　무안대군 　의안대군(방석) 　경순공주	**성비원씨** **정경궁주 유씨** **화의옹주 김씨** 　숙신옹주 **?씨** 　의령옹주
제2대	정종 (定宗)	**정안왕후**		**성빈지씨** 　덕천군 　도평군 **숙의지씨** 　의평군 　선성군 　임성군 　함양옹주 **숙의기씨** 　순평군 　금평군 　정석군 　무림군 　숙신옹주 　상원옹주 **숙의문씨** 　종의군 **숙의윤씨** 　수도군 　임언군 　석보군 　장천군 　인천옹주 **숙의이씨** 　진남군 **?씨** 　덕천옹주 **?씨** 　고성옹주 **?씨**

제2대	정종 (定宗)			전산옹주 ?씨 함안옹주
제3대	태종 (太宗)	**원경왕후** 양녕대군(폐세자) 효령대군 충녕대군(세종) 성녕대군 정순공주 경정공주 경안공주 정선공주		**효빈김씨** 경녕군 **신빈김씨** 함녕군 온녕군 근녕군 정신옹주 정정옹주 숙정옹주 숙녕옹주 숙경옹주 숙근옹주 **선빈안씨** 익녕군 **의빈권씨** 정혜옹주 **소빈노씨** 숙혜옹주 **명빈김씨** **숙의최씨** 희령군 **안씨** 혜령군 소숙옹주 경신옹주 **최씨** 후령군 **김씨** 숙안옹주 **이씨** 숙순옹주 **?씨** 소선옹주
제4대	세종 (世宗)	**소헌왕후** 문종 수양대군(세조) 안평대군 임영대군 광평대군 금성대군 평원대군		**영빈강씨** 화의군 **신빈김씨** 계양군 의창군 밀성군 익현군 영해군

대수	왕			
제4대	세종 (世宗)	영응대군 정소공주 정의공주		담양군 **혜빈양씨** 　한남군 　수춘군 　영풍군 **숙원이씨** 　정안옹주 **상침송씨** 　정현옹주 **귀인박씨** **귀인최씨** **궁인사기최씨** 　○○옹주(조졸)
제5대	문종 (文宗)	**현덕왕후** 　**단종** 　경혜공주		**순빈정씨** **귀인홍씨** **사칙양씨** 　경숙옹주
제6대	단종 (端宗)	**정순왕후**		
제7대	세조 (世祖)	**정희왕후** 　의경세자(추존덕종) 　해양대군(**예종**) 　의숙공주		**근빈박씨** 　덕원군 　창원군
추존	덕종 (德宗)	**소혜왕후 청주한씨** 　월산대군 　자을산대군(**성종**) 　명숙공주		**귀인권씨** **귀인윤씨** **숙의신씨**
제8대	예종 (睿宗)	**장순왕후** 　인성대군(조졸)	**안순왕후** 　제안대군 　현숙공주	
제9대	성종 (成宗)	**공혜왕후**	**폐비 함안윤씨** 　**연산군** **정현왕후** 　진성대군(**중종**) 　신숙공주	**명빈김씨** 　무산군 **귀인정씨** 　안양군 　봉안군 　정혜옹주 **귀인권씨** 　전성군 **귀인엄씨** 　공신옹주 **숙의하씨** 　계성군 **숙의홍씨**

제9대	성종 (成宗)			완원군 회산군 견성군 익양군 경명군 운천군 양원군 혜숙옹주 정순옹주 정숙옹주 **숙의김씨** 휘숙옹주 경숙옹주 휘정옹주 **숙용심씨** 이성군 영산군 경순옹주 숙혜옹주 **숙용권씨** 경휘옹주
제10대	연산군 (燕山君)	**거창군부인** 황(폐세자) 창녕대군 휘순공주		**?씨** 양평군 돈수 ○○옹주
제11대	중종 (中宗)	**단경왕후**	**장경왕후** **인종** 효혜공주 **문정왕후** 경원대군(**명종**) 의혜공주 효순공주 경현공주 인순공주	**경빈박씨** 복성군 혜순옹주 혜정옹주 **희빈홍씨** 금원군 봉성군 **창빈안씨** 영양군 덕흥대원군(선조부친) 정신옹주 **귀인한씨** **숙의홍씨** 해안군 **숙의이씨** 덕양군 **숙의나씨** **숙원이씨** 정순옹주 효정옹주 **숙원김씨** 숙정옹주

제12대	인종 (仁宗)	**인성왕후**		**숙빈윤씨** **귀인정씨**
제13대	명종 (明宗)	**인순왕후** 　순회세자		**경빈이씨** **순빈이씨** **숙의신씨** **숙의정씨** **숙의정씨** **숙의한씨** **숙의신씨**
제14대	선조 (宣祖)	**의인왕후**	**인목왕후** 　영창대군 　정명공주	**공빈김씨** 　임해군 　**광해군** **인빈김씨** 　의안군 　신성군 　정원군(추존원종) 　의창군 　정신옹주 　정혜옹주 　정숙옹주 　정안옹주 　정휘옹주 **순빈김씨** 　순화군 **정빈민씨** 　인성군 　인흥군 　정인옹주 　정선옹주 　정근옹주 **정빈홍씨** 　경창군 　정정옹주 **온빈한씨** 　흥안군 　경평군 　영성군 　정화옹주 **귀인정씨** **숙의정씨**

제15대	광해군 (光海君)	문성군부인 질(폐세자)		소의윤씨 　○○옹주 숙의허씨 숙의홍씨 숙의권씨 숙의원씨 소용임씨 소용정씨 숙원신씨 조씨
추존	원종 (元宗)	인헌왕후 능성구씨 　능양군(인조) 　능원대군 　능창대군		김씨 　능풍군
제16대	인조 (仁祖)	인열왕후 　소현세자 　봉림대군(효종) 　인평대군(9세손 고종) 　용성대군 　○○대군(조졸)	장열왕후	귀인조씨(폐출) 　숭선군 　낙선군 　효명옹주 귀인장씨 숙의나씨
제17대	효종 (孝宗)	인선왕후 　현종 　숙신공주(조졸) 　숙안공주 　숙명공주 　숙휘공주 　숙정공주 　숙경공주		안빈이씨 　숙녕옹주 숙의김씨 숙원정씨
제18대	현종 (顯宗)	명성왕후 　숙종 　명선공주(조졸) 　명혜공주(조졸) 　명안공주		
제19대	숙종 (肅宗)	인경왕후 　○○공주(조졸) 　○○공주(조졸)	인현왕후 희빈 인동장씨(폐비) 　경종 　성수(조졸) 인원왕후	숙빈최씨 　영수(조졸) 　연잉군(영조) 　희수(조졸) 명빈박씨 　연령군 영빈김씨 귀인김씨 소의유씨

제20대	경종 (景宗)	단의왕후	선의왕후	
제21대	영조 (英祖)	정성왕후	정순왕후	정빈이씨 　효장세자(추존진종) 　○○옹주(조졸) 　화순옹주 영빈이씨 　사도세자(추존장조) 　화평옹주 　○○옹주(조졸) 　○○옹주(조졸) 　○○옹주(조졸) 　화협옹주 　화완옹주 귀인조씨 　○○옹주(조졸) 　화유옹주 숙의문씨(폐출) 　화령옹주 　화길옹주
추존	진종 (眞宗)	효순왕후		
추존	장조 (莊祖)	헌경왕후 　의소세손 　정조 　청연공주 　청선공주		숙빈임씨 　은언군(철종조부) 　은신군(고종양증조부) 경빈박씨 　은전군 　청근옹주
제22대	정조 (正祖)	효의왕후		의빈성씨 　문효세자(조졸) 　○○옹주(조졸) 수빈박씨 　순조 　숙선옹주 원빈홍씨 화빈윤씨 　○○옹주(조졸)
제23대	순조 (純祖)	순원왕후 　효명세자(추존문조) 　○○대군(조졸) 　명온공주 　복온공주 　덕온공주		숙의박씨 　영온옹주

추존	문조 (文祖)	신정왕후 헌종		
제24대	헌종 (憲宗)	효현왕후	효정왕후	경빈김씨 궁인김씨 　○○옹주(조졸)
제25대	철종 (哲宗)	철인왕후 　○○대군(조졸)		귀인박씨 　○○군(조졸) 귀인조씨 　○○군(조졸) 　○○군(조졸) 숙의방씨 　○○옹주(조졸) 　○○옹주(조졸) 숙의범씨 　영혜옹주 궁인이씨 　○○군(조졸) 　○○옹주(조졸) 궁인김씨 　○○옹주(조졸) 궁인박씨 　○○옹주(조졸)
제26대	고종 (高宗)	명성황후 　○○대군(조졸) 순종 　○○대군(조졸) 　○○대군(조졸) 　○○공주(조졸)		귀비엄씨 　영친왕 귀인이씨 　완친왕 귀인이씨 　육(조졸) 귀인장씨 　의친왕 소의이씨 　○○옹주(조졸) 귀인정씨 　우(조졸) 귀인양씨 　덕혜옹주 귀인이씨 　○○옹주(조졸) 　○○옹주(조졸) 궁인김씨 　○○옹주(조졸) 궁인정씨 　○○옹주(조졸)
제27대	순종 (純宗)	순명황후	순정황후	

2. 조선왕릉의 조성양식

2.1 왕족무덤의 구분

구분	내용
능(陵)	왕과 왕비 무덤, 추존된 왕과 추존된 왕비 무덤
원(園)	왕세자와 왕세자비 무덤, 왕세손의 무덤, 자신은 왕이 아니었으나 아들이 왕이 된 생부와 생모 무덤
묘(墓)	대군과 공주의 무덤, 군과 옹주의 무덤, 왕의 후궁과 귀인의 무덤

영릉(세종대왕과 소헌왕후)

휘경원(순조생모 수빈박씨)

인평대군묘(인조 3남)

2.2 왕릉의 유형

구분	조성 방법
단릉(單陵)	봉분 하나에 왕 또는 왕비를 모신 능
합장릉(合葬陵)	봉분 하나에 왕과 왕비를 함께 모신 능
쌍릉(雙陵)	같은 언덕에 왕과 왕비를 각기 모신 능
삼연릉(三連陵)	같은 언덕에 왕과 왕비(정비와 계비)를 각기 모신 능
동원이강릉(同原異岡陵)	같은 지역 내 다른 언덕에 왕과 왕비를 모신 능
동원삼강릉(同原三岡陵)	같은 지역 내 각기 다른 언덕에 왕과 두 왕비를 모신 능
동원상하봉릉(同原上下峰陵)	같은 언덕의 위와 아래에 왕과 왕비를 모신 능

단릉(건원릉, 태조 이성계)

합장릉(영릉, 세종대왕과 소헌왕후)

쌍릉(헌릉, 태종과 원경왕후)

삼연릉(경릉, 헌종과 효현왕후와 효정왕후)

동원이강릉(현릉, 문종과 현덕왕후)

동원상하봉릉(영릉, 효종과 인선왕후)

2.3 조선왕릉의 구성

1) 왕릉 구성도

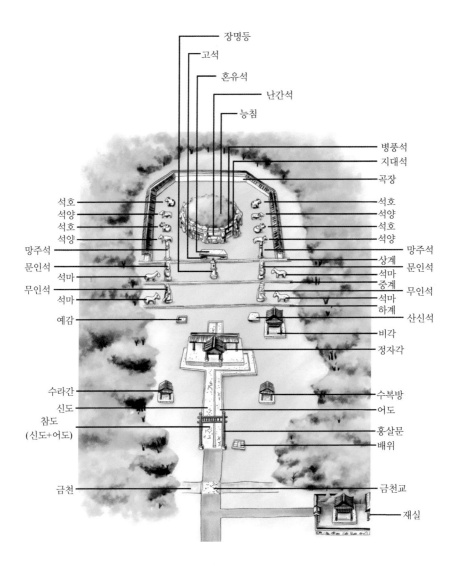

2) 왕릉 구성품

구분	내용
곡장(曲墻)	능침을 보호하기 위하여 능침의 3면을 둘러놓은 담장
능침(陵寢)	봉분
병풍석(屛風石)	능침 아랫부분을 둘러놓은 12개의 돌. 각 방위에서 침범하는 부정과 잡귀로부터 능을 보호하기 위해 병풍석에 방위에 맞도록 십이지신상을 새겨 놓았다.
지대석(地臺石)	병풍석을 지지하기 위하여 바닥에 깔아 놓은 돌
난간석(欄干石)	능침을 둘러싼 울타리 돌
상계(上階)	곡장·능침·혼유석·석양·석호·망주석 앞쪽 바닥에 놓은 상단 경계석
중계(中階)	문인석·석마·장명등 앞쪽 바닥에 놓은 중간 경계석
하계(下階)	무인석과 석마가 있는 앞쪽 바닥에 놓은 하단 경계석
석양(石羊)	고인의 명복을 빌며 땅속의 사악한 것을 물리치라는 뜻으로 돌로 양을 만들어 땅을 쳐다보도록 2쌍을 설치
석호(石虎)	능침을 수호하라고 돌로 호랑이 모양을 만들어 높은 곳을 쳐다보도록 2쌍을 설치
망주석(望柱石)	능침 좌우에 각 1개씩 세우는 돌기둥으로 혼령이 자신의 능침을 찾는 표지의 기능, 음양의 조화, 자신의 영역 표시라는 설이 있다. 망주석에 새겨진 세호(細虎)는 오른쪽 망주석에는 오르는 모습, 왼쪽 망주석에는 내려오는 모습을 하여야 한다.
혼유석(魂遊石)	혼령이 나와서 앉을 수 있는 능침 앞에 설치한 넓은 돌로 일반인들의 무덤에서는 상석이라 한다.
고석(鼓石)	혼유석을 받쳐 놓은 돌로 북처럼 생겼다 해서 고석이라 한다. 사악한 것을 경계한다는 의미로 귀면(鬼面)을 새겨 놓았다.
장명등(長明燈)	능침 정면에 있는 혼유석 앞쪽에 설치한 석등으로 명당 발복을 기원한다.
문인석(文人石)	홀(笏)을 두 손으로 들고 서 있는 문인의 모습을 새긴 돌로 장명등 좌우에 세워져 있으며, 왕을 보필한다.
무인석(武人石)	장검을 두 손으로 들고 서 있는 무인의 모습을 새긴 돌로 문인석 아래 좌우에 세워져 있으며, 왕을 호위한다.
석마(石馬)	문인석과 무인석 뒤편 아래쪽에 말 모양의 돌
예감(瘞坎)	제사를 지낸 뒤 축문을 태울 수 있도록 설치한 돌 구덩이로 정자각 뒤 오른쪽에 있다. 망료위(望燎位)라고도 한다.
산신석(山神石)	제향 후 산신에게 제사를 지내는 곳으로 정자각 뒤 왼쪽, 예감 맞은편에 있다.
정자각(丁字閣)	제향을 올리는 정자(丁字) 모양의 건물
비각(碑閣)	비석과 신도비를 세워 놓은 건물로 정자각 뒤 왼쪽, 산신석 밖에 있다.

참도(參道)	홍살문에서 정자각까지 엷은 돌을 깔아 만든 길. 오른쪽의 약간 높은 길은 신이 다니는 길이라 하여 신도(神道)라 하고, 왼쪽의 낮은 길은 임금이 다닌다 하여 어도(御道)라고 한다.
수라간(守刺間)	산릉제례 때 제례음식을 데우고 준비하던 건물로 정자각 앞 오른쪽에 있다.
수복방(守僕房)	능지기가 지내는 건물로 정자각 앞 왼쪽에 있다.
배위(拜位)	홍살문 옆에 돌을 깔아 만든 곳으로 왕이나 제관이 절을 하는 곳이다. 판위(板位)·어배석(御拜石)·망릉위(望陵位)라고도 한다.
홍살문(紅箭門)	신성한 지역임을 알리는 문으로 붉은 기둥 2개를 세우고 상단에 살을 설치해 놓았다. 홍문(紅門)·홍전문(紅箭門)이라고도 한다.
금천교(禁川橋)	재실을 지나 왕릉으로 진입하기 전에 건너는 금천에 설치된 다리
재실(齋室)	제향을 준비하는 곳으로 능 입구, 곧 금천교 전에 있다.

3. 조선왕릉의 현황

구분	묘호	능호		유형	주소
제1대	태조	건원릉	健元陵	단릉	경기도 구리시 인창동 산4-2
	신의왕후	제릉	齊陵	단릉	경기도 개성시 판문군 상도리
	신덕왕후	정릉	貞陵	단릉	서울시 성북구 정릉동 산87-16
제2대	정종	후릉	厚陵	쌍릉	경기도 개성시 판문군 령정리
	정안왕후				
제3대	태종	헌릉	獻陵	쌍릉	서울시 서초구 내곡동 산13-1
	원경왕후				
제4대	세종	영릉	英陵	합장릉	경기도 여주군 능서면 왕대리 산83-1
	소헌왕후				
제5대	문종	현릉	顯陵	동원이강릉	경기도 구리시 인창동 산6-3
	현덕왕후				
제6대	단종	장릉	莊陵	단릉	강원도 영월군 영월읍 영흥리 산133-1
	정순왕후	사릉	思陵	단릉	경기도 남양주시 진건면 사능리 산65-1
제7대	세조	광릉	光陵	동원이강릉	경기도 남양주시 진접읍 부평리 산100-1
	정희왕후				
추존왕	덕종	경릉	敬陵	동원이강릉	경기도 고양시 덕양구 용두동 산30-3
	소혜왕후				

제8대	예종	창릉	昌陵	동원이강릉	경기도 고양시 덕양구 용두동 산30-6
	안순왕후				
	장순왕후	공릉	恭陵	단릉	경기도 파주시 조리읍 봉일천리 산4-1
제9대	성종	선릉	宣陵	동원이강릉	서울시 강남구 삼성동 131
	정현왕후				
	공혜왕후	순릉	順陵	단릉	경기도 파주시 조리읍 봉일천리 산4-1
제10대	연산군	연산군묘	燕山君墓	쌍묘	서울시 도봉구 방학동 산77
	거창군부인				
제11대	중종	정릉	靖陵	단릉	서울시 강남구 삼성동 131
	단경왕후	온릉	溫陵	단릉	경기도 양주시 장흥면 일영리 산19
	장경왕후	희릉	禧陵	단릉	경기도 고양시 덕양구 원당동 산40-4
	문정왕후	태릉	泰陵	단릉	서울시 노원구 공릉동 313-19
제12대	인종	효릉	孝陵	쌍릉	경기도 고양시 덕양구 원당동 산40-2
	인성왕후				
제13대	명종	강릉	康陵	쌍릉	서울시 노원구 공릉동 313-19
	인순왕후				
제14대	선조	목릉	穆陵	동원삼강릉	경기도 구리시 인창동 산4-3
	의인왕후				
	인목왕후				
제15대	광해군	광해군묘	光海君墓	쌍묘	경기도 남양주시 진건면 송릉리 산59
	문성군부인				
추존왕	원종	장릉	章陵	쌍릉	경기도 김포시 풍무동 산141-1
	인헌왕후				
제16대	인조	장릉	長陵	쌍릉	경기도 파주시 탄현면 갈현리 산25-1
	인열왕후				
	장열왕후	휘릉	徽陵	단릉	경기도 구리시 인창동 산5-2
제17대	효종	영릉	寧陵	동원상하봉릉	경기도 여주군 능서면 왕대리 산83-1
	인선왕후				
제18대	현종	숭릉	崇陵	쌍릉	경기도 구리시 인창동 산11-2
	명성왕후				
제19대	숙종	명릉	明陵	쌍릉	경기도 고양시 덕양구 용두동 산30-2
	인현왕후				
	인원왕후			동원이강릉	
	인경왕후	익릉	翼陵	단릉	경기도 고양시 덕양구 용두동 산30-4

제20대	경종	의릉	懿陵	동원 상하봉릉	서울시 성북구 석관동 산1-5
	선의왕후				
	단의왕후	혜릉	惠陵	단릉	경기도 구리시 인창동 산10-2
제21대	영조	원릉	元陵	쌍릉	경기도 구리시 인창동 산8-2
	정순왕후				
	정성왕후	홍릉	弘陵	단릉	경기도 고양시 덕양구 용두동 산30-5
추존왕	진종	영릉	永陵	쌍릉	경기도 파주시 조리읍 봉일천리 산4-1
	효순왕후				
추존왕	장조	융릉	隆陵	합장릉	경기도 화성시 태안면 안녕동 산1-1
	헌경왕후				
제22대	정조	건릉	健陵	합장릉	경기도 화성시 태안면 안녕동 산1-1
	효의왕후				
제23대	순조	인릉	仁陵	쌍릉	서울시 서초구 내곡동 산13-1
	순원왕후				
추존왕	문조	수릉	綏陵	합장릉	경기도 구리시 인창동 산7-2
	신정왕후				
제24대	헌종	경릉	景陵	삼연릉	경기도 구리시 인창동 산9-2
	효현왕후				
	효정왕후				
제25대	철종	예릉	睿陵	쌍릉	경기도 고양시 덕양구 원당동 산40-3
	철인왕후				
제26대	고종	홍릉	洪陵	합장릉	경기도 남양주시 금곡동 141-1
	명성황후				
제27대	순종	유릉	裕陵	합장릉	경기도 남양주시 금곡동 141-1
	순명황후				
	순정황후				

4. 조선시대 주요사건

구분	묘호	재위기간	주요사건
제1대	태조	1392.7~1398.9 (6년 2개월)	1392.7.17. 수창궁에서 즉위(조선건국) 1394.10.25 한양으로 천도 1395.12.28 경복궁 입주 1396.8.13 태조계비(신덕왕후 강씨) 승하 1398.8.26 제1차 왕자의 난
제2대	정종	1398.9~1400.11 (2년 2개월)	1398.9.5 경복궁 근정전에서 즉위 1399.3.7 개경으로 환도 1400.1.28 제2차 왕자의 난 1400.2.4 이방원(태종)을 왕세제로 책봉
제3대	태종	1400.11~1418.8 (17년 10개월)	1400.11.13 수창궁에서 즉위 1405.10.8 한양으로 환도 1408.5.24 태조 이성계 승하 1409.2.23 정릉(신덕왕후 강씨) 천장
제4대	세종	1418.8~1450.2 (31년 6개월)	1418.8.10 경복궁 근정전에서 즉위 1419.9.26 정종 승하 1420.7.10 태종비(원경왕후 민씨) 승하 1422.5.10 태종 승하 1446.3.24 세종비(소헌왕후 심씨) 승하 1450.2.17 세종 승하
제5대	문종	1450.2~1452.5 (2년 3개월)	1450.2.23 빈전(영응대군 사저)에서 즉위 1452.5.14 문종 승하
제6대	단종	1452.5~1455.윤6 (3년 2개월)	1452.5.18 경복궁 근정문에서 즉위 1453.10.10 계유정난 1455.윤6.11 수양대군에게 양위
제7대	세조	1455.윤6~1468.9 13년 3개월	1455.윤6.11 경복궁 근정전에서 즉위 1457.6.21 단종 노산군으로 강등 1457.9.2 의경세자 승하 1457.10.24 단종 관풍헌에서 승하 1461.12.5 예종비(장순왕후 한씨) 승하 1463.10.24 인성군(예종, 장순왕후) 승하
제8대	예종	1468.9~1469.11 (1년 2개월)	1468.9.7 창경궁에서 즉위 1468.9.8 세조 승하 1469.3.6 영릉(세종) 천장 1469.11.28 예종 승하
제9대	성종	1469.11~1494.12 (25년 11개월)	1469.11.28 경복궁 근정문에서 즉위 1469.11.28 세조비(정희왕후 윤씨) 수렴청정 1474.4.15 성종비(공혜왕후 한씨) 승하 1476.8.9 성종계비(정현왕후 윤씨) 책봉 1494.12.24 성종 승하

제10대	연산군	1494.12~1506.9 (11년 10개월)	1494.12 창덕궁 인정전에서 즉위 1506.9.2 중종반정 1506.9.2 중종반정으로 폐위
제11대	중종	1506.9~1544.11 (38년 2개월)	1506.9.2 경복궁 근정전에서 즉위 1506.9.9 중종비(단경왕후 신씨) 폐출 1513.4.18 소릉(문종비 현덕왕후 권씨) 천장 1515.3.2 중종계비(장경왕후 윤씨) 승하 1521.6.4 단종비(정순왕후 송씨) 승하 1537.9.6 희릉(장경왕후) 천장
제12대	인종	1544.11~1545.7 (9개월)	1544.11.20 창경궁 명정전에서 즉위 1545.7.1 인종 승하
제13대	명종	1545.7~1567.6 (22년)	1545.7.3 경복궁 근정전에서 즉위 　　　　문정왕후 수렴청정 (8년) 1545.8 을사사화 1562.9.4 정릉(중종) 천장 1563.9.20 순회세자 승하 1565.4.6 중종계비(문정왕후 윤씨) 승하
제14대	선조	1567.7~1608.2 (40년 7개월)	1567.7 경복궁 근정전에서 즉위 　　　　명종비(인순왕후 심씨) 수렴청정 1592. 임진왜란 1597. 정유재란 1600.6.27 선조비 의인왕후 박씨 승하 1600.12.22 선조비 의인왕후 박씨 장사
제15대	광해군	1608.2~1623.3 (15년 1개월)	1608.2.2 경운궁 서청에서 즉위 1623.3.13 인조반정으로 폐위
제16대	인조	1623.3~1649.5 (26년 5개월)	1623.3.13 경운궁에서 즉위 1624.1. 이괄의 난 1627.1. 정묘호란 1637.1. 병자호란 1645.4.26 소현세자 승하 1645.9.27 봉림대군(효종) 세자 책봉
제17대	효종	1649.5~1659.5 (10년)	1649.5.8 창덕궁 인정전에서 즉위 1659.5.4 효종 승하
제18대	현종	1659.5~1674.8 (15년 3개월)	1659.5.9 창덕궁 인정문에서 즉위 1659.5.4 효종의 승하로 기해예송 논쟁 1673.10.7 영릉(효종) 천장 1674.2.23 인선왕후 승하로 갑인예송 논쟁
제19대	숙종	1674.8~1720.6 (45년 10개월)	1674.8.23 창덕궁 인정문에서 즉위 1680.10.26 숙종비(인경왕후 김씨) 승하 경신환국 　　　　　(남인실각, 서인집권) 1689.5.2 숙종계비(인현왕후 민씨) 폐출 기사환국 　　　　　(서신실각, 남인집권)

제19대	숙종	1674.8~1720.6 (45년 10개월)	1694.4.12 숙종계비(희빈장씨) 폐비 　갑술환국(남인실각, 서인집권) 1698.11.6 단종 복권 1701.8.14 숙종계비(인현왕후 민씨) 승하 1701.10.8 숙종계비 희빈장씨 사사
제20대	경종	1720.6~1724.8 (4년 2개월)	1720.6.13 경덕궁에서 즉위 1721. 신임사화 1721. 연잉군(영조)을 왕세제로 책봉
제21대	영조	1724.8~1776.3 (51년 7개월)	1724.8.30 창덕궁 인정문에서 즉위 1728.11.16 효장세자 승하 1735.1.25 사도세자 책봉 1739.5. 중종비(단경왕후 신씨) 복위 1752.3.4 의소세손 승하 1759.2.12 정조 왕세손으로 책봉 1762.윤5.21 사도세자 승하 1764.2.24 정조를 효장세자의 양자로 입적
제22대	정조	1776.3~1800.6 (24년 3개월)	1776.3.10 경희궁 숭정문에서 즉위 1776.7.27 구 영릉(효종 천장지)에 영조 장사 1786.5.10 문효세자 승하 1786.9.14 의빈성씨 승하 1789.10.7 융릉(사도세자) 천장 1790.6.18 순조 탄생
제23대	순조	1800.7~1834.11 (34년 4개월)	1800.7.4 창덕궁 인정문에서 즉위 　정순왕후 김씨 수렴청정 1830.5.6 효명세자(순조, 순원왕후) 승하 1830.9.15 왕세손(헌종) 책봉
제24대	헌종	1834.11~1849.6 (14년 7개월)	1834.11.18 경희궁 숭정문에서 즉위 　순조비 순원왕후 김씨 수렴청정
제25대	철종	1849.6~1863.12 (14년 6개월)	1849.6.9 창덕궁 인정문에서 즉위 1849.6.6 이원범(철종)을 순조의 양자로 입적 1849.6.9 철종 창덕궁 인정문에서 즉위 　순조비 순원왕후 김씨 수렴청정
제26대	고종	1863.12~1907.7 (43년 7개월)	1863.12.13 창덕궁 인정문에서 즉위 　신정왕후 조씨 수렴청정 1865. 경복궁 중건 1895.8.20 을미사변, 명성황후 민씨 시해 1905.11.17(양) 을사늑약 1907.7.19 순종에게 양위
제27대	순종	1907.7~1910.8 (3년 1개월)	1907.7.19 경운궁 돈덕전에서 즉위 1910.8.22(양) 한일합병조약

제2장 왕릉 풍수 이야기

1. 건원릉(健元陵)

건원릉(태조 이성계)

건원릉(健元陵)은 태조 이성계의 무덤으로 동구릉¹⁾에 있는 9기의

왕릉 중 제일 먼저 조성되었다. 이성계는 1392년 7월 17일 송경(松

---

1) 동구릉(東九陵): 경기도 구리시에 있는 조선시대 왕릉 9기가 조성된 곳을 동구릉이라 한다. 건
원릉(태조 이성계), 현릉(문종, 현덕왕후), 목릉(선조, 의인왕후, 계비 인목왕후), 휘릉(인조 비
장렬왕후), 숭릉(현종, 명성왕후), 혜릉(경종 비 단의왕후), 원릉(영조, 계비 정순왕후), 수릉(문
조, 신정왕후), 경릉(헌종, 효현왕후, 계비 효정왕후)을 말한다.

京)2) 수창궁에서 조선의 초대 왕으로 즉위한 뒤, 1394년(태조 3) 10월 25일 한양으로 천도(遷都)3)하였다. 그 후 신의왕후 한씨(神懿王后 韓氏)4) 소생의 아들이 일으킨 제1차 왕자의 난5)으로 신덕왕후 강씨(神德王后 康氏)6) 소생의 방번(芳蕃)과 당시 왕세자였던 방석(芳碩), 핵심 참모였던 정도전(鄭道傳)·남은(南誾)·심효생(沈孝生) 등을 잃었다.

태조는 1398년(태조 7) 9월 5일 한씨 소생의 차남 방과(芳果)에게 왕위를 물려주니 재위기간은 6년 1개월 남짓이다. 왕위를 넘겨받은 정종(正宗)7) 방과는 1399년(정종 2) 3월 7일 송경으로 환도(還都)8)하였다. 이성계는 어둠이 채 걷히기 전인 새벽에 임시 거처인 고려 때 시중 윤환(尹桓)이 옛날에 살았었던 집에 도착하였다. 이때 이성계는 사람들에게 "내가 한양으로 천도하여 아내와 아들을 잃고 오늘날 환도하였으니, 실로 도성 사람에게 부끄럽도다. 그러므로 바깥출입은 꼭 날이 밝기 전에만 하여 사람들이 나를 보지 못하도록 해야

---

2) 송경(松京): 개성.

3) 한양천도(漢陽遷都): 태조 이성계에 의한 한양 천도가 1394년(태조 3) 10월 25일에 이루어졌다. 당시에 경복궁은 건설 중이었기 때문에 고려시대 삼경 중 하나인 남경의 이궁을 임시로 사용하였다. 조선의 정궁인 경복궁으로는 1395년(태조 4) 12월 28일에 입주하였다.

4) 신의왕후 한씨(神懿王后 韓氏): 태조 이성계의 비, 본관 청주(淸州), 안천부원군 한경(韓卿)과 삼한국대부인 신씨(申氏)의 딸, 1393년(태조 2) 절비(節妃)로 추증, 1398년(정종 1년) 왕후로 추봉, 자녀 6남 2녀(진안대군 방우, 정종 방과, 익안대군 방의, 회안대군 방간, 태종 방원, 덕안대군 방연, 경신공주, 경선공주), 능은 개성에 있는 제릉(齊陵), 1337.9~1391.9.

5) 제1차 왕자의 난: 왕위 계승 문제로 신의왕후 한씨 소생의 다섯째 아들 이방원이 중심이 되어, 이복동생인 신덕왕후 강씨 소생의 방번과 왕세자 방석을 제거한 1398년 8월 26일에 일으킨 사건을 말한다. 이 사건으로 이성계는 왕위를 한씨 소생의 2남 방과에게 넘겨준다. 장남 방우는 1393년 사망하였다.

6) 신덕왕후 강씨(神德王后 康氏): 태조 이성계의 계비, 본관 곡산(谷山), 상산부원군 강윤성(康允成)과 진산부부인 강씨(姜氏)의 딸, 별호 현비(顯妃), 시호 신덕왕후, 자녀 2남 1녀(무안대군 방번, 의안대군 방석, 경순공주), 능은 정릉(貞陵), 1356.6~1396.8.

7) 정종(正宗): 조선 2대 왕 정종, 이성계와 신의왕후 한씨의 둘째 아들, 이름 방과(芳果), 1357~1419.

8) 송경환도(松京還都): 1399년(정종 2) 3월 7일에 개성의 지방관청이었던 유후사(留後司)로 환도하였다가, 1399년 12월 1일에 수창궁(壽昌宮)으로 입주하였다.

겠다"고 하면서 한양으로의 천도를 후회하였다. 한양에서 송경으로 떠나올 때는 "처음에 한양으로 옮긴 것은 오로지 내 뜻만이 아니었고, 나라 사람과 의논한 것이었다"고 술회하기도 하였다.

송경으로 환도를 한 뒤인 1400년(정종 3) 1월 28일에 한씨 소생인 넷째 아들 방간(芳幹)과 다섯째 방원(芳遠) 간에 제2차 왕자의 난9)이 일어났다. 정안왕후(定安王后)10)와의 사이에 소생이 없었던 정종은 닷새 뒤인 2월 4일에 방원을 왕세제로 책봉하였다. 그러다 같은 해 11월 13일에 왕위마저 넘겨주었다.

태종(太宗)11) 이방원이 조선 3대 왕으로 즉위한 뒤 수재(水災)와 한재(旱災)가 여러 차례 일어나자, 이방원은 이를 빌미로 다시 도읍을 옮기고자 하였다. 그러자 대신들이 천도를 하려거든 한양으로 환도를 해야 한다는 주장을 굽히지 않았다. 태종은 내심 무악(毋岳)12)을 신도 후보지로 생각하고 있었고, 한양은 또한 많은 변고가 있었기에 쉽게 결정을 하지 못하였다. 고민 끝에 후보지 세 곳을 두고 종묘(宗廟)13)에 들어가 고한 다음, 고려 태조 왕건(王建)처럼 척전(擲錢)14)으로 새 도읍지를 정하기로 하였다. 그래야 도읍을 정한 뒤에 재변이 있더라도 이의가 있을 수 없다는 생각에서였다. 척전 결과

---

9) 제2차 왕자의 난: 신의왕후 한씨 소생의 넷째 아들 이방간과 다섯째 이방원 간에 1400년 1월 28일에 일어난 왕위 계승 다툼 사건을 말한다.

10) 정안왕후(定安王后): 조선 2대 왕 정종의 비, 본관 경주(慶州), 판예빈시사 김천서(金天瑞)의 딸, 소생은 없고 능은 개성의 후릉(厚陵), 1355~1412.

11) 태종(太宗): 조선 3대 왕. 이성계와 신의왕후 한씨의 다섯째 아들, 이름 방원(芳遠), 1367~1422.

12) 무악(毋岳): 서울 서대문구 안산(鞍山)에서 한강을 바라다보는 남쪽 지역.

13) 종묘(宗廟): 조선 시대에 임금과 왕비의 위패를 모시던 왕실의 사당.

14) 척전(擲錢): 동전(銅錢)을 던져서 점을 치던 일. 척괘(擲卦)라고도 하는데, 시초(蓍草) 대신에 흔히 사용하는 방법. 한꺼번에 동전 세 개를 세 번씩 던져서 하나의 괘(卦)를 만들어 길흉을 판단하는 방법.

경복궁 근정전

'한양은 2길(吉) 1흉(凶), 송경과 무악은 모두 2흉 1길'로 한양으로의 환도가 결정되었다. 이 소식을 전해 들은 태조 이성계가 술자리를 베풀며 즐거워했다고 한다. 그러나 태종은 "나는 무악에 도읍하지 아니하였지만, 후세에 반드시 도읍하는 자가 있을 것이다"라는 말을 남기고, 1405년(태종 5) 10월 8일 한양으로 다시 환도를 단행하였다.

한양으로의 환도에 따라 이성계도 거처를 한양으로 옮겼다. 조선 건국 직후부터 지속적으로 목사동(木寺洞), 과주(果州),[15] 광주(廣州) 등지에서 자신의 수릉(壽陵)[16] 자리를 찾아보았지만 정하지 못하고, 태종 재위 시인 1408년(태종 8) 5월 24일 새벽에 천식이 원인이 되어 승하하였다. 승

---

15) 과주(果州): 현 경기도 과천(果川). 과주로 불리다가 조선 태종 때 과천이라 함.
16) 수릉(壽陵): 임금이 살아있을 때 죽은 뒤를 대비하여 미리 정해 놓은 무덤 자리.

하 직전에 태종은 이성계에게 청심원(淸心元)을 먹이려 하였으나, 이성계는 청심원을 삼키지를 못하고 태종을 두 번 쳐다본 후 눈을 감았다.

태종은 하륜(河崙)을 총호사로, 유한우(劉旱雨)·이양달(李陽達)·이양(李良)을 상지관(相地官)[17]으로 삼아 왕릉 자리를 고르도록 하였다. 하륜은 상지관이 추천한 원평(原平)의 봉성(蓬城)[18] 땅을 둘러보았으나 쓸 수 없는 땅이어서, 해풍(海豊)의 행주(幸州)[19] 땅을 태종에게 추천하였으나 다른 곳을 고르도록 지시를 받는다. 이때 양주 검암에 사는 검교참찬의정부사 김인귀(金仁貴)가 검암산(儉巖山)[20] 아래를 능지로 추천하자 하륜이 둘러보고 그 자리를 능지로 정하였다.

건원릉(태조 이성계)

---

17) 상지관(相地官): 조선시대에 대궐과 왕릉 자리 등을 살펴 정하는 일을 담당하는 관직.

18) 봉성(蓬城): 신라 경덕왕 때 교하군 봉성현이 조선 태조 2년(1393)에 봉성군으로 승격하였다가, 조선 태조 7년(1398)에 서원과 파평을 통합하여 원평군이 되었고, 세조 6년(1460)에 파주로 고쳤다.

19) 행주(幸州): 현 경기도 고양시 행주동.

20) 검암산(儉巖山): 한북정맥에서 나뉜 지맥인 불암산과 아차산 사이에 있는 해발 177.9m 산으로 서울과 구리시 경계에 있다. 현재는 구릉산이라 한다.

검암산 아래가 좋은 땅임을 태종에게 말할 수 있었던 것은 계룡산 도읍지 조성공사를 중단[21]시킨 하륜 자신이 올린 상소문의 토대가 되었던, 송나라 호순신(胡舜申)의 『지리신법(地理新法)』[22]이라는 풍수이론으로 현장을 확인하였기 때문이다. 건원릉은 계좌정향(癸坐丁向)[23]에 병파(丙破)[24]로 호순신 이론에 대입하면 사국(四局)은 토국(土局)에 해당하며, 구성(九星)으로는 녹존(祿存)에 해당되고, 녹존 중에서도 파구(破口)가 갑경병임(甲庚丙壬)의 방향으로 이루어지면 최고의 길지라는 호순신의 이론에 맞아 떨어지기 때문이다. 호순신의 『지리신법』은 하륜이 상소문에 언급한 이후 조선시대 지리학 고시과목으로 자리를 잡게 된 이기론(理氣論) 풍수서다. 국상에 참여한 명나라 사신 기보(祁保)는 회암사(檜巖寺)를 다녀오다가 건원릉에 들려 살펴보더니 "자연적으로 만들어진 땅이 어찌 이렇게 아름다울 수가 있는가? 꼭 인위적으로 만든 산처럼 생겼구나!"라고 감탄을 할 정도로 건원릉은 명당으로 취급받는다.

검암산 아래가 능지로 정해진 그해 7월 그믐날부터 충청도 3,500명, 풍해도[25] 2,000명, 강원도에서 500명의 군정(軍丁)[26]을 징발하여 왕릉 조성공사를 시작하였다. 이때 서운관(書雲觀)[27]에서 보고하

---

21) 계룡산(신도안) 도읍지 조성공사 중단: 하륜이 올린 상소문의 영향으로 태조 이성계가 1393년(태조 2) 12월 11일 도읍지 조성공사(1393년 8월 6일 착공)를 중단시키고, 새로운 후보지를 물색한다. 도읍지가 국토의 중심성을 잃었고, 송나라 사람 호순신의 풍수이론으로 흉지라는 내용이 상소문의 핵심이다.

22) 지리신법(地理新法): 송나라 호순신(胡舜申)의 저서로 조선시대 지리학 고시과목의 하나로 이기론 풍수서다. 하륜이 계룡산 도읍지에 대해 상소를 올릴 때 언급되어 우리나라에 처음으로 알려졌다.

23) 계좌정향(癸坐丁向): 01시 방향에서 13시 방향을 바라보는 방위.

24) 병파(丙破): 능 주변에 흐르는 물(이 물을 풍수에서는 명당수라 함)이 능에서 보았을 때 11시 방향으로 모여서 흘러나가는 것을 말한다.

25) 풍해도: 현 황해도.

26) 군정(軍丁): 군역(軍役)의 의무를 지는 지방의 장정으로 국가나 관아의 명령으로 병역이나 노역에 종사하였다.

기를 "벽돌로 능실을 만들 때 밑바닥에 벽돌을 쓰지 않아야 지기(地氣)를 통하게 하고 물기는 새어 나가게 합니다. 또 관(棺)을 달아서 내리도록 하면 땅을 넓게 파지 않아도 되어 지기를 아낄 수 있습니다. 또한, 석회를 사용하면 여러 해가 지나면서 돌처럼 굳어져 나무 뿌리, 물, 개미, 도적 등을 막을 수 있습니다. 그러나 옛적부터 지금까지 능실(陵室)을 만드는 데 돌을 사용해 왔으니, 본 능을 조성하는 데 능실을 돌로 만들고, 맨 밑바닥은 맨바닥으로 하는 것이 좋을 것 같습니다"라고 하였다. 그 결과 건원릉의 능실은 석실(石室)[28]로 조성하였다. 같은 해 9월 9일 자시(子時)[29]에 상왕인 정종과 태종이 지켜보는 가운데 태조를 계좌정향으로 장사(葬事)[30] 지냈다.

건원릉의 억새풀

---

27) 서운관(書雲觀): 조선 시대에 천문·재상(災祥)·역일(曆日)·추택(推擇) 등의 일을 맡아보던 관청으로 태조 원년(1392)에 설치하였다. 세종 7년(1425)에 관상감으로 고쳐 불렀다.

28) 석실(石室): 돌로 쌓아 만든 묘실(墓室).

29) 자시(子時): 23:00~01:00.

30) 장사(葬事): 죽은 사람을 땅에 묻는 일.

건원릉의 봉분은 잔디가 아닌 억새로 덮여 있는데, 이것은 자신이
죽으면 고향인 함흥에 묻어 달라는 유언을 어기고 건원릉에 장사를
지낸 태종의 작은 배려로 함흥에서 흙과 억새를 가져다 봉분을 조성
하였기 때문이라는 말이 전해진다. 태조는 자신이 사랑했던 신덕왕
후 강씨 무덤인 정릉(貞陵)에 묻히기를 원했었지만, 이를 실현하지
못하고 동구릉에 잠들게 되었다.

건원릉은 한북정맥에서 나뉜 산줄기가 수락산과 불암산을 지나
아차산으로 흘러가기 전에 나지막하게 솟은 구릉산31)이 주산(主
山)32)이다. 구릉산에서 북동쪽으로 진행하던 산줄기가 108m의 봉우
리를 지나면서 동진 후에 다시 남쪽으로 방향을 바꾸면서 동구릉을
에워싸고 있다. 그 중간에 있는 108m 다음 봉우리인 96m 봉우리에
서 13시 방향으로 나뉜 작으면서도 힘이 있는 산줄기 끝에 건원릉
이 자리하고 있다. 건원릉에서 오른쪽 15시 방향에 구릉산이 자리를
하고 있어 회룡고조혈(回龍顧祖穴)33)이라 할 수 있다. 또 혈(穴)34)이
형성되기 전에 과협(過峽)35)을 형성하고 있어 비룡입수(飛龍入首)36)
에도 해당한다.

---

31) 구릉산: 옛날 검암산으로 불린 산으로 현재는 구릉산이라 한다.
32) 주산(主山): 집이나 무덤의 뒤에 우뚝 솟은 산을 말한다. 현무(玄武)라고도 한다.
33) 회룡고조혈(回龍顧祖穴): 주산에서 출발한 산줄기가 만든 집터나 무덤에서 자신이 출발한 곳을
    다시 바라보고 있는 형국.
34) 혈(穴): 집터나 무덤이 위치하는 지점. 혈거식(穴居式)에서 유래한 풍수 용어.
35) 과협(過峽): 산줄기가 움푹 꺼졌다가 다시 솟아오른 형국으로 벌의 허리와 학의 무릎처럼 생겼
    다 하여 봉요학슬지처(蜂腰鶴膝之處), 또는 질단(跌斷), 속기(束氣)라고도 한다.
36) 비룡입수(飛龍入首): 집터나 무덤을 형성하기 직전에 산줄기가 움푹 꺼졌다가 다시 솟아오른
    형국. 용이 날아오른 형상을 빗대어 만들어진 풍수 용어.

2. 정릉(貞陵)

정릉(신덕왕후)

정릉(貞陵)은 조선을 건국한 태조 이성계의 계비인 신덕왕후 강씨
(神德王后 康氏)[37]의 무덤으로 서울 성북구 정릉동에 있다. 신덕왕후
는 1356년(공민왕 5) 6월 14일 상산부원군 강윤성(康允成)의 딸로
태어나, 이성계의 둘째 부인이 되어 무안대군 방번(芳蕃), 의안대군
방석(芳碩), 경순공주를 낳았다. 이성계가 1392년 7월 17일 조선의
왕으로 즉위하자 현비(顯妃)로 책봉되었다. 본부인 신의왕후 한씨
(神懿王后 韓氏)[38]는 조선이 건국되기 전인 1391년 9월 23일에 세상

---

37) 신덕왕후 강씨(神德王后 康氏): 태조 이성계의 계비, 본관 곡산(谷山), 상산부원군 강윤성(康允
成)과 진산부부인 강씨(姜氏)의 딸, 별호 현비(顯妃), 시호 신덕왕후, 1356.6~1396.8.
38) 신의왕후 한씨(神懿王后 韓氏): 태조 이성계의 비, 본관 청주(淸州), 안천부원군 한경(韓卿)과
삼한국대부인 신씨(申氏)의 딸, 1393년(태조 2) 절비(節妃)로 추증, 1398년(정종 1년) 왕후로

을 떠났다.

이성계가 조선을 건국하고 후계를 논할 때, 일부 대신들이 '장자(長子)나 공로가 있는 왕자'를 세자로 책봉할 것을 청하였으나, 강씨 소생의 방석을 세자로 책봉하였다. 이 일에 불만을 품은 신의왕후 한씨 소생들이 왕세자 방석, 그의 동복형인 방번, 왕세자의 장인 심효생을 비롯한 정도전·남은·장지화(張至和)·이근(李懃)·유만수(柳蔓殊) 등 충신들을 제거하는 왕자의 난을 일으켰다. 이성계가 영안대군 방과(芳果)를 새로운 왕세자로 삼는다는 교지에 "왕세자를 적장자로 세우는 것은 아주 오랜 세월 동안 지켜온 도리인데, 그대의 아버지인 내가 일찍이 나라를 세우고 난 후에 장자를 버리고 작은아들을 왕세자로 책봉한 것은 변명의 여지가 없다"고 하였다. 이와 같은 일을 신덕왕후 강씨는 지하에서 지켜볼 수밖에 없었다.

강씨는 1396년(태조 5) 8월 13일 계급 높은 내시였던 이득분(李得芬)의 집에서 승하하였기 때문이다. 강씨가 승하하자 이성계는 매우 슬퍼하며 통곡하였다. 이성계는 강씨의 존호를 신덕왕후, 능호를 정릉이라 내렸으며, 하얀 옷과 하얀 모자를 쓰고 묏자리를 직접 찾아 나섰을 정도로 강씨를 사랑했다.

자신이 왕위에 있었을 때 찾아다녔던 수릉(壽陵)[39] 후보지를 중심으로 상지관(相地官)[40] 유한우·배상충(裴尙忠)·이양달을 대동하고 살폈다. 행주(幸州)에 있는 후보지에서 상지관들이 서로 좋고 나쁨으로 다투니 현장에서 매를 때렸다는 일화도 전해진다. 이후 안암동

추봉, 능은 개성에 있는 제릉(齊陵), 1337.9~1391.9.

39) 수릉(壽陵): 임금이 살아있을 때 죽은 뒤를 대비하여 미리 정해 놓은 무덤 자리.

40) 상지관(相地官): 조선시대에 대궐과 왕릉 자리 등을 살펴 정하는 일을 담당하는 관직.

(安巖洞)에 능지를 정하고 땅을 파보니 물이 솟아나오므로 중지하였다. 새로운 장소인 취현방(聚賢坊)[41] 북쪽 언덕에 능지를 정하고, 조성하는 과정을 지켜보았다. 이듬해인 1397년(태조 6) 1월 3일 이곳에 강씨를 장사(葬事)[42] 지냈다.

1398년(태조 7) 8월 26일 신의왕후 한씨 소생들이 일으킨 제1차 왕자의 난으로 강씨가 낳은 아들들이 죽임을 당하고, 한씨가 낳은 둘째 아들 방과가 왕세자에 책봉되었다가 그해 9월 5일에 왕위에 오른다. 1400년(정종 2) 1월 28일에는 한씨 소생들 간에 일어난 제2차 왕자의 난으로 다섯째 아들인 방원(芳遠)이 왕세제에 책봉된 후, 같은 해 11월 13일 드디어 왕위에 오르게 되니, 이때부터 강씨의 무덤인 정릉이 수모를 당하게 된다.

1406년(태종 6)에 의정부에서 아뢰기를, "정릉이 도성 중심에 있는데도 능역이 너무 넓으니, 능에서 1백 보(步) 밖에는 사람들이 집을 짓고 살 수 있도록 허락하소서" 하니, 이를 허락하자 힘 있는 자들이 다투어 좋은 위치를 점령하였다. 특히 좌의정 하륜(河崙)이 여러 사위를 거느리고 이곳을 선점하는 데 앞장섰다. 태조는 불과 1백 보 밖이 집터로 점령당하고, 소나무는 베어져 집을 짓는 데 사용되는 장면을 보고 하염없이 눈물을 흘렸다고 한다.

---

41) 취현방(聚賢坊): 현 서울 중구 정동. 영국대사관 인근.
42) 장사(葬事): 죽은 사람을 땅에 묻는 일.

정릉의 장명등과 고석

한편 태종(太宗)[43]은 1408년(태종 8) 5월 24일에 이성계가 승하하자, 이듬해 2월 23일에 "옛 제왕의 능묘가 모두 도성 밖에 있는데, 지금 정릉이 도성 안에 있는 것은 옳지 못하다"고 하여 정릉을 사을한(沙乙閑)[44] 갑좌경향(甲坐庚向)[45]의 산기슭으로 천장(遷葬)[46]하여 버렸다. 이때 태평관 감조제조 참찬 이귀령(李貴齡)에게 "정자각[47]은 명나라 사신의 숙소인 태평관(太平館) 북루(北樓)를 짓도록 하고, 석인은 땅에 묻어 버리고, 반듯한 석물은 옮겨서 다른 용도로 사용하

---

43) 태종(太宗): 조선 3대 왕. 이성계와 신의왕후 한씨의 다섯째 아들, 이름 방원(芳遠), 1367~1422.

44) 사을한(沙乙閑): 현 서울 성북구 정릉동.

45) 갑좌경향(甲坐庚向): 05시 방향에서 17시 방향을 바라보는 방위.

46) 천장(遷葬): 왕릉을 옮기는 일. 무덤을 옮기는 일.

47) 정자각(丁字閣): 왕릉에서 제사를 지내기 위하여 능침 앞에 '丁' 자 모양으로 지은 건물.

도록 하고, 능역은 그 흔적을 없애버려 사람들이 알아볼 수 없게 하라"고 명령하였다. 그래서 정릉에 사용되었던 석물의 일부는 청계천으로 옮겨져 큰비만 내리면 유실되었던 광통교(廣通橋)를 돌다리로 개축하는 데 사용하여 백성들로 하여금 정릉에 사용되었던 석물을 짓밟고 다니도록 하였다. 현재도 광통교에 가면 정릉의 석물을 볼 수가 있다. 새로 조성된 정릉에는 다른 능과는 달리 무인석과 석양, 석호가 1쌍씩 적게 설치되어 있는데, 이마저도 현종 10년(1669)에 복권되면서 새로 만들어진 것이 대부분이고, 구 정릉에서 옮겨온 석물은 혼유석을 받쳐주는 고석(鼓石)과 장명등뿐이다.

『춘정집(春亭集)』[48] 제11권에 정릉 천장 시에 고했던 제문(貞陵告遷祭文)이 실려 있다.[49]

광통교에 사용된 정릉의 석물

---

48) 『춘정집(春亭集)』: 고려 말 조선 초의 문신 변계량(卞季良, 1369~1430)의 시문집.

49) 維幽明之故兮. 理雖一而分則殊. 神道貴乎淸靜兮. 豈前言之或誣. 稽諸古而迄今兮. 無墓藏於國之都. 禮官執此以進言兮. 大小臣僚之與俱. 玆卜宅以靑烏兮. 得於城之東北隅. 水潀肙而演漾兮. 山廓寥以盤紆. 置玄宮固其所兮. 孰云近夫塵區. 擇日吉于告遷兮. 羌致酒以一奭. 冀淑靈之昭格兮. 敍悲忱以嗚呼.

유명을 달리하신 분이시여
이치는 비록 하나이나 명분은 곧 다릅니다.
무덤으로 가는 길은 맑고 깨끗함을 귀하게 여긴다는데
어찌 옛사람의 말씀이 혹이라도 틀리겠습니까?
옛날부터 지금까지를 확인하여 보아도
한 나라의 도성 안에 무덤을 조성한 예가 없어
예관이 이 일을 가지고서 진언을 하므로
대소 신료들이 의견을 함께했습니다.
이에 무덤 자리를 청오경(靑烏經)[50]의 논리로
도성의 동북쪽 산기슭에 길지를 얻었습니다.
물이 졸졸 흐르면서 넓고 길게 이어지고
완만하면서 부드러운 산줄기가 감쌌습니다.
능을 조성하기에 진실로 알맞은 곳입니다.
누가 옛 자리에서 가깝다고 하겠습니까?
좋은 날을 택하여 천장을 고하면서
아, 술을 따라서 드리나이다.
현명하신 영영답게 도와주시기를 바라면서
아, 슬픈 마음으로 정성을 다합니다.

정릉의 석물

---

50) 청오경(靑烏經): 한나라 때 사람 청오자(靑烏子)가 썼다고 전해지는 풍수서로 조선시대 지리학
고시과목의 하나.

또 태종은 신하들에게 강씨와 성비원씨(誠妃元氏)[51]가 계모인가 하는 문제를 묻자 유정현(柳廷顯)이 대답하기를, "어머니가 죽은 뒤에 이를 계승하는 자를 계모라고 합니다"고 하자, "그렇다면 강씨가 내게 계모가 되는가?"라고 하니, 대답하기를 "그때에 한씨가 승하하지 않았으니, 어찌 계모라고 할 수 있겠습니까?" 하였다. 태종은 이후에 자신을 낳은 한씨를 왕비로, 강씨는 후궁으로 대하게 되었고, 세종 즉위년부터는 정릉의 제사는 나라에서 행함이 마땅하지 않다고 하여 친척들로 하여금 맡아 하도록 하였다.

결국, 강씨는 죽은 후에 두 아들을 잃고, 남편은 왕위에서 물러나고, 자신은 후궁으로 취급받으며, 묏자리는 이장되고, 석물과 정자각은 헐려서 다른 곳에 사용되는 수모를 겪었다. 현재의 위치로 이장된 뒤에도 200년 동안은 묵혀졌다가 현종 때에서야 초라하나마 지금의 모습을 회복하게 되었다.

---

51) 성비원씨(誠妃元氏): 태조 이성계의 후궁, 본관 원주(原州), 판중추원사 원상(元庠)의 딸, ?~1449.

3. 헌릉(獻陵)

헌릉(태종과 원경왕후)

　태종(太宗)52) 이방원(李芳遠)은 원경왕후 민씨(元敬王后 閔氏)53)와의 사이에서 양녕대군(讓寧大君),54) 효령대군(孝寧大君), 충녕대군(忠寧大君),55) 성녕대군(誠寧大君)의 네 아들과 정순공주(貞順公主), 경정공주(慶貞公主), 경안공주(慶安公主), 정선공주(貞善公主) 등 딸 넷을 두었다. 두 번에 걸친 왕자의 난에서 승리한 태종은 1400년 11월 13일에 개경 수창궁(壽昌宮)에서 조선 3대 왕으로 즉위한 뒤, 1404년(태종 4) 8월 6일

---

52) 태종(太宗): 조선 3대 왕, 이성계와 신의왕후 한씨의 다섯째 아들, 이름 방원(芳遠), 1367~1422.
53) 원경왕후(元敬王后): 조선 태종의 비, 본관 여흥(驪興), 여흥부원군 민제(閔霽)의 딸, 1365~1420.
54) 양녕대군(讓寧大君): 조선 태종의 장남, 이름 제(禔), 1394~1462.
55) 충녕대군(忠寧大君): 조선 태종의 셋째 아들, 조선 4대 왕 세종, 이름 도(裪), 1397~1450.

장남인 양녕대군을 왕세자로 책봉하였다. 양녕대군은 태종이 궁궐을 비울 때 왕권의 대행과 명나라 사신 접대 등 정치참여 기회를 제공받았다. 그러나 세월이 지나면서 학문을 게을리하고, 무절제한 행동을 보이면서 부왕의 눈 밖에 나, 결국 1418년(태종 18) 6월 3일에 폐세자가 되었다. 이날 교지에서 태종은 "여러 대신이 올린 글을 읽으면서 소름이 오싹 끼치고, 두려워 몸을 옹송그렸다. 이것은 하늘의 뜻이 이미 떠나 버린 것이므로, 하늘과 대신들의 뜻에 따르겠다"고 하였다.

양녕대군을 폐세자하던 날, 셋째 아들인 충녕대군을 왕세자로 책봉하였다가, 그해 8월 10일에 왕의 자리를 넘겨주었다. 왕위를 세종(世宗)에게 넘겨준 태종은 상지관(相地官)56) 이양달(李陽達)의 추천으로 자신의 무덤 자리를 1420년(세종 2) 1월 13일에 경기도 광주 대

헌릉의 주작

---

56) 상지관(相地官): 조선시대에 대궐과 왕릉 자리 등을 살펴 정하는 일을 담당하는 관직.

모산(大母山) 자락에 정한다.[57] 무덤 자리를 정한 6개월여 뒤 태종비 원경왕후 민씨가 1420년(세종 2) 7월 10일 낮 12시경에 태종을 두고 먼저 승하하자 이곳을 능지로 정하였다.

세종은 부왕이 건원릉(健元陵)[58]에 개경사(開慶寺), 제릉(齊陵)[59]에 연경사(衍慶寺)라는 능찰(陵刹)[60]을 세운 것을 예로 들고, 또 "어머니를 산에 모신 뒤 빈 골짜기가 쓸쓸할까 봐 가까운 곳에 절을 지어 훌륭한 스님을 불러 모시면 어머니를 위로하는 도리가 되지 않을까 합니다"라고 원경왕후 능에도 절을 세울 것을 부왕에게 간절히 상언하였다. 이에 태종이 답하기를 "주상이 절을 산릉에 짓고자 하나, 불법은 내가 싫어하는 바이다. 나로 하여금 이 능에 묻히지 못하게 하려면 절을 짓는 것도 가하나, 만일 나를 이 능에 장사(葬事)[61]를 지내려면 절을 짓는 것은 마땅하지 않다. 건원릉과 제릉에 절을 세운 것은 태조의 뜻을 따랐을 뿐이다. 그러니 이 능에 절을 짓지 말고 법회도 갖지 마라. 내가 이후부터 이 법을 세우려 한다"고 답하였다.

또 장례도 옛 제도를 그대로 따르는 것이 꼭 옳은 것만은 아니다. 치상은 진실한 것은 따르되 사치를 하지 마라. 장례 기간도 5개월만을 고집하지 말고, 좋은 날인 9월 17일에 장사를 지내도록 하여라.[62] 석실(石室)[63]의 덮개돌도 운반하기 힘드니 한 개로 하지 말고

---

57) 현 서울 서초구 내곡동에 있는 헌릉(獻陵).
58) 건원릉(健元陵): 태조 이성계 무덤.
59) 제릉(齊陵): 태조 이성계의 비 신의왕후 한씨 무덤.
60) 능찰(陵刹): 죽은 왕이나 왕비의 명복을 빌기 위해 왕릉 인근에 지은 절.
61) 장사(葬事): 죽은 사람을 땅에 묻는 일.
62) 왕이나 왕비의 국장 기간은 5개월이다. 150일이라는 뜻은 아니고, 월이 5번이어야 한다는 의미다. 원경왕후가 1420년 7월 10일에 승하하였으니, 장례는 11월 중에 하여야 한다는 의미다. 그러면 7월, 8월, 9월, 10월, 11월이 장례기간이 되어 5개월이 되는 것이다. 태종의 말대로 원경왕후는 9월 17일에 장사를 지냈기 때문에 국장 기간이 3개월이었다.

둘로 쪼개어 쓰라고 지시하였다. 실제로 태종은 돌 공장에 직접 나가 석공을 시켜 철퇴로 덮개돌을 쪼개어 두 개로 만들었다는 내용이 왕조실록에 기록되어 있다.

태종의 뜻에 따라 국장 기간은 2개월 7일로 단축되었으나, 산릉의 역사에 경기도와 충청도에서 각각 3천 명, 강원도와 황해도에서 각각 2천 명, 수군(水軍) 4천 명 등 군정(軍丁)[64] 1만 4천 명이 동원되었다.

헌릉의 능침

---

63) 석실(石室): 돌로 쌓아 만든 묘실.

64) 군정(軍丁): 군역(軍役)의 의무를 지는 지방의 장정으로 국가나 관아의 명령으로 병역이나 노역에 종사한 자.

능의 위치를 약간 동쪽으로 하고, 그 오른쪽은 태종의 능으로 사용하기 위하여 비워두었다. 주척(周尺)65)으로 13척 3촌66)을 능의 깊이로 정하여 파보니, 흙의 빛깔이 번지르르하고 윤택하고 물기가 없었다. 짧은 기간에 많은 군정을 동원하여 무덤을 조성한 대모산 자락에 원경왕후 민씨를 1420년(세종 2) 9월 17일 건좌손향(乾坐巽向)67)으로 장사를 지냈으니, 그곳이 헌릉(獻陵)이다.

원경왕후가 승하한 지 2년여 후인 1422년(세종 4) 5월 10일에 태종 이방원이 승하하였다. 원경왕후 민씨 무덤 오른쪽을 능지로 정하고, 광(壙)을 열었을 때 동쪽 구석에서 물이 솟아올랐다. 확인하여 보니 비가 오랫동안 내려 스며든 물이라 며칠 후에 물기가 없어졌다. 이를 보고받은 세종은 "내 마음이 조금 편하다"고 하였다. 태종 이방원을 그해 9월 6일에 장사를 지냈다. 하관하고 보니 방원의 머리 방향이 잘못되어, 다시 관을 꺼내어 위치를 바꾸어 장사를 지낸 다음 하관 책임자였던 호조판서 신호(申浩)를 의금부에 가두어버리는 일이 일어났다.

그 후 8년여가 지난 1430년(세종 12) 7월 7일에 헌릉의 주산(主山)68)인 대모산에서 내려와 능으로 연결해주는 산줄기인 내룡(來龍)69)에 사람이 통행하는 길이 있어, 내룡을 자르는 흉함이 있으니 사람의 통행을 금지하여야 한다는 상지관 최양선(崔揚善)의 상소문으로 '헌릉의 단맥(斷脈) 논쟁'이 벌어진다. 다른 상지관 고중안(高仲

---

65) 주척(周尺): 주례(周禮)에 규정된 자로서, 한 자가 곱자의 여섯 치 육 푼, 즉 23.1cm이다.
66) 13척 3촌: 약 3m 10cm.
67) 건좌손향(乾坐巽向): 21시에서 09시 방향을 바라보는 방위. 남동향.
68) 주산(主山): 집이나 무덤의 뒤에 우뚝 솟은 산. 현무(玄武)라고도 한다.
69) 내룡(來龍): 주산과 무덤을 연결해 주는 산줄기.

安)과 이양달은 오히려 사람이 통행하는 길이 있음은 좋은 현상이라 하고, 세종의 지시를 받은 대신과 집현전 학자들도 풍수 논리를 검토하여 최양선이 잘못된 식견을 가지고 사람의 통행을 금지하여야 한다고 주장했다며 그를 파직할 것을 권유하기도 하였다. 그러나 세종은 최양선의 사람됨이 상대할 사람은 못 되지만 파직은 불가하다고 말하였다.

이 상소문으로 인하여 통행의 금지와 해제가 반복되다가 문종(文宗)[70] 때인 1451년(문종 1) 10월 16일에 이현로(李賢老)의 요청으로 그 길에 엷게 돌을 깔고 난 다음 사람을 통행하도록 하여 논쟁이 일단락되었다. 무려 21년 이상을 끌어온 불필요한 소모적인 논쟁이었다.

당시의 단맥 논쟁이 벌어진 일에 대해 풍수 논리로 확인해 보자.

산 능선을 넘어가는 길이 있는 곳을 살펴보면 대개 움푹 파인 지형이다. 풍수에서는 이런 곳을 일러 과협(過峽) 또는 속기(束氣), 벌의 허리처럼 잘록하다고 하여 봉요(蜂腰), 학의 무릎처럼 생겼다고 하여 학슬(鶴膝)이라고도 한다. 이처럼 산줄기가 잘록한 곳이 내룡에 있을 경우에는 좋은 터를 만들기 위한 증거이기 때문에 길(吉)한 경우로 본다. 청룡(靑龍)이나 백호(白虎)에 있을 경우에는 이곳으로 바람이 불어 들어와 집터나 묏자리에 수분과 습도, 온도 등 주변 환경에 영향을 주기 때문에 아주 흉(凶)한 것으로 취급한다. 곧 과협은 주산에서 내려오는 좋은 기운이 집터나 묏자리에 손실이 없이 전해질 수 있도록 빨아들이는 펌프의 역할과 주산에서 내려올 수 있는 지나치게 강한 기운이나 나쁜 기운을 걸러주는 여과장치의 역할을

---

70) 문종(文宗): 조선 5대 왕, 세종과 소헌왕후 심씨의 맏아들, 이름 향(珦), 단종의 부친, 1414~1452.

수행한다. 그래서 과협이 내룡에 있는 경우는 좋은 현상이고, 청룡이나 백호에 있으면 나쁜 현상이다. 집터나 묏자리로 전달될 수 있는 좋은 기운을 청룡이나 백호가 빼앗아 가거나, 환경을 나쁘게 하기 때문이다.

당시에 최양선의 못된 인간성, 또는 부족한 풍수 식견에서 나온 상소문이 적지 않게 국력을 소모했던 것이다. 조선시대 지리학 고시과목이었던 『동림조담(洞林照膽)』[71)]에 "음양가는 마음으로 전하고 뜻으로 깨쳐 알기를 귀하게 여길 것이요, 하나의 편벽된 말을 고집해서는 안 된다"는 글귀를 최양선뿐만 아니라, 땅을 보는 모든 자가 가슴에 새겨 두어야 할 것이다.

---

71) 『동림조담(洞林照膽)』: 저자 범월봉(范越鳳), 조선시대 지리학 고사과목의 하나인 이기론 풍수서.

4. 영릉(英陵)

영릉(세종과 소헌왕후)

세종(世宗)[72)]은 태종(太宗)[73)] 이방원과 원경왕후 민씨(元敬王后 閔氏)[74)] 사이에서 셋째 아들로 태어났다. 큰형 양녕대군이 1418년(태종 18) 6월 3일에 폐세자되자, 그 뒤를 이어 당일에 왕세자에 책봉되었다가 같은 해 8월 10일에 조선 4대 왕으로 즉위하였다.

세종이 해를 더하면서 부왕을 모신 헌릉(獻陵)[75)] 근처에서 수릉(壽陵)[76)] 자리를 찾아 나섰다. 그러던 1444년(세종 26) 초 헌릉 서쪽

---

72) 세종(世宗): 조선 4대 왕, 태종과 원경왕후 민씨의 셋째 아들, 충녕대군, 이름 도(裪), 1397~1450.

73) 태종(太宗): 조선 3대 왕. 이성계와 신의왕후 한씨의 다섯째 아들, 이름 방원(芳遠), 1367~1422.

74) 원경왕후 민씨(元敬王后 閔氏): 조선 태종의 비, 본관 여흥(驪興), 여흥부원군 민제(閔霽)의 딸, 1365~1420.

75) 헌릉(獻陵): 조선 3대 왕 태종과 원경왕후 민씨 능, 현 서울시 서초구 내곡동 소재.

산줄기에 수릉 터를 정할 즈음 상지관(相地官)77) 최양선(崔揚善)의 말이 논란이 되었다. 이 자리는 "곤방(坤方)78)에 있는 물이 새 주둥이처럼 갈라졌다. 그래서 맏아들을 잃고 손이 끊어진다"는 말을 하였다. 그러나 세종은 개의치 않고 1444년(세종 26) 7월 17일 그 자리를 수릉 터로 정하고, 하연(河演)·김종서(金宗瑞)·정인지(鄭麟趾)·최부(崔府)·이사검(李思儉)·강석덕(姜碩德)·어효첨(魚孝瞻)·윤통(尹統)과 상지관 고중안(高仲安)·문맹검(文孟儉) 등을 보내어 수릉 터에 흙을 채우고 다듬었다.

수릉을 정한 지 2년이 채 되기도 전인 1446년(세종 28) 3월 24일 소헌왕후 심씨(昭憲王后 沈氏)79)가 수양대군(首陽大君)80)의 사저에서 승하하자, 그 자리에 같은 해 7월 19일에 장사(葬事)81)를 지냈다. 소헌왕후를 장사 지내려고 하자 음양가(陰陽家)82)들이 그 자리가 불길하다고 하였다. 그러나 세종은 "다른 곳에다가 좋은 자리를 얻는 것이 어찌 부모 옆에 묻히는 것보다 좋겠는가? 좋고 나쁨의 말은 걱정할 일이 아니다. 나도 나중에 소헌왕후 옆에 장사를 지내되, 봉분은 하나로 하고 광중(壙中)83)만 다르게 만들어라" 하고 지시하였다. 광

---

76) 수릉(壽陵): 임금이 살아있을 때 죽은 뒤를 대비하여 미리 정해 놓은 무덤 자리.

77) 상지관(相地官): 조선시대에 대궐과 왕릉 자리 등을 살펴 정하는 일을 담당하는 관직.

78) 곤방(坤方): 15시 방향, 남서쪽.

79) 소헌왕후 심씨(昭憲王后 沈氏): 조선 4대 왕 세종의 비, 본관 청송(靑松), 청청부원군 심온(沈溫)의 딸, 세종과의 사이에 8남(문종·수양대군·안평대군·임영대군·광평대군·금성대군·평원대군·영응대군) 2녀(정소공주·정의공주)를 둠, 1395~1446.

80) 수양대군(首陽大君): 세종과 소헌왕후 심씨의 둘째 아들, 훗날 조선 7대 왕 세조, 이름 유(珛), 1417~1468.

81) 장사(葬事): 죽은 사람을 땅에 묻는 일.

82) 음양가(陰陽家): 천문, 역수, 풍수지리 등을 연구하여 길흉화복을 논하는 사람.

83) 광중(壙中): 시신을 모시는 구덩이 또는 구덩이 속.

중은 석실(石室)84)로 만들었고, 깊이는 영조척(營造尺)85)으로 10척으로 정하였다. 삼물(三物)은 석회(石灰) 3분(分), 황토(黃土) 1분, 가는 모래 1분에 느릅나무 껍질을 삶은 물로 배합하여 사용하였다.

소헌왕후가 승하한 지 4년 후인 1450년(세종 32) 2월 17일에 막내아들 영응대군(永膺大君)86) 사저에서 세종 임금이 승하하였다. 영응대군의 사저는 국장(國葬)87)을 거행하는 데 좁고 불편할뿐더러, 호위에 어려움이 있으니 빈전(殯殿)88)을 궁으로 옮기자는 대신들의 건의가 있었으나, 문종(文宗)89)은 시신을 옮길 수는 없다 하여 거절하였다. 임금이 승하하면 6일 만에 빈전이 마련된 곳에서 후대 왕의 즉위식을 거행하게 되어 있었기 때문에, 문종은 궁궐이 아닌 영응대군의 사저에서 즉위식을 했다.

같은 해 6월 12일 소헌왕후의 오른쪽에 미리 마련해둔 석실에 세종을 장사 지내니, 조선왕릉으로서는 처음으로 합장릉(合葬陵)90)이 만들어졌다. 그곳이 곧 영릉(英陵)이다. 헌릉과의 거리가 주척(周尺)91)으로 9백44척이라는 기록으로 보아 현재 서울 서초구 내곡동에 위치한 순조(純祖)92)의 무덤인 인릉(仁陵)93)의 자리로 보인다.

당시에도 영릉의 자리가 좋지 않다는 소문이 있었다. 대략 "영릉

---

84) 석실(石室): 돌로 쌓아 만든 묘실.

85) 영조척(營造尺): 32.08cm(세종 때).

86) 영응대군(永膺大君): 세종과 소헌왕후 심씨의 여덟째 아들, 이름 염(琰), 1434~1467.

87) 국장(國葬): 국가를 위해 크게 공헌한 사람이 죽었을 때 국가가 주관하여 지내는 장례.

88) 빈전(殯殿): 왕이나 왕비의 관을 모시던 곳.

89) 문종(文宗): 조선 5대 왕. 세종과 소헌왕후 심씨의 맏아들, 단종의 부친, 이름 향(珦), 1414~1452.

90) 합장릉(合葬陵): 왕과 왕비를 하나의 능침에 같이 장사를 지낸 왕릉.

91) 주척(周尺): 주례(周禮)에 규정된 자로서 한 자가 곱자의 여섯 치 육 푼. 즉 23.1cm이다.

92) 순조(純祖): 조선 23대 왕, 정조와 수빈박씨의 아들, 이름 공(玜), 1790~1834.

93) 인릉(仁陵): 조선 23대 왕 순조와 순원왕후의 능. 현 서울 서초구 내곡동 소재.

영릉(세종과 소헌왕후)

은 곁가지이며, 한쪽으로 치우치고 기울어지고 삐뚤어지고 고단하며, 헌릉의 자리만 못 하고, 생김새가 애매하여 맑지 못하고, 머리를 들어 시체를 막았으며, 산의 뒷면(背)이고, 주인(主山)⁹⁴⁾과 손님(朝山)⁹⁵⁾이 다투는 형국이고, 큰아들이 해를 보고, 헌릉은 바른 용(正龍)이나 영릉은 곁 용(傍龍)이다"는 내용이다.

한편 문종은 "영릉 자리가 나쁘다는 것은 믿을 것이 못 된다. 하지만 음양가들이 산등성이를 보고 좋고 나쁨을 판단하는데, 사람들이 왕래하여 산등성이가 끊어지게 되어 차마 볼 수가 없으니 흙을 채우라"고 지시하였으며, 세조(世祖)⁹⁶⁾ 때에도 내룡(來龍)⁹⁷⁾에 보토

---

94) 주산(主山): 집이나 무덤의 뒤에 우뚝 솟은 산. 현무(玄武)라고도 한다.
95) 조산(朝山): 집터나 무덤의 앞쪽에 있는 산.

를 하면서 신경을 써서 관리하였다.

그러나 우연인지 필연인지 영릉이 조성된 후 세종의 장남인 문종이 즉위한 지 2년 2개월 만인 1452년(문종 2) 5월 14일에 승하하였다. 1457년(세조 3) 9월 2일에는 세조의 장남인 의경세자(懿敬世子)[98]가 승하하였고, 의경세자를 장사도 지내기 전[99]인 같은 해 10월 24일에 문종의 장남인 단종(端宗)[100]은 죽임을 당하였다. 1463년(세조 9) 10월 24일에는 왕세자의 장남 인성대군(仁城大君)[101]이 죽었다. 이처럼 장자가 죽는 등 왕가에 변고가 자주 일어나자, 세조는 대신들로 하여금 영릉의 천장을 의논하게 하는 한편 경기도에서 새로운 장지를 물색 하나 끝내 이루지 못하고 승하하였다.

세조의 뒤를 이어 왕위를 계승한 예종(睿宗)[102]은 즉위하자마자 영릉의 천장(遷葬)[103]을 추진하였다. 후보지 물색에 나선 노사신(盧思愼)·임원준(任元濬)·서거정(徐居正)과 상지관 안효례(安孝禮)가 경기도 여주에 있는 한성부원군 이계전(李季甸)의 묏자리를 추천하니, 예종은 승낙하였다.

이계전은 목은 이색(李穡)의 손자이며, 세종임금의 하관(下棺)[104]

---

96) 세조(世祖): 조선 7대 왕, 세종과 소헌왕후의 둘째 아들, 수양대군, 이름 유(瑈), 1417~1468.

97) 내룡(來龍): 주산과 무덤을 연결해 주는 산줄기.

98) 의경세자(懿敬世子): 세조와 정희왕후의 장남, 성종의 부친, 이름 장(暲), 1439~1457.

99) 의경세자는 1457년(세조 3) 11월 24일에 장사를 지냈다.

100) 단종(端宗): 조선 6대 왕, 문종과 현덕왕후의 장남, 이름 홍위(弘暐), 1441~1457.

101) 인성대군(仁城大君): 예종과 장순왕후 한씨의 아들로 사망 당시에 예종이 왕세자였고, 어머니 장순왕후는 지병으로 인성군을 낳은 지 5일 만인 1461.12.5에 승하한 상태였다. 이름 분(糞), 한명회의 외손, 1461.11.30~1463.10.24.

102) 예종(睿宗): 조선 8대 왕. 세조와 정희왕후의 둘째 아들, 해양대군, 의경세자 동생, 이름 황(晄), 1450~1469.

103) 천장(遷葬): 왕릉을 옮기는 일. 무덤을 옮기는 일.

104) 하관(下棺): 관을 땅속 구덩이에 넣는 일.

시간을 정할 때 우승지 자격으로 논의에 참석한 자였다. 그를 장사 지낸 지 10년 만에 천장을 하고, 이계전의 청룡자락 북쪽에 있던 평안도관찰사 이극배(李克培)의 아버지이며 우의정을 지낸 이인손(李仁孫)의 묏자리도 장사 지낸 지 6년 만에 천장을 당하였다.

중국의 성리학자인 정자(程子)가 쓴 글『장설(葬說)』에 보면, "훗날에 도로가 되지 않아야 하고, 성곽이 되지 않아야 하고, 도랑이나 연못이 되지 않아야 하고, 권력자에게 빼앗기지 않아야 하고, 논밭이 되지 않아야 한다"는 다섯 가지를 터를 잡을 때 고려할 사항으로 적고 있다. 이계전과 이인손의 묏자리는 권력자에게 빼앗겼으니 터 잡기에 실패한 셈이다.

새 영릉은 5천 명의 부역군과 1백50명의 장인을 동원하여 석실은 없이 자좌오향(子坐午向)[105]으로 조성하여 1469년(예종 1) 3월 6일에 천장하였다. 구 영릉을 개장하였을 때 광중에 물기는 없었고, 관(棺)과 수의 등은 새것과 다름없었다고 한다. 구 영릉에 있던 석물은 그 근처에 묻어두었는데, 1974년에 발굴하여 세종대왕기념관에 전시하고 있다.

---

105) 자좌오향(子坐午向): 24시 방향에서 12시 방향을 바라보는 방위. 정남향.

영릉에서 바라다 보이는 북성산

새 영릉은 북성산(北城山)106)에서 뻗어 나온 산줄기가 칭성산을 만들고, 칭성산에서 나온 산줄기가 자신을 만들어준 북성산을 다시 바라보는 회룡고조혈(回龍顧祖穴)107)이다. 조상(主山)을 바라보는 회룡고조혈은 조상의 덕이 많아 부(富)를 이룰 수 있다는 것이 풍수의 논리다.

---

106) 북성산(北城山): 경기도 여주에 있는 산.

107) 회룡고조혈(回龍顧祖穴): 주산에서 출발한 산줄기가 만든 집터나 무덤에서 자신이 출발한 지점을 다시 바라보고 있는 형국.

5. 현릉(顯陵)

현릉(문종과 현덕왕후)

　문종(文宗)[108]은 세종(世宗)[109]과 소헌왕후 심씨(昭憲王后 沈氏)[110]
사이에서 세종이 왕세자로 책봉되기 전인 1414년(태종 14) 10월 3일
에 사저에서 큰아들로 태어났다. 1421년(세종 3) 10월 27일에 인정
전(仁政殿)[111]에서 왕세자에 책봉된 뒤, 세종이 영응대군(永膺大君)[112]
집에서 승하하자, 빈전이 차려진 영응대군 집에서 1450년 2월 23일

---

108) 문종(文宗): 조선 5대 왕, 세종과 소헌왕후 심씨의 맏아들, 이름 향(珦), 단종의 부친, 1414~1452.

109) 세종(世宗): 조선 4대 왕, 태종과 원경왕후 민씨의 셋째 아들, 이름 도(祹), 1397~1450.

110) 소헌왕후 심씨(昭憲王后 沈氏): 조선 4대 왕 세종의 비, 본관 청송(靑松), 청청부원군 심온(沈
　　溫)의 딸, 1395~1446,

111) 인정전(仁政殿): 창덕궁의 정전(正殿)으로 조정의 각종 의식이나 외국 사신을 접견하던 곳으
　　로 1405년(태종 5)에 창건되었다가 임진왜란 때 소실되었다. 1609년(광해군 1)에 재건되었다
　　가 다시 화재로 소실되어 1804년(순조 4)에 지어졌다.

112) 영응대군(永膺大君): 세종과 소헌왕후 심씨의 여덟째 아들, 이름 염(琰), 1434~1467.

에 조선의 5대 왕으로 즉위하였다. 오래 지나지 않아 몸에 난 종기가 악화되어, 1452년(문종 2) 5월 14일 경복궁 강녕전(康寧殿)에서 승하하였다. 즉위한 지 불과 2년 2개월 만이다. 단종(端宗)[113]의 나이 그때 11살이었는데 양부모 모두를 잃었다.

어린 단종은 두 작은아버지 수양대군(首陽大君)[114]과 안평대군(安平大君)[115]에게 부탁하고, 풍수학제조 정인지(鄭麟趾)와 대신 황보인(皇甫仁)·김종서(金宗瑞)·정분(鄭苯)·이사순(李師純)·강맹경(姜孟卿)에게 명하여, 조부인 세종의 무덤이 있던 서울 서초구 내곡동 영릉(英陵)[116] 근처에서 능지(陵地)를 찾아보도록 하였다. 이들은 영릉 남쪽 이목동(梨木洞)에 건좌손향(乾坐巽向)[117]의 자리가 있는데, "영릉과 같은 국세에 있으면서도 다른 능선 하나에 또다시 빙 둘러싸여 있을 뿐만 아니라, 주변의 산 모양과 물의 흐름이 모두 좋고, 특히 선영과 가까워서 그대로 쓰는 것이 편합니다"라고 아뢰었다.

그 자리를 능지로 정하여 흙을 채우고 다듬는 중에 전농시의 종 목효지(睦孝智)가 단종에게 은밀히 편지를 올렸다. 강맹경이 단종으로부터 받아 읽어보니 "헌릉의 내룡은 솟아오른 봉우리의 뒤에 있는 가지로 달리는 산의 가지일 뿐입니다. 주산은 약하고 주변산은 강할 뿐더러, 산의 근원이 궁극에 달한 땅이요, 물은 동쪽으로 등져 흐르

---

113) 단종(端宗): 조선 6대 왕, 문종과 현덕왕후의 장남, 이름 홍위(弘暐), 1441~1457.

114) 수양대군(首陽大君): 세종과 소헌왕후 심씨의 둘째 아들, 훗날 조선 7대 왕 세조, 이름 유(瑈), 1417~1468.

115) 안평대군(安平大君): 세종과 소헌왕후 심씨의 셋째 아들, 이름 용(瑢), 1418~1453.

116) 영릉(英陵): 세종과 소헌왕후의 능으로 서울 서초구 내곡동 헌릉 오른쪽에 있었으며, 현재 순조와 순원왕후의 능인 인릉의 자리에 있었다. 예종이 천장을 하여 현재는 경기도 여주군에 있다.

117) 건좌손향(乾坐巽向): 21시 방향에서 09시 방향을 바라보는 방위. 남동향.

고, 혈판은 굴곡이 졌으니, 그야말로 큰 명당으로 오인될 수 있는 거짓 꽃에 지나지 않는 땅입니다. 정룡이 아니니 정혈도 아닙니다"는 내용이었다. 하지만 수양대군과 안평대군을 비롯해 능지를 살펴 정했던 대신들은 목효지가 신분 상승을 위해 하는 짓이라며 묵살하고, 고집을 부려 그곳을 능지로 정하였다. 그러나 그 자리를 9척 정도 파 내려가니 광중(壙中)[118)에서 물이 솟아 나왔다. 광중에서 물이 나오면 당연히 다른 곳에서 능지를 찾아야 마땅하나, 정인지는 다른 곳에서 찾으려 하지 않고, "물은 솟으나 수원(水源)[119)이 없으므로 장차 염려할 것이 없다"고 하면서, 여러 사람의 의견을 배격하고 그 바로 위에 혈(穴)[120)을 정하려 하였다. 이 장면을 두고 황보인은 강

현릉(문종)

---

118) 광중(壙中): 시신을 모시는 구덩이 또는 구덩이 속.
119) 수원(水源): 물이 흘러나오는 근원.
120) 혈(穴): 집터나 무덤이 위치하는 지점. 혈거식(穴居式)에서 유래한 풍수 용어.

맹경에게 "정인지는 참으로 가소로운 사람이다"고 비아냥거렸다. 수양대군과 여러 대신이 나서 영릉 서쪽에 능지를 새로 정하고, 땅을 파 내려가니 이번에는 바위가 나왔다.

영릉 부근에서 능지 선정에 실패한 수양대군을 비롯한 일행들은 건원릉(健元陵)121)의 왼쪽 산줄기에 능지를 정하였다. 그들은 단종에게 문종의 장삿날을 정하여 보고하면서, 광중의 깊이를 영조척(營造尺)122)이 아닌 주척(周尺)123)을 사용하자고 상언하자 단종이 수용하였다. 이를 두고 승정원에서 단종에게 이의를 제기하였다. 매장을 깊게 하여야 하는 이유를 "빗물이 스며들지 못하며, 찬 기운을 막을 수 있고, 도굴을 당할 우려가 없다"는 풍수서(風水書)에 나오는 말을 인용하여 설명하자, 단종이 승정원의 의견을 다시 받아들여 영조척으로 10척을 파도록 명하였다. 영조척을 적용하는 것과 주척을 적용하는 것은 같은 10척이라도 실제 깊이는 1m가 넘게 차이가 난다. 광중의 깊이를 주척으로 10척으로 하자는 주장은 광중을 얕게 파서 돌이나 물이 또다시 나오는 것을 미리 방지하려고 잔머리를 쓴 것으로밖에 여겨지지 않는다.

영조척으로 10척을 천광의 깊이로 정한 것은, 단종의 어머니 현덕빈(顯德嬪)124)의 장지를 조성할 때, 풍수학제조 예조판서 민의생(閔義生)과 지중추원사 정인지의 상언으로 1441년(세종 23) 8월 20일에 결정된 규정이다.

---

121) 건원릉(健元陵): 태조 이성계의 능.

122) 영조척(營造尺): 32.08cm(세종 때).

123) 주척(周尺): 주례(周禮)에 규정된 자로서 한 자가 곱자의 여섯 치 육 푼. 즉 23.1cm이다.

124) 현덕빈(顯德嬪): 문종 비 현덕왕후, 단종과 경혜공주(敬惠公主, 영양위 정종의 부인)의 어머니, 본관 안동(安東), 권전의 딸, 1418~1441.

많은 논란 속에 능지를 조성하여 1452년 9월 1일 축시(丑時)[125]에 계좌정향(癸坐丁向)[126]으로 문종을 장사 지냈으니, 그곳이 현릉(顯陵)이다.

문종은 참으로 왕비의 복이 없었던 임금이었다. 『연려실기술(燃藜室記述)』[127]과 『조선왕조실록』을 살펴보면, 휘빈김씨(徽嬪金氏)와 순빈봉씨(純嬪奉氏)가 차례로 세자빈에 책봉되었으나 문제가 있어 폐해지고, 안동권씨인 현덕빈이 세자빈으로 책봉되는 일을 겪는다. 현덕빈이 승하하자 세종이 그의 부친인 권전(權專)을 불러 "대체로 며느리가 시부모에게 사랑을 받기란 어려운 일인데, 빈은 이미 나와 중궁(中宮)[128]에게 사랑을 받다가 이제 이렇게 되었으니, 다시 무슨 말을 하겠는가. 그러나 원손(元孫)[129]의 탄생이 족히 내 마음을 위로하여 기쁘게 할 수 있다. 명(命)의 길고 짧은 것은 수(數)가 있는 것으로 사람의 마음대로 어찌할 수 없는 것이니, 경은 나를 위하여 슬픔을 억제하라"고 위로하면서 현덕빈을 칭찬하였다.

현덕빈은 1441년(세종 23년) 7월 23일 동궁(東宮)[130] 자선당(資善堂)에서 원손인 단종을 낳고, 산후 후유증으로 다음 날 승하하고 말았다. 당시에 빈을 장례 지낸 전례가 없자, 세종은 원경왕후(元敬王后)[131]보다는 내리고 정소공주(貞昭公主)[132]보다는 올려서 장례의 예

---

125) 축시(丑時): 01:00∼03:00.

126) 계좌정향(癸坐丁向): 01시 방향에서 13시 방향을 바라보는 방위.

127) 『연려실기술(燃藜室記述)』: 조선 정조 때 이긍익(李肯翊, 1736∼1806)이 지은 역사책.

128) 중궁(中宮): 왕후(王后)를 높여 이르는 말.

129) 원손(元孫): 왕세자의 맏아들.

130) 동궁(東宮): 세자궁(世子宮)을 달리 부르던 말. 세자가 거처하는 궁은 동쪽에 배치하였는데, 여기에서 유래한 말.

131) 원경왕후(元敬王后): 조선 태종 비, 본관 여흥(驪興), 세종의 어머니, 1365∼1420.

를 다하도록 지시한다. 또 우승부지 강석덕(姜碩德)에게 "빈에게 장성한 아들이 없으니 진실로 불쌍하다. 경이 마땅히 가서 여러 가지 일을 보살펴서 간곡하게 정성을 다하여 준비해서 후회가 없게 하라"고 지시하는 등 현덕빈을 장사 지내는 데 최선을 다하였다.

장지를 경기도 안산에 정하여 능지를 조성할 즈음에 전농시의 종 목효지가 "내룡이 얕고 약하며, 길로 끊어진 곳이 10곳이나 되어 이곳에 장사를 지내면 낳은 아이가 녹아버린다"는 상소문을 올린다. 세종은 안평대군을 비롯한 대신들로 하여금 현지에 가서 목효지의 상소문을 확인하도록 지시하였다. 현장을 둘러본 안평대군과 대신들은 "다른 문제는 없으나 묘의 방향인 계좌정향은 풍수고전에서 꺼리니, 자좌오향(子坐午向)[133]으로 변경을 하자"고 보고하자 승낙하였다. 또 이들은 목효지의 상소로 능의 좌향(坐向)[134]을 바꾼 공로는 인정되나, 그와 같은 문제는 풍수학(風水學)이나 예조에 보고해야지 노비가 임금에게 직접 상소를 올렸으니 죄를 물어야 한다고 진언하였다. 그러나 세종은 오히려 목효지를 천민의 신분을 면제하여 풍수 공부를 할 수 있도록 배려하였다. 신분이 상승된 목효지는 또다시 여러 차례 상소를 올렸는데, 결국은 내불당에 관련된 상소에서 문맹검을 언급하였다가 다시 천민의 신분으로 되돌려졌다. 문종의 능지 조성과정에서 올린 상소로 처벌을 받았다가 석방되었지만, 결국 수양대군의 심기를 크게 건드리는 계기가 되어, 수양대군이 왕으로 즉위한 뒤인 1455년(세조 1) 11월 9일에 교수형에 처해졌다.

---

132) 정소공주(貞昭公主): 세종과 소헌왕후의 큰 딸, 문종의 누나, 1412~1424.

133) 자좌오향(子坐午向): 24시 방향에서 12시 방향을 바라보는 방위. 정남향.

134) 좌향(坐向): 집이나 무덤의 등지는 방위와 바라보는 방위를 일컫는 말. 등지는 방위를 좌(坐)라 하고 바라보는 방위를 향(向)이라 한다.

소릉이 조성되었던 곳으로 추정되는 장소

경기도 안산읍 와리산(瓦里山)에 조성된 능지에 현덕빈을 같은 해 9월 21일에 장사 지냈다. 문종이 즉위한 후에 현덕빈은 현덕왕후(顯德王后)로, 능은 소릉(昭陵)[135]으로 추존되었다. 하지만 단종으로부터 왕위를 빼앗은 세조는 현덕왕후를 폐하여 서인으로 만들고, 소릉은 바닷가로 이장하여 버렸다. 성종(成宗)[136]대에 추복을 추진하였지만 이루지 못하고, 1513년(중종 8) 3월 12일에 추복을 하고, 우의정 송일(宋軼)을 총호사로 임명하여 현릉 왼쪽 능선에 인좌신향(寅坐申向)[137]으로 천장(遷葬)[138]하였다. 같은 해 4월 18일의 일이다. 소릉의 능호는 없애고 문종의 능과 함께 현릉이라고 정하였다.

---

135) 소릉(昭陵): 조선 5대 왕 문종의 비 현덕왕후 능으로 경기도 안산읍에 있었는데, 1513년(중종 8)에 문종의 능인 현릉 옆으로 이장하고 소릉이라는 능호는 버리고 현릉으로 정하였다.

136) 성종(成宗): 조선 9대 왕, 의경세자의 아들, 이름 혈(娎), 연산군의 부친, 1457~1494.

137) 인좌신향(寅坐申向): 04시 방향에서 16시 방향을 바라보는 방위.

138) 천장(遷葬): 왕릉을 옮기는 일. 무덤을 옮기는 일.

현덕왕후릉에서 바라보이는 문종릉

중종은 현덕왕후를 추복하면서 "황천에 계신 소릉의 신령이 품고 있는 그 원한을 어찌 다 말할 수 있으리까! 역대 제왕에 배위(配位)[139]가 없이 종묘에서 제사를 받는 이가 없는데, 오직 문종만이 홀로 제사를 받으시니 신자(臣子)가 되어 어찌 차마 마음이 편하리까!" 라며 자신의 마음을 표현하였다.

현릉의 터는 수양대군의 의도대로 정해진 것이나 다름없다. 따라서 현릉은 아쉽게도 청룡이 능을 감싸지 못하고 밖으로 돌아 나가는 지형임에도 능지로 정해지게 된 것이다. 더구나 풍수에서는 청룡이 아들과 벼슬을 주관한다고 본다. 그런데 청룡이 능을 등지는 모습에 상단이 함몰되었으니, 일반인조차도 무덤을 조성하기에 꺼리는 여건

---

139) 배위(配位): 부부가 모두 죽었을 때, 그 아내를 높여 이르는 말.

이다. 또 현덕왕후의 무덤이 있는 능선이 문종의 무덤을 향하여 달려드는 형국이다. 그런 터에 왕릉이 조성되었다는 것은 수양대군에 대해 의구심을 가질 수밖에 없게 만든다. 단종실록을 보면 현릉 조성 당시에 대신 누구도 수양대군과 안평대군의 눈치만 보았지 옳은 말을 하지 못했음이 기록되어 있다. 왜 그러한 땅에 현릉이 조성되었는지를 알 수 있는 대목이다.

6. 장릉(莊陵)

장릉(단종)

1441년(세종 23) 7월 23일, 임금은 "세자(世子)[140]의 나이가 이미 장년이 되었는데도, 후사가 없어서 내가 매우 염려하였다. 이제 적손(嫡孫)[141]이 생겼으니 나의 마음이 기쁘기가 진실로 이보다 더 좋을 수는 없다. 신(神)과 사람이 다 같이 기뻐할 일이요, 신하와 백성들이 모두 기뻐할 것이다. 오늘 새벽 이전에 저지른 대역모반죄, 부모를 죽였거나 때리고 욕한 죄, 남편을 죽인 죄, 노비가 상전을 죽인 죄, 독약이나 저주로 죽인 죄, 강도를 범한 죄 외에는 이유를 불문하고 모두 용서하라"며 사면령을 내렸다. 세자빈 권씨(權氏)[142]가 동궁

---

140) 세자(世子): 왕위를 이을 왕자. 이때는 문종을 가리킴.
141) 적손(嫡孫): 적자의 정실이 낳은 아들. 이때는 단종을 가리킴.

(東宮)¹⁴³⁾인 자선당(資善堂)에서 왕세손¹⁴⁴⁾을 낳았기 때문이다. 단종
(端宗)¹⁴⁵⁾은 이처럼 임금과 신하 그리고 온 백성의 축복 속에 문종
(文宗)¹⁴⁶⁾과 현덕왕후 권씨(顯德王后 權氏) 사이에서 태어났다.

하지만 단종이 태어난 다음 날 세자빈 권씨가 산후병으로 위독하
자 임금이 친히 두세 번에 걸쳐 문병하였지만 끝내 승하하여 버렸
다. 장지(葬地)¹⁴⁷⁾를 경기도 안산 고읍(古邑)에 정하여 조성하던 중에
"내룡(來龍)¹⁴⁸⁾이 길로 10여 군데가 끊어진 데다가, 묘의 방향이 잘
못되어 낳은 아이가 녹아버리고, 사내와 어른이 죽어 가족 모두가
없어질 자리다"라는 전농시의 노비 목효지(睦孝智)가 올린 상소문 한
장이 파문을 일으키지만, 묘의 방향만을 바꾼 뒤 장사를 지냈다.

단종은 1448년(세종 30) 4월 3일에 왕세손으로 책봉되었다가, 문
종 즉위년인 1450년 7월 20일에 왕세자로 책봉되었다. 왕세자로 책
봉된 지 2년도 채 되기 전에 문종이 승하하자, 1452년 5월 18일에
경복궁 근정문에서 조선 6대 왕으로 즉위하였다. 당시에 단종은 세상
에 태어난 지 11년도 되기 전에 양부모 모두를 잃은 상태에서 왕위
에 올랐으니, 수렴청정(垂簾聽政)¹⁴⁹⁾을 할 수 있는 환경도 아니었다.

---

142) 세자빈 권씨(世子嬪 權氏): 문종 비 현덕왕후, 단종과 경혜공주(敬惠公主, 영양위 정종의 부
   인)의 어머니, 본관 안동(安東), 권전의 딸, 1418~1441.
143) 동궁(東宮): 세자궁(世子宮)을 달리 부르던 말. 세자가 거처하는 궁은 동쪽에 배치하였는데,
   여기에서 유래한 말.
144) 왕세손(王世孫): 다음 왕위를 이을 왕세자의 맏아들. 여기서는 단종을 말함.
145) 단종(端宗): 조선 6대 왕, 문종과 현덕왕후의 아들, 이름 홍위(弘暐), 1441~1467.
146) 문종(文宗): 조선 5대 왕, 세종과 소헌왕후 심씨의 맏아들, 이름 향(珦), 단종의 부친, 1414~
   1452.
147) 장지(葬地): 장례 때 시신을 묻는 땅.
148) 내룡(來龍): 주산과 무덤을 연결해 주는 산줄기.
149) 수렴청정(垂簾聽政): 어린 나이에 임금이 되었을 때 그 임금의 어머니(왕대비)나 할머니(대왕
   대비)가 어린 임금을 도와 국사를 돌보는 일.

청령포

　하는 수 없이 어린 단종은 숙부인 수양대군(首陽大君)150)에게 의지
를 하게 되었고, 결국은 왕위를 넘보던 수양대군이 왕위를 찬탈하기
위해 일으킨 계유정난(癸酉靖難)151)으로 충신들을 잃고, 드디어는
1455년(단종 3) 윤6월 11일에 수양대군에게 왕위를 빼앗기고 말았
다. 단종은 상왕으로, 정순왕후 송씨(定順王后 宋氏)152)는 왕대비로
물러나게 되었다.

　사육신(死六臣)153)이 단종을 복위시키려는 움직임이 실패하자 단
종은 노산군(魯山君)으로 강등되어, 1457년(세조 3) 6월 22일에 영월
청령포(淸令浦)로 유배되었다가, 그해 10월 24일에 관풍헌(觀風軒)에
서 사약을 받고 사사되었다.

---

150) 수양대군(首陽大君): 세종과 소헌왕후 심씨의 둘째 아들, 훗날 조선 7대 왕 세조, 이름 유(瑈),
　　1417~1468.
151) 계유정난(癸酉靖難): 1453년(단종 1)에 수양대군이 여러 대신을 죽이고 반대파를 숙청하여 정
　　권을 장악한 사건.
152) 정순왕후 송씨(定順王后 宋氏): 조선 6대 왕 단종의 비, 본관 여산(礪山), 판돈령부사 송현수
　　(宋玹壽) 딸, 1698년(숙종 24) 단종 추복 때 정순왕후로 추복, 능은 사릉(思陵), 1440~1521.
153) 사육신(死六臣): 세조 때 단종 복위를 꾀하다 실패하여 처형당한 성삼문(成三問)·박팽년(朴彭
　　年)·이개(李塏)·하위지(河緯地)·유성원(柳誠源)·유응부(兪應孚) 등 여섯 명의 충신을 말한다.

관풍헌

    그 누구도 단종을 장사 지낼 엄두를 내지 못해 시신이 동강을 떠다니자, 고을 아전 엄흥도(嚴興道)가 관(棺)을 준비하여 시신을 수습, 영월 엄씨 선산인 동을지산(冬乙只山)에 신좌을향(辛坐乙向)[154]으로 몰래 장사를 지냈다. 단종을 장사 지낸 뒤 엄흥도는 영월을 떠나 충북 괴산군 등에 숨어 살았다.

    결국, 목효지가 상소문에 언급한 내용과 같은 결과가 일어나게 된 것이다.

    단종이 승하한 지 224년이 지난 1681년(숙종 7) 7월 21일에 숙종은 "정비(正妃)[155]가 낳은 아들은 모두 대군이라고 일컬으니, 노산군도 당연히 대군으로 일컬어야 한다"면서 노산군을 노산대군(魯山大君)으로 추복하고, 무덤에 승지[156]를 보내 제사를 지내도록 하였다.

---

154) 신좌을향(辛坐乙向): 19시 방향에서 07시 방향을 바라보는 방위.

155) 정비(正妃): 왕의 정실(正室)인 왕비를 후궁(後宮)과 비교하여 부르던 말.

단종의 자규사

수양대군에게 왕위를 빼앗긴 지 243년이 지난 1698년(숙종 24) 11월 6일에서야 단종은 숙종에 의해 왕으로 추복되었다. 시호를 순정안장경순대왕(純定安莊景順大王)으로, 묘호는 단종으로, 능호는 장릉(莊陵)이라고 추상하였다. 왕비 시호는 정순(定順)으로, 능호는 사릉(思陵)[157]이라 추상하였다.

1704년(숙종 30년) 11월 29일에는 『노산군일기(魯山君日記)』를 『단종대왕실록(端宗大王實錄)』으로 고쳐 적어 단종이 완전하게 추복되었다.

장릉은 어린 용이 산속에서 기어 나오면서 주변을 조심스럽게 살피는 듯, 자신의 위세를 자랑하지 않고 몸을 낮추어 자신을 따르는 자들을 보호하려는 듯, 겸손한 맛을 풍기는 자리로 단종 임금의 성정에 딱 맞는 것 같아 더없이 편안해 보인다.

---

156) 승지(承旨): 승정원 소속으로 왕명의 출납을 맡아보던 정3품의 당상관.
157) 사릉(思陵): 조선 6대 왕 단종의 비 정순왕후 송씨 능.

7. 사릉(思陵)

사릉(정순왕후)

단종(端宗)[158] 비 정순왕후 송씨(定順王后 宋氏)[159]는 판돈령부사 송현수(宋玹壽)와 여흥민씨(驪興閔氏) 사이에서 1440년(세종 22)에 태어났다. 1454년(단종 2) 1월 10일에 간택되어 1월 22일에 왕비로 책봉되었다. 송씨가 왕비로 책봉되던 날 단종은 "내가 어린 몸으로서 큰 왕업을 이어받아 공경하고 경계하여 덕을 서로 이루려면 마땅히 내조(內助)[160]에 힘입어야 하겠으므로, 이 때문에 널리 훌륭한 가

---

158) 단종(端宗): 조선 6대 왕, 문종과 현덕왕후의 아들, 이름 홍위(弘暐), 1441~1467.

159) 정순왕후 송씨(定順王后 宋氏): 조선 6대 왕 단종의 비, 본관 여산(礪山), 판돈령부사 송현수(宋玹壽) 딸, 1698년(숙종 24) 단종 추복 때 정순왕후로 추복, 능은 사릉(思陵), 1440~1521.

160) 내조(內助): 아내가 남편의 일이 잘되도록 도움.

문을 찾아 널리 아름다운 덕(德)을 구하였다. 아아, 그대 송씨는 성품이 온유하고 조용하고 정숙한데에 덕이 나타나, 진실로 중궁(中宮)[161]의 자리를 차지하여 한 나라의 국모로 임하여야 마땅하겠으므로, 왕비로 삼노라!"라는 말을 옥책문에 남겼다.

그러나 단종과 정순왕후의 꿈은 오래가지 못했다. 수양대군(首陽大君)[162]이 왕위를 노리고 계유정난(癸酉靖難)[163]을 일으킨 2년 후인 1455년(단종 3) 윤6월 11일에 수양대군에게 왕위를 빼앗기고 말았다. 단종은 공의온문상태왕(恭懿溫文上太王)으로, 정순왕후는 의덕왕대비(懿德王大妃)에 봉해졌다.

그 자리도 오래가지 못했다. 사육신(死六臣)[164]이 벌인 단종복위 움직임이 발각된 것이다. 단종은 1457년(세조 3) 6월 21일에 노산군(魯山君)으로 강등되었다가, 다음 날 영월 청령포(淸泠浦)로 유배되었다. 그날이 정순왕후가 남편을 마지막 본 모습이었다.

그 후로 정순왕후는 도성 안에서 살려고 하지 않고, 영월이 바라다보이는 동쪽 교외에서 살기를 원했다. 정순왕후를 달래려고 나라에서 동대문 밖에 사저를 지어주고, 마을 이름도 정동(貞洞)이라고 붙여주었다. 그러나 정순왕후는 그 사저에서 살지 않고, 자신이 초가를 지어 살면서 항상 흰옷과 채소 반찬만 먹고, 매일 같이 동쪽 언덕에 올라 영월을 바라다보며 세월을 보냈다. 사람들은 그 언덕을

---

161) 중궁(中宮): 왕후(王后)를 높여 이르는 말.

162) 수양대군(首陽大君): 세종과 소헌왕후 심씨의 둘째 아들, 훗날 조선 7대 왕 세조, 이름 유(瑈), 1417~1468.

163) 계유정난(癸酉靖難): 1453(단종 1)에 수양대군이 여러 대신을 죽이고 반대파를 숙청하여 정권을 장악한 사건.

164) 사육신(死六臣): 세조 때 단종 복위를 꾀하다 실패하여 처형당한 성삼문(成三問)·박팽년(朴彭年)·이개(李塏)·하위지(河緯地)·유성원(柳誠源)·유응부(俞應孚) 등 여섯 명의 충신을 말한다.

동망봉(東望峰)이라 불렀다.

단종에게는 누나가 있었는데, 바로 경혜공주(敬惠公主)[165]다. 경혜공주는 영양위 정종(鄭悰)[166]에게 출가하였으나, 정종은 역모죄로 전라도 광주에 유배되었다가 끝내는 능지처참을 당하였다. 광주 유배지에서 아들을 낳았는데 그 아들이 해평부원군 정미수(鄭眉壽)[167]다.

나이가 들어가는 정순왕후는 자신의 노비와 재산을 정미수의 부인에게 주기를 원했는데, 당시에 정미수는 후사가 없이 죽은 뒤였다. 어떤 대신이 단종의 제사가 끊길 것을 염려하여 이 말을 중종에게 상언하였다. 그러자 중종은 "정순왕후는 정미수의 아내에게 뜻이 있으니, 후사 세우는 일을 다시 의논하는 것은 마땅하지 않다"고 단언하면서 정순왕후의 뜻을 따르도록 했다.

정순왕후가 82세를 일기로 1521년(중종 16) 6월 5일 승하하였다. 당시 단종의 위치가 노산군(魯山君)이었으나 중종의 배려로 대군(大君) 부인 수준의 지원을 받아, 경혜공주 시댁 선산에 계좌정향(癸坐丁向)[168]으로 안장되어 정미수 후손의 제사를 받았다.

---

165) 경혜공주(敬惠公主): 문종과 현덕왕후의 딸, 단종의 누나, 정종(鄭悰)의 부인, 정미수(鄭眉壽)의 어머니, 1436~1473.

166) 정종(鄭悰): 문종의 사위, 경혜공주의 남편, 영양위(寧陽尉), 단종 때 형조판서, 본관 해주(海州), 정미수의 아버지, ?~1461.

167) 정미수(鄭眉壽): 문종의 딸 경혜공주의 아들, 단종의 조카, 본관 해주(海州), 해평부원군, 1456~1512.

168) 계좌정향(癸坐丁向): 01시 방향에서 13시 방향을 바라보는 방위.

사릉(정순왕후)

1698년(숙종 24) 11월 6일 남편 단종이 왕으로 추복되면서 왕비 송씨도 정순왕후(定順王后)로 추복되었다. 이듬해 2월 20일에는 능호도 사릉(思陵)으로 추복되어 첫 능참봉으로 정미수의 후손인 정일녕(鄭一寧)이 임명되었다.

정순왕후의 무덤이 사릉으로 추복되면서 주변에 있는 정미수와 그 후손들의 무덤의 문제가 나왔다. 총리사 최석정(崔錫鼎)이 사릉을 둘러보고 아뢰기를 "왕릉 가까이에 있는 개인의 무덤을 그대로 둘 수 없어 마땅히 옮겨야 합니다. 그러나 해주정씨(海州鄭氏)가 사릉의 혈손은 아니지만, 왕후께서 후사를 맡겼고, 왕후 송씨의 분묘를 그 산에 의탁하였으니 은의와 정리가 중함이 이승과 저승이 다를 수 없습니다. 지금 만일 정씨의 분묘들을 파 옮기거나 없애버리면, 반드시 왕후께서 저승에서 불안해하실 것입니다. 그러니 지금 정씨의 여러 무덤도 이미 오래되어서 파 옮기기 어려운 것을 참작하여 선처하는 도리가 있어야 할 줄 압니다"고 하였다. 숙종이 허락하여 그대로 두게 하여 사릉 가까이에는 정미수와 그 후손들의 무덤이 같이 있다. 서로서로 의지가 될 것 같고, 역사적으로나 인간적으로나 참 아름다운 모습이다.

사릉은 용이 가로로 달리다가 방향을 90도로 바꾸어 만든 횡룡입수(橫龍入首)이며, 횡룡입수의 증험인 귀성(鬼星)과 안산(案山)의 일직선상에 능침이 조성되어 있어 질서 정연하면서 좌우 균형이 이루어진 능이다. 마치 이 무덤의 주인이 자신의 중심성과 굳은 의지, 정의로움을 표현하고 있는 듯하여 보기에 참 아름답다.

사릉의 주작

8. 광릉(光陵)

광릉(세조)

세조(世祖)[169]는 세종(世宗)[170]과 소헌왕후 심씨(昭憲王后 沈氏)[171]
사이에서 1417년(태종 17) 9월 24일에 사저에서 둘째 아들로 태어
났다. 그때는 세종이 왕세자로 책봉되기 전이다.

문종(文宗)[172]이 왕세자에 책봉되고, 왕위에 오를 때 옆에서 지켜

---

169) 세조(世祖): 조선 7대 왕, 세종과 소헌왕후 심씨의 둘째 아들, 수양대군, 이름 유(瑈), 1417~1468.

170) 세종(世宗): 조선 4대 왕, 태종과 원경왕후 민씨의 셋째 아들, 충녕대군, 이름 도(祹), 1397~1450.

171) 소헌왕후 심씨(昭憲王后 沈氏): 조선 4대 왕 세종의 비, 본관 청송(靑松), 청천부원군 심온(沈
溫)의 딸, 세종과의 사이에 8남(문종·수양대군·안평대군·임영대군·광평대군·금성대군·
평원대군·영응대군) 2녀(정소공주·정의공주)를 둠, 1395~1446.

172) 문종(文宗): 조선 5대 왕, 세종과 소헌왕후의 큰아들, 단종의 아버지, 이름 향(珦), 1414~1452.

만 봐야 했던 수양대군(首陽大君)173)은 문종이 지병으로 갑자기 승하하자 왕위에 오를 기회를 엿봤다. 그러다가 1453년(단종 1) 계유년(癸酉年)에 안평대군(安平大君)174)과 대신 황보인(皇甫仁)·김종서(金宗瑞)·정분(鄭笨)·조극관(趙克寬)·허후(許詡) 등이 역모를 모의하였다는 명목으로 이들을 제거한 정변을 일으켰다. 수양대군이 왕위를 노리고 일으킨 사건으로 이를 계유정난(癸酉靖難)175)이라고 한다. 계유정난이 일어난 지 2년 후인 1455년(단종 3) 윤6월 11일에 단종(端宗)176)은 왕위를 수양대군에게 넘겼다.

조카인 단종으로부터 왕위를 승계한 세조는 13년 3개월간 왕위에 있으면서 장남인 의경세자(懿敬世子),177) 예종(睿宗)178)이 세자시절 빈이었던 장순왕후 한씨(章順王后 韓氏),179) 예종의 장남 인성군(仁城君)180)이 죽는 등 가정에 변고가 많았다. 그러던 세조가 1468년(세조 14) 9월 8일 현재의 창경궁인 수강궁(壽康宮)에서 지병으로 승하하였다. 신병이 있어 예종에게 왕위를 넘겨준 다음 날이었다.

세조는 여느 왕과 달리 왕실의 장지 선정에 적극적으로 참여하였는데, 정작 자신이 죽은 뒤에 묻힐 자리를 정해 두지는 않았다. 문종

---

173) 수양대군(首陽大君): 훗날 조선 7대 왕인 세조, 이름 유(珛), 1417~1468.

174) 안평대군(安平大君): 세종과 소헌왕후의 셋째 아들, 이름 용(瑢), 계유정난 때 사사, 1418~1453.

175) 계유정난(癸酉靖難): 1453년(단종 1)에 수양대군이 여러 대신을 죽이고 반대파를 숙청하여 정권을 장악한 사건.

176) 단종(端宗): 조선 6대 왕, 문종과 현덕왕후의 아들, 이름 홍위(弘暐), 1441~1467.

177) 의경세자(懿敬世子): 세조와 정희왕후의 장남, 도원군, 덕종으로 추존, 성종의 부친. 이름 장(暲), 1439~1457.

178) 예종(睿宗): 조선 8대 왕, 세조와 정희왕후의 둘째 아들, 이름 황(晄), 해양대군, 1450~1469.

179) 장순왕후(章順王后): 조선 8대 왕 예종의 비, 본관 청주(淸州), 한명회(韓明澮)의 딸, 인성군(仁城君)의 어머니, 1445~1461.

180) 인성군(仁城君): 예종과 장순왕후 한씨의 아들, 이름 분(糞), 1461.11.30~1463.10.24.

의 장지, 장남인 의경세자의 장지, 의경세자의 부인 소혜왕후 한씨(昭惠王后 韓氏)[181]의 수릉(壽陵)[182] 터, 작은 며느리이며 훗날 왕위에 오른 예종의 세자시절 빈이었던 장순왕후의 장지 선정 등에 깊이 관여하였던 왕이었기에 참으로 의아스럽다. 더욱이 자신이 왕의 임무를 수행 중임에도 장남과 둘째 며느리의 무덤 선정 시에는 현장을 직접 둘러보고 장지로 결정을 내렸다. 풍수에 관심도 많았고, 풍수 식견과 경험도 풍부했던 왕이었기에 자신이 묻힐 터를 정해둘 만도 했지만 그러지 않았다.

조선시대 27명의 왕 중에서 풍수에 특별한 관심을 보였던 왕으로 세종과 세조, 그리고 정조(正祖)[183]를 꼽는 데 누구도 주저하지를 않는다. 그러나 세 임금이 풍수에 특별한 관심을 보인 목적은 각기 다르다.

세조는 첫째, 능지 선정 시에 수많은 대신과 상지관(相地官)[184]으로 하여금 현장을 다녀오게 한 뒤 궁궐에서 토론을 벌인 후 현장을 본인이 직접 확인하여 그 자리에서 결정을 내린다. 의경세자가 승하하자 19군데의 후보지를 22명의 대신으로 하여금 상지관을 대동하고 현장을 나누어 다녀오게 하였을 정도다. 그런 과정에서 경회루(慶會樓)에서 대신과 상지관과 함께 벌인 주산(主山)[185]에 대한 논쟁은 매우 흥미롭다.

---

181) 소혜왕후 한씨(昭惠王后 韓氏): 의경세자의 부인, 수빈(粹嬪), 조선 9대 왕 성종의 어머니, 성종이 왕위에 오르자 아버지 의경세자를 덕종으로 어머니 한씨를 소혜왕후로 추존, 훗날 인수대비(仁粹大妃), 본관 청주(淸州), 한확(韓確:1403~1456)의 딸, 1437~1504.
182) 수릉(壽陵): 살아있을 때 죽은 뒤를 대비하여 미리 정해 놓은 무덤 자리.
183) 정조(正祖): 조선 22대 왕, 사도세자와 혜경궁 홍씨의 아들, 이름 산(祘), 1752~1800.
184) 상지관(相地官): 조선시대에 대궐과 왕릉 자리 등을 살펴 정하는 일을 담당하는 관직.
185) 주산(主山): 집이나 무덤의 뒤에 우뚝 솟은 산을 말한다. 현무(玄武)라고도 한다.

둘째, 능지 선정 시에 다른 사람의 무덤 자리를 선호한다. 의경세자의 무덤인 경릉(敬陵)은 대제학을 지낸 정이(鄭易)의 무덤 자리였으며, 장순왕후의 무덤 자리인 공릉(恭陵)은 조선 초기 동북면도순문사를 지낸 강회백(姜淮伯)의 어머니 무덤 자리였다.

셋째, 자신이 좋아하는 풍수학인과 싫어하는 풍수학인을 뚜렷하게 차별대우하였다. 세종 대에 세자빈 현덕빈 권씨(顯德嬪 權氏)[186]가 승하하여 경기도 안산에서 능지를 조성하던 중에 전농시의 노비 목효지(睦孝智)가 자리가 좋지 않아 아들이 죽을 흉지라는 상소를 올리자 무덤의 방향을 고쳐 장사를 지낸 일이 있었다. 당시에 세종 임금은 목효지의 용기와 마음을 읽어 풍수공부를 지속적으로 할 수 있도록 천인을 면해주고 양인(良人)의 신분을 주어 풍수학에 종사하도록 하였다. 그런 목효지가 문종의 능지 선정에 또다시 흉지라는 상소를 올리자 왕위를 넘보던 수양대군의 눈 밖에 나게 되었고, 결국은 수양대군이 왕위에 오르자마자 목효지를 교수형에 처해 버렸다. 그러나 세조가 좋아했던 풍수학인 안효례(安孝禮)는 예종 때 당상관(堂上官)[187]에까지 오른다. 예종은 세조의 장지 선정 중에 이조(吏曹)[188]에 "선왕(先王)[189]께서 일찍이 은혜를 내리고 가엾이 여겨 벼슬을 더하고자 했는데, 그러지를 못하였으니 안효례를 당상관으로 올리라"고 지시하여 국장 기간 중에 상지관을 승급시켰다.

이와 같은 면이 세조의 사후에 능지 선정 과정에서도 나타난다.

---

186) 현덕빈 권씨(顯德嬪 權氏): 문종 비 현덕왕후, 단종과 경혜공주(敬惠公主, 영양위 정종의 부인)의 어머니, 본관 안동(安東), 권전의 딸, 1418~1441.

187) 당상관(堂上官): 정3품의 벼슬.

188) 이조(吏曹): 육조(六曹)의 하나. 문관의 선임과 훈봉(勳封)에 관한 일을 맡아보았다.

189) 선왕(先王): 세조를 가리킴.

처음에는 태종(太宗)[190]과 세종의 능지가 있는 서울 내곡동 근처를 살폈으나 이는 외형적인 행동이었고, 결국은 다른 사람의 무덤 자리를 중심으로 능지를 찾아 나선다. 광주(廣州)에 있는 보문각직제학을 지냈으며 후에 청백리에 녹선된 이지직(李之直), 풍양(豊壤)에 있는 영의정을 지낸 정창손의 아버지 정흠지(鄭欽之), 행호군 유견(兪堅)의 무덤 자리를 중심으로 살폈다.

여러 대신과 상지관 안효례는 정흠지의 무덤 자리가 능지로 적합하다고 하였으나, 또 다른 상지관 최호원(崔灝元)만은 쓸 수 없다고 하였다. 임금이 현지로 나가 살펴본 후, 전에 고했던 말과 현장에서의 말이 다른 최호원을 의금부에 가두어 버렸다가 6일 만에 석방했는데, 이 또한 세조의 유교라고 했다. 최호원은 유학(儒學)으로 업을 삼고 겸하여 풍수를 배웠는데, 매번 안효례와 다투면서 스스로 계책을 얻었다고 하니, 사림(士林)[191]들이 비루하게 여긴 사람이었다. 예종이 최호원을 석방하면서 "너의 말한 바가 지극히 옳지 않으니 마땅히 극형에 처할 것이나, 선왕의 유교 때문에 더 논하지 않는다. 너는 그것을 알도록 하라"고 표현을 했을 정도인 인물이었다.

---

190) 태종(太宗): 조선 3대 왕, 이성계와 신의왕후 한씨의 다섯째 아들, 이름 방원(芳遠), 1367~1422.

191) 사림(士林): 유가(儒家)의 도를 닦는 선비의 무리.

광릉(세조)의 주작

　정인지와 최사로(崔士老)는 "청룡(靑龍)[192] 밖에 산수(山水)가 등을 져서 흐르고, 주혈(主穴)[193]이 기울었으며, 또 돌이 많아서 쓸 만한 땅이 못 된다"고 하였지만, 정흠지의 무덤을 이장하고, 그 자리를 능지로 정하니, 그곳이 곧 광릉(光陵)이다. 세조가 "죽으면 속히 썩어야 하니, 석실(石室)[194]과 석곽(石槨)[195]을 만들지 말라"는 말을 남겨 석실과 석곽을 만들지 않아 인원 3천 명을 동원하여 광릉을 조성할 수 있었다. 그렇게 조성된 광릉에 세조를 자좌오향(子坐午向)[196]으로 1468년 11월 28일 축시(丑時)[197]에 장사를 지냈다.

---

192) 청룡(靑龍): 집터나 무덤의 왼쪽에 있는 산 또는 산줄기.
193) 주혈(主穴): 집터나 무덤이 위치하는 지점.
194) 석실(石室): 돌로 쌓아 만든 묘실.
195) 석곽(石槨): 관을 담을 수 있도록 돌로 만든 곽. 여기서는 병풍석(屛風石)을 말한다.
196) 자좌오향(子坐午向): 24시 방향에서 12시 방향을 바라보는 방위. 정남향.

광릉(정희왕후)

　세조가 승하한 15년 후에 조선시대 첫 수렴청정(垂簾聽政)[198]을
하였던 정희왕후 윤씨(貞熹王后 尹氏)[199]가 1483년(성종 14) 3월 30
일 술시(戌時)[200]에 온양(溫陽) 온천에서 요양 중에 승하하였다. 성종
(成宗)[201]의 명으로 윤호(尹壕)·서거정(徐居正)·허종(許琮) 등이 광릉
왼쪽 능선을 살피어 능지로 추천하니 성종이 승낙하였다. 서거정·성
현(成俔)·최호원이 능지를 살피고 돌아와서 임금에게 "주혈은 축좌

197) 축시(丑時): 01:00～03:00.
198) 수렴청정(垂簾聽政): 나이 어린 임금이 즉위했을 때 왕대비나 대왕대비가 그를 도와 국사를
　　 돌보는 일을 이르던 말.
199) 정희왕후 윤씨(貞熹王后 尹氏): 조선 7대 왕 세조 비, 본관 파평(坡平), 판중추부사 윤번(尹璠)
　　 의 딸, 1418～1483.
200) 술시(戌時): 19:00～21:00.
201) 성종(成宗): 조선 9대 왕, 의경세자와 한씨의 둘째 아들, 이름 혈(娎), 성종이 즉위한 뒤 의경
　　 세자는 덕종으로 한씨는 소혜왕후로 추존됨, 1457～1494.

미향(丑坐未向)202)이고, 청룡의 인방(寅方)203)·갑방(甲方)204)이 약간 낮고, 또 주혈 아래의 좌우전면이 부족하니, 아울러 흙을 채우는 것이 마땅합니다"고 하였다. 세조를 장사 지낼 때 나온 말을 또다시 거론한 것이다.

광릉 왼쪽 언덕에 능지를 조성하여 1483년 6월 12일 인시(寅時)205)에 정희왕후 윤씨를 장사 지냈다. 이처럼 같은 청룡과 백호(白虎)206) 안에 있는 각기 다른 언덕에 능을 각각 조성하는 형식을 동원이강릉(同原異岡陵)이라 한다. 조선왕릉 중 첫 동원이강릉 양식이다.

202) 축좌미향(丑坐未向): 02시 방향에서 14시 방향을 바라보는 방위.
203) 인방(寅方): 04시 방향.
204) 갑방(甲方): 05시 방향.
205) 인시(寅時): 03:00~05:00.
206) 백호(白虎): 집터나 무덤의 오른쪽에 있는 산 또는 산줄기.

9. 경릉(敬陵)

경릉(의경세자)

수양대군(首陽大君)[207]과 부인 윤씨(尹氏)[208]가 1439년(세종 21) 9월 15일에 아들 장(暲)[209]을 낳았다. 장은 1445년(세종 27) 1월 24일에 정의대부 도원군(桃源君)에 봉해졌다. 세조(世祖)[210]는 1455년(세조 1) 7월 26일에 도원군을 왕세자로, 부인 한씨(韓氏)[211]를 왕세자빈으로

207) 수양대군(首陽大君): 세종과 소헌왕후 심씨의 둘째 아들, 훗날 조선 7대 왕 세조, 이름 유(瑈), 1417~1468.

208) 윤씨(尹氏): 정희왕후(貞熹王后), 조선 7대 왕 세조의 비, 본관 파평(坡平), 윤번(尹璠)의 딸, 1418~1483.

209) 장(暲): 세조와 정희왕후의 장남, 도원군, 의경세자, 덕종으로 추존, 성종의 부친, 1439~1457.

210) 세조(世祖): 조선 7대 왕, 세종과 소헌왕후 심씨의 둘째 아들, 수양대군, 이름 유(瑈), 1417~1468.

211) 한씨(韓氏): 수빈(粹嬪), 소혜왕후(昭惠王后), 의경세자의 부인, 조선 9대 왕 성종의 어머니, 성종이 왕위에 오르자 아버지 의경세자를 덕종으로 어머니 한씨를 소혜왕후로 추존, 훗날 인수대비(仁粹大妃), 본관 청주(淸州), 한확(韓確:1403~1456)의 딸, 1437~1504.

책봉하고 사면령을 내렸다. 그러나 장은 왕세자에 책봉된 지 2년도 되기 전에 병을 얻어 1457년(세조 3) 9월 2일에 승하하였다. 병환 중에 남긴 한 절구의 시를 보면 그가 자기 죽음을 예측한 듯하다.

> 비바람 무정하여 모란꽃이 떨어지고,
> 섬돌에 펄럭이는 붉은 작약(芍藥)이 주란(朱欄)[212]에 가득 찼네.
> 명황(明皇)이 촉(蜀) 땅에 가서 양귀비(楊貴妃)를 잃고 나니,
> 다른 궁녀도 있었건만 반겨 보지 않았네.

세조가 "무덤 안의 모든 일은 마땅히 임금의 능에 준하도록 후하게 조성할 것이지만, 무덤 밖의 모든 일은 임금에 준한다면 백성들이 번거롭고 죽은 자에게도 이로울 것이 없으니, 각종 석물은 만들되 그 규모는 정승과 같게 하라"고 명하였다. 그러나 장지를 찾는 데는 최선을 다하였다.

의경세자가 승하한 지 열흘 만에 세조 본인이 직접 현장에 나가 장지를 살폈는데, 장지가 최종 결정될 때까지 궁궐을 비우고 무려 여섯 차례나 현장에 나갔다. 당시에 살폈던 장지가 19곳에 이르며, 총 22명의 대신과 7명의 상지관(相地官)[213]을 나누어 현장에 투입하였다. 대신과 상지관들이 한 조가 되어 장지를 다녀오면 경회루(慶會樓)에 모여 보고를 받고, 토론을 벌인 끝에 좋은 후보지는 본인이 직접 현장에 나가 확인을 하는 과정을 거쳤다.

장지에 대해 논의를 하기 위해 여러 대신과 상지관이 경회루에 모

---

212) 주란(朱欄): 붉은색을 칠한 난간.
213) 상지관(相地官): 조선시대에 대궐과 왕릉 자리 등을 살펴 정하는 일을 담당하는 관직.

였는데, 그 자리에서 세조가 다음과 같은 말을 던졌다. "나는 이른바 어떤 것을 주산(主山)[214]이라고 하는지 잘 모르는데, 무덤 바로 뒤에 있는 산이 주산이 되는지, 아니면 산이 쭉 뻗어 가다가 청룡과 백호 10여 리 밖에 있는 높은 봉우리를 주산이라고 하는지?"라고 하였다. 임원준(任元濬)과 노목(魯穆)은 "무덤 뒤에 있는 산이 주산이 됩니다"라고 하고, 이순지(李純之)와 안효례(安孝禮)는 "산맥이 생겨 나오다가 가장 높게 솟은 곳이 주산이 됩니다"고 하여 서로 말이 달랐다. 주산에 대한 용어의 정의를 내리지는 못했지만, 의경세자의 장지를 정하는 과정에서 풍수용어에 대한 논쟁을 벌일 만큼 세조는 풍수에 관심이 많았다.

강맹경(姜孟卿)·황수신(黃守身)·한명회(韓明澮)·박강(朴薑)·이순지·정식(鄭軾)·임원준과 풍수학 노목·안효례가 고양현의 벌고개(蜂峴)에 있는 영의정부사 정이(鄭易)[215]의 무덤 자리를 살펴보고 돌아와서 장지로 적합함을 아뢰자, 세조는 다음 날 현장에 나갔다. 세조가 직접 안산(案山)[216]에 올라 살펴본 후 매우 흡족해했다.

---

214) 주산(主山): 집이나 무덤의 뒤에 우뚝 솟은 산. 현무(玄武)라고도 한다.
215) 정이(鄭易): 좌찬성, 대제학, 증 영의정부사, 부인 안동권씨, 세종의 작은 형 효령대군의 장인, 문종의 사위인 정종(鄭悰)의 조부, 본관 해주(海州), ?~1425.
216) 안산(案山): 집터나 무덤 앞에 있는 산. 주작(朱雀)이라고도 한다.

세조가 올라가 장지를 살폈던 안산

　정이와 그 부인 안동권씨의 무덤을 경기도 과천 백석동 해좌사향(亥坐巳向)[217]의 언덕으로 이장하고, 그 자리에 의경세자를 1457년(세조 3) 11월 24일에 간좌곤향(艮坐坤向)으로 장사를 지냈다. 그곳이 곧 서오릉(西五陵)[218] 내에 첫 왕릉이 조성된 경릉(敬陵)이다. 정이는 세종의 작은 형인 효령대군(孝寧大君)[219]의 장인이며, 계유정난 후인 1461년(세조 7)에 능지처참을 당한 문종의 딸인 경혜공주(敬惠公主)[220]의 남편 정종(鄭悰)[221]의 조부다.

---

217) 해좌사향(亥坐巳向): 22시 방향에서 10시 방향을 바라보는 방위.

218) 서오릉(西五陵): 경기도 고양시 용두동에 있는 조선시대 왕릉 5기가 조성된 곳을 서오릉이라 한다. 경릉(덕종, 소혜왕후)·창릉(예종, 안순왕후)·익릉(숙종 비 인경왕후)·명릉(숙종, 인현왕후, 인원왕후)·홍릉(영조 비 정성왕후)을 말한다. 이 외에도 순창원(명종의 아들 순회세자), 수경원(영조의 후궁 영빈이씨), 대빈묘(숙종의 후궁 희빈장씨)도 서오릉 내에 있다.

219) 효령대군(孝寧大君): 조선 3대 왕 태종과 원경왕후 민씨의 둘째 아들, 이름 보(補), 1396~1486.

의경세자가 승하하니 동생 해양대군(海陽大君)이 세자에 책봉되어 세조의 뒤를 이어 즉위하니 그가 예종(睿宗)222)이다. 예종 역시 즉위한 지 1년 2개월 만에 승하하자 뒤를 이어 의경세자의 둘째 아들인 자을산군(者乙山君)이 왕위에 올랐으니 그가 성종(成宗)223)이다. 성종은 태어난 지 한 달 만에 아버지를 잃었으나, 형인 월산대군(月山大君)224)이 병약하여 작은아버지인 예종의 뒤를 이어 왕위에 오르게 되었다. 성종이 왕위에 오르자 아버지 의경세자가 덕종(德宗)으로 추존되면서 능호도 경릉이 되었다. 어머니 한씨는 소혜왕후(昭惠王后)225)에 봉해졌다.

할아버지인 세조가 아버지 의경세자의 무덤 자리를 찾기 위해 사평원(沙平院),226) 과천 인덕원(仁德院),227) 원평(原平),228) 전간(箭干), 풍양(豊壤),229) 고양 벌고개에 직접 나가 후보지를 둘러보고 최종 결정을 하였다. 이처럼 의경세자의 장지 선정에 심혈을 기울인 덕분에 작은아버지에게 승계되었던 왕위를 성종이 다시 찾아올 수 있었던

220) 경혜공주(敬惠公主): 문종과 현덕왕후의 딸, 단종의 누나, 정종(鄭悰)의 부인, 정미수(鄭眉壽)의 어머니, 1436~1473.
221) 정종(鄭悰): 문종의 사위, 경혜공주의 남편, 영양위(寧陽尉), 단종 때 형조판서, 정미수의 아버지, 본관 해주(海州), ?~1461.
222) 예종(睿宗): 조선 8대 왕, 세조와 정희왕후의 둘째 아들, 이름 황(晄), 해양대군, 1450~1469.
223) 성종(成宗): 조선 9대 왕, 의경세자와 한씨의 둘째 아들, 이름 혈(娎), 1457~1494.
224) 월산대군(月山大君): 의경세자와 한씨의 큰아들, 훗날 덕종과 소혜왕후의 큰아들, 성종의 형, 이름 정(婷), 1454~1489.
225) 소혜왕후(昭惠王后): 의경세자의 부인, 수빈(粹嬪), 조선 9대 왕 성종의 어머니, 성종이 왕위에 오르자 아버지 의경세자를 덕종으로 어머니 한씨를 소혜왕후로 추존, 훗날 인수대비(仁粹大妃), 본관 청주(淸州), 한확(韓確:1403~1456)의 딸, 1437~1504.
226) 사평원(沙平院): 서울 강남구 신사동.
227) 인덕원(仁德院): 경기도 안양시 동안구 관양2동 청계산 자락.
228) 원평(原平): 파주, 조선 태조 7년(1398)에 서원과 파평을 통합하여 원평군이 되었고, 세조 6년(1460)에 파주로 고쳤다.
229) 풍양(豊壤): 남양주시 진건읍.

경릉(소혜왕후)

것이다. 또한, 주산에서 내려온 두 개의 산줄기 모두에 무덤을 조성할 수 있었는데, 세조는 왼쪽 산줄기를 선택하여 의경세자를 장사지냈다. 이것은 남자는 오른쪽에, 여자는 왼쪽에 장사를 지내는 음양(陰陽)의 논리에 배치된다. 그럼에도 왼쪽 줄기를 선택한 것은 의경세자를 조금이라도 좋은 땅에 장사를 지내기 위한 속셈이었다.

의경세자가 승하하자 수빈한씨는 월산대군, 자을산대군, 명숙공주(明淑公主)[230] 등 자녀 3남매를 데리고, 궁을 나와 세조가 덕수궁 자리에 지어준 집에서 살다가, 작은아들이 왕위에 오르자 다시 궁으로 들어갔다. 이때 『소학(小學)』·『열녀(烈女)』·『여교(女敎)』·『명감(明鑑)』

---

230) 명숙공주(明淑公主): 의경세자와 한씨의 딸, 훗날 덕종과 소혜왕후의 딸, 성종의 누나이자 월산대군의 동생, 1455~1482.

등에서 좋은 내용을 모아 여성들을 교육할 수 있는 『내훈(內訓)』231)이라는 책을 냈다. 책머리에 "천지의 영(靈)을 타고나 5상(常)의 덕을 가지고, 태어난 사람들이 옥과 돌, 난초와 쑥 같은 차이가 생기는 것은 수신(修身)의 도(道)를 바르게 교육받지 못했기 때문이다. 한 나라 정치의 치란(治亂)과 흥망은 비록 사내대장부의 어질고 우매함에 달려 있다고는 하지만, 역시 부녀자들의 선악에도 달려 있는 것이다. 그러니 부녀자도 가르치지 않으면 안 된다"고 하여 부녀자도 가르침을 받아야 한다는 점을 강조하고 있다.

소혜왕후는 성종의 계비였던 연산군(燕山君)232)의 생모 윤씨(尹氏)를 폐하고 사사하였다는 데 앙심을 품은 연산에게 수모를 당하다가, 1504년(연산군 10) 4월 27일 창경궁(昌慶宮)에서 승하하였다. 연산군은 공조참판 임사홍(任士洪)에게 명하여 경릉의 오른쪽 능선을 살펴보도록 하였다. 오른쪽 능선은 의경세자의 무덤을 선정할 때 세조가 정해놓은 소혜왕후의 수릉(壽陵)이다. 당시에 세조는 의경세자를 왼쪽 능선에 장사 지내고, 소혜왕후에게 말하기를 "경릉 옆에 또 아름다운 곳이 있다. 너 역시 만세 뒤에 그곳에 장사 지낼 것이다"는 유교를 남겼는데 이를 따른 것이다. 경릉 오른쪽 능선에 계좌정향(癸坐丁向)233)으로 소혜왕후를 장사 지냈다.

---

231) 『내훈(內訓)』: 소혜왕후 한씨가 1475년(성종 6)에 발간한 부녀자들을 위한 교육지침서.

232) 연산군(燕山君): 조선 10대 왕, 성종과 폐비윤씨의 아들, 중종반정으로 폐위, 이름 융(㦕), 1476~1506.

233) 계좌정향(癸坐丁向): 01시 방향에서 13시 방향을 바라보는 방위.

10. 창릉(昌陵)

창릉(예종과 안순왕후)

예종(睿宗)[234]은 세조(世祖)[235]와 정희왕후 윤씨(貞熹王后 尹氏)[236]의 둘째 아들로 1450년(세종 32) 1월 1일 사저에서 태어났다. 1455년(세조 1) 8월 19일에 해양대군(海陽大君)에 봉해졌다가, 형인 의경세자(懿敬世子)[237]가 승하하자 1457년(세조 3) 12월 15일에 왕세자로 책봉되었다. 옥책문에 "이제 너 이황(李晄)을 왕세자로 책봉하니,

---

234) 예종(睿宗): 조선 8대 왕, 세조와 정희왕후의 둘째 아들, 이름 황(晄), 해양대군, 1450~1469.

235) 세조(世祖): 조선 7대 왕, 세종과 소헌왕후 심씨의 둘째 아들, 수양대군, 이름 유(瑈), 1417~1468.

236) 정희왕후 윤씨(貞熹王后尹氏): 조선 7대 왕 세조의 비, 본관 파평(坡平), 윤번(尹璠)의 딸, 1418~1483.

237) 의경세자(懿敬世子): 세조와 정희왕후의 장남, 도원군, 덕종으로 추존, 성종의 아버지, 이름 장(暲), 1439~1457.

일찍이 어진 사람을 가까이하고 간사한 사람은 멀리할 것이며, 스승을 존중하고 배우기를 좋아하여 왕세자는 덕(德)을 이루어 기대와 소망을 저버리지 말도록 하라"고 부탁하였다. 부왕인 세조가 병환이 깊어가자 수강궁(壽康宮)[238]으로 옮겨가면서 왕위를 왕세자에게 양위하였다. 왕세자는 수강궁 중문에서 1468년 9월 7일에 즉위하였으니, 그가 조선 8대 왕 예종이다.

그러나 1469년(예종 1) 11월 28일 예종의 병이 위중하자 좌부승지 한계순(韓繼純)과 우부승지 정효상(丁孝常)으로 하여금 내불당(內佛堂)[239]에서 기도하게 하고, 죄인을 사면하고, 전국 각지의 유명한 산과 큰 강에서 기도하게 하였다. 그러나 임금은 경복궁 자미당에서 같은 날 진시(辰時)[240]에 승하하고 말았다.

창릉(예종)

---

238) 수강궁(壽康宮): 1419년(세종 1)에 창덕궁 동쪽에 지은 궁전. 1484년(성종 15)에 중건하면서 이름을 창경궁(昌慶宮)으로 고쳤다.

239) 내불당(內佛堂): 1448년(세종 30)에 경복궁 안에 세운 불당(佛堂).

240) 진시(辰時): 07:00～09:00.

예종의 쾌유를 빌었던 내불당은 1401년(태종 1)에 태조(太祖) 비 신의왕후 한씨(神懿王后韓氏)[241]의 사당인 인소전(仁昭殿)[242]에 태조의 뜻을 받들어 세운 불당으로 숭유억불(崇儒抑佛) 정책을 펼쳤던 조선시대에 유교 논리와 맞지 않아 왕과 대신들 사이에 심각한 대립과 논란을 불러일으키는 요인이 되었다. 1433년(세종 15)에 세종(世宗)[243]은 문소전(文昭殿)에 있던 불당을 정릉(貞陵)[244]의 원찰(願刹)[245]인 흥천사(興天寺)로 옮기도록 하였다. 그러나 광평대군(廣平大君)[246]과 평원대군(平原大君)[247]에 이어 소헌왕후(昭憲王后)[248]를 떠나보낸 세종이 마음을 둘 곳이 없어 하자 수양대군(首陽大君)[249]과 안평대군(安平大君)[250]이 유혹하여 궁궐 안에 불당을 다시 건립하도록 하였다.

정부(政府)·육조(六曹)·정원(政院)·대성(臺省)·집현전(集賢殿)에서 나서서 불당 건립을 반대하였으나, 세종의 독단을 막을 수가 없었다. 이때 대신과의 막말 수준의 대화가 오갔으나 관철되지 않자 5백여 명의 성균관 유생들이 집단행동에 나서기도 하였다. 온 조정이

---

241) 신의왕후 한씨(神懿王后 韓氏): 태조 이성계의 비, 정종과 태종의 어머니, 본관 청주(淸州), 능은 개성에 있는 제릉(齊陵), 1337.9~1391.9.

242) 인소전(仁昭殿): 태조 이성계의 비 신의왕후 한씨의 신주를 모신 사당, 후에 문소전(文昭殿)이라 고치고 태조와 신의왕후의 위패를 같이 모셨다.

243) 세종(世宗): 조선 4대 왕, 이름 도(祹), 1397~1450.

244) 정릉(貞陵): 태조의 계비 신덕왕후 강씨의 능, 서울 성북구 정릉동 소재.

245) 원찰(願刹): 죽은 사람의 화상(畵像)이나 위패(位牌)를 모셔 놓고 명복을 비는 절.

246) 광평대군(廣平大君): 세종과 소헌왕후 심씨의 다섯째 아들, 이름 여(璵), 1425~1444.

247) 평원대군(平原大君): 세종과 소헌왕후 심씨의 일곱째 아들, 이름 임(琳), 1427~1445.

248) 소헌왕후(昭憲王后): 조선 4대 왕 세종의 비, 본관 청송(靑松), 1395~1446.

249) 수양대군(首陽大君): 세종과 소헌왕후 심씨의 둘째 아들, 훗날 조선 7대 왕 세조, 이름 유(瑈), 1417~1468.

250) 안평대군(安平大君): 세종과 소헌왕후의 셋째 아들, 이름 용(瑢), 계유정난 때 사사, 1418~1453.

들끓었지만 결국 그해 12월 5일 내불당에 금(金) 부처 세 구(軀)를 안치하고 쌀 2천5백70여 석을 들여 경찬회(慶讚會)²⁵¹⁾를 베풀기에 이르렀다.

1451년(문종 1)에 궁궐의 맥(脈) 위에 불당이 있는 것은 맥을 손상하는 일이니 옮겨야 한다는 상언이 있었으나 관철되지 않았다. 단종(端宗)²⁵²⁾ 대에도 성삼문(成三問) 등이 불당을 철거할 것을 건의하였다. 세조 대에는 내불당에서 법석(法席)²⁵³⁾을 베풀고, 간경회(看經會)²⁵⁴⁾를 열고, 계양군(桂陽君)²⁵⁵⁾의 쾌유를 비는 기도를 하였다. 또 1466년(세조 12)에는 임금에게 재앙을 없게 하고, 병마를 덜고, 오래 살도록 비는 공작기도재(孔雀祈禱齋)를 열기도 하였다. 예종 대에도 내불당이 왕실을 위한 기도도량으로 적극 활용되었으나, 예종의 병환이 호전되지 않고 승하해 버리자 성종(成宗)²⁵⁶⁾ 즉위 후에 다시 논란이 벌어졌다. 결국, 내불당은 현재 서울 청운동인 장의동(藏義洞) 화약고의 예전 터로 옮겨졌으나, 이때에도 아예 철폐하라는 상소가 끊이지 않았다.

1504년(연산군 10) 7월 29일 임금의 명으로 부처는 흥천사로 옮기고, 건물은 철거되었다. 중종반정으로 연산군(燕山君)²⁵⁷⁾을 폐위하고 왕위에 오른 중종(中宗)²⁵⁸⁾은 내불당 건립을 다시 추진하였으나,

---

251) 경찬회(慶讚會): 불상, 경전 등이 새로 완성되거나 절, 탑 등이 낙성되었을 때 이를 경축하고 찬탄하는 의미에서 행하는 법사(法事).

252) 단종(端宗): 조선 6대 왕, 문종과 현덕왕후의 아들, 이름 홍위(弘暐), 1441~1457.

253) 법석(法席): 불자들이 둘러앉아서 설법, 독경, 강경, 법화 따위를 행하는 자리.

254) 간경회(看經會): 불경(佛經)을 소리를 내지 않고 속으로 읽는 모임.

255) 계양군(桂陽君): 세종과 후궁 신빈김씨의 아들, 이름은 증(璔), ?~1464.

256) 성종(成宗): 조선 9대 왕, 의경세자와 한씨의 둘째 아들, 이름 혈(娎), 1457~1494.

257) 연산군(燕山君): 조선 10대 왕, 성종과 폐비윤씨의 아들, 중종반정으로 폐위, 이름 융(㦕), 1476~1506.

대신들의 반대에 부딪혀 그 뜻을 접게 되었고, 결국 내불당 문제가 매듭되었다.

예종이 승하하자 정희왕후가 대신들을 모아 놓고 "누가 주상자(主喪者)로서 좋겠느냐?"고 물으니, 대신들은 "신들이 감히 논의해서 결정할 일이 아니니, 원컨대 전교를 듣고자 합니다" 하니, 자을산군(者乙山君)²⁵⁹⁾을 주상자로 지목하였다. 예종 승하 당일에 주상자가 결정되고 교서를 반포하였다.

교서에 이르기를 "하늘이 불쌍히 여기지 아니하고 우리 집안에 화를 내려 세조께서도 오래 살지를 못했는데, 예종 또한 애통하게 병을 얻어서 갑자기 승하하여 재앙과 근심이 연속되니, 몹시도 애석함을 어찌 다 말할 수 있겠느냐?"고 하였다. 사실 수양대군이 계유정난(癸酉靖難)²⁶⁰⁾을 계기로 권력을 장악하고 1455년 왕위에 오른 뒤, 1457년에 의경세자, 1461년에 예종비 장순왕후(章順王后),²⁶¹⁾ 1463년에 인성군(仁城君),²⁶²⁾ 1468년에 세조, 1469년에 예종이 연달아 승하하였다. 그러니 정희왕후가 매우 원통해 할 수밖에 없었다.

이어서 "내가 생각하건대, 임금의 자리는 잠시도 비울 수 없는 것이다. 예종의 아들은 바야흐로 아직 포대기에 쌓여 있는 데다가, 본래부터 병에 걸려 있다.²⁶³⁾ 그래서 세조의 적손(嫡孫)으로는 다만 두

---

258) 중종(中宗): 조선 11대 왕, 성종과 정현왕후 윤씨 아들, 중종반정으로 왕위에 오름, 이름 역(懌), 1488~1544.

259) 자을산군(者乙山君): 훗날 조선 9대 왕 성종, 의경세자와 한씨의 둘째 아들, 이름 혈(娎), 1457~1494.

260) 계유정난(癸酉靖難): 1453년(단종 1)에 수양대군이 여러 대신을 죽이고 반대파를 숙청하여 정권을 장악한 사건.

261) 장순왕후(章順王后): 조선 8대 왕 예종의 비, 인성군(仁城君)의 어머니, 본관 청주(淸州), 한명회(韓明澮)의 딸, 1445~1461.

262) 인성군(仁城君): 예종과 장순왕후 한씨의 아들, 이름 분(糞), 1461.11.30~1463.10.24.

사람이 있을 뿐인데, 의경세자의 아들 월산군(月山君)[264]은 어려서부터 병이 많다. 월산군의 동모제(同母弟)[265]인 자을산군은 어릴 때부터 지덕이 뛰어나 어른스러우니, 세조께서 매양 그 자질과 도량이 보통과 특별히 다른 것을 칭찬하여 우리 태조 이성계에 비하는 데에 이르렀다. 이제 연령이 점점 장성하고, 학문이 날로 나아져 가히 큰일을 맡길 만하므로, 자을산군이 왕위를 잇도록 명하다"고 발표하였다.

주상자가 된 성종은 정희왕후의 수렴청정(垂簾聽政)[266]하에 예종의 장지를 찾도록 하였다. 밀성군 이침(李琛)과 능성군 구치관(具致寬)이 고양에 가서 장지가 될 만한 땅을 의경세자의 무덤 북쪽에서 찾았다고 고하니, 정승을 지낸 사람 등에게 명하여 다시 살피게 하였다. 신숙주(申叔舟)와 한명회(韓明澮)가 다시 살펴보고 돌아와서 복명하니, 이번에는 정인지(鄭麟趾)·홍윤성(洪允成)·김질(金礩)·김국광(金國光)에게 명하여 밀성군 이침과 영순군 이부(李溥)와 함께 다시 살펴보도록 하였다. 홍윤성 등이 살펴보고 돌아와서 아뢰기를 "이 땅은 의심할 만한 것이 없습니다" 하였다. 그러나 정인지는 "이 산은 청룡이 높고 백호가 낮으니 그다지 사용에 적합하지는 않으나, 다만 도성에서 가깝다는 것만 좋습니다"라고 반대의견을 피력하였으나, 그곳을 능지로 정하였다. 역군 7천 명이 능지를 조성하여 1470년 2월 5일에 간좌곤향(艮坐坤向)[267]으로 장사를 지내니, 그곳이 창릉(昌陵)이다.

---

263) "본래부터 병에 걸려있다"는 말은 정비가 낳은 아들이 아니고, 계비인 안순왕후가 세자의 후궁(소훈) 시절에 낳은 아들(제안대군)이라 차기 왕이 될 자격이 본래부터 없다는 말이다.

264) 월산군(月山君): 의경세자와 한씨의 큰아들, 성종의 형, 이름 정(婷), 1454~1489.

265) 동모제(同母弟): 한 어머니에게서 태어난 동생.

266) 수렴청정(垂簾聽政): 나이 어린 임금이 즉위했을 때 왕대비나 대왕대비가 그를 도와 국사를 돌보는 일을 이르던 말.

267) 간좌곤향(艮坐坤向): 03시 방향에서 15시 방향을 바라보는 방위. 남서향.

창릉의 청룡

　1498년(연산군 4) 12월 23일에 예종의 계비 안순왕후(安順王后)가 창경궁에서 승하하자, 다음 해 2월 14일에 창릉 왼쪽 언덕에 장사를 지내어 창릉도 동원이강릉(同原異岡陵)268)이 되었다. 안순왕후는 청천부원군 한백륜(韓伯倫)의 딸로 태어나, 1463년(세조 9) 윤7월 6일에 소훈(昭訓)으로 입궐하여 1466년(세조 12) 2월 13일에 아들 현(琄)269)을 낳았다. 예종 즉위 다음 날 세조의 명으로 왕비에 책봉되었다. 예종과의 사이에서 2남 2녀를 두었지만 제안대군(齊安大君)270)과 현숙공주(顯肅公主)271)만 장성하였다.

---

268) 동원이강릉(同原異岡陵): 청룡과 백호(白虎) 내에 있는 각기 다른 언덕에 능을 각각 조성하는 왕릉 양식.
269) 현(琄): 제안대군(齊安大君), 예종과 안순왕후의 아들, 이름 현(琄), 1466~1525.
270) 제안대군(齊安大君): 예종과 안순왕후의 아들, 이름 현(琄), 1466~1525.

한편 창릉의 터를 정할 당시에 정인지가 청룡이 높다고 표현하였
는데 이는 실제로 청룡의 위쪽은 낮고 끝 부근이 높다. 풍수에서는
이를 꺼리는데 낮은 곳으로 바람이 불어 들어와 무덤에 나쁜 영향을
주기 때문이다. 그런 연유인지 창릉은 다른 왕릉과 다르게 화재가
빈번하였다. 1625년(인조 3)과 1626년(인조 4)에 봉분이 불에 타 잔
디를 다시 입혔고, 1756년(영조 32)에는 정자각(丁字閣)에 불이나 중
건하였으며, 1896년(고종 33)과 1901년(고종 38)에도 봉분에 불이
났었다.

271) 현숙공주(顯肅公主): 예종과 안순왕후 한씨의 딸, 남편 임광재(任光載), 1464～1502.

11. 공릉(恭陵)

공릉(장순왕후)

　의경세자(懿敬世子)[272])를 장사 지낸 지 20일 만인 1457년(세조 3) 12월 15일 경복궁 근정전에서 세조(世祖)[273])의 차남 이황(李晄)의 세자 책봉 의식이 거행되었으니, 그가 훗날 예종(睿宗)[274])이다. 세자의 짝을 찾던 세조는 1460년(세조 6) 4월 11일 상당부원군 한명회(韓明澮)와 여흥민씨(驪興民氏)의 셋째 딸을 왕세자빈으로 책봉하였다. 한씨는 예종보다 5살 연상이다. 책문에 "아! 그대 한씨는 훌륭한 집안에서 태어나 온유하고 아름답고 정숙하여, 종묘의 제사를 도울 만하

---

272) 의경세자(懿敬世子): 세조와 정희왕후의 장남, 도원군, 덕종으로 추존, 성종의 부친, 이름 장(暲), 1439~1457.

273) 세조(世祖): 조선 7대 왕, 세종과 소헌왕후 심씨의 둘째 아들, 수양대군, 이름 유(瑈), 1417~1468.

274) 예종(睿宗): 조선 8대 왕, 세조와 정희왕후의 둘째 아들, 이름 황(晄), 해양대군, 1450~1469.

므로 왕세자빈으로 삼는다"는 내용으로 보아 왕세자빈으로서 손색이 없는 훌륭한 인물이었던 것 같다.

왕세자빈으로 책봉된 한씨가 이듬해 11월 30일에 녹사(綠事) 안기(安耆)의 집에서 원손(元孫)[275]을 낳자 세조는 "천하의 일에 무엇이 오늘의 기쁜 경사보다 더하다고 하겠는가?"라고 매우 즐거워하면서, 사돈인 한명회를 대궐로 불러들여 술을 대접하고 죄인들을 사면하였다. 그러나 왕세자빈이 임신 중에 병이 들어, 결국 원손을 낳은 지 6일 만인 12월 5일에 안기의 집에서 향년 17세의 나이로 승하하였다.

세조는 왕세자빈에게 장순(章順)이라는 시호를 내리고, 은천군 이찬(李禶)[276]에게 명하여 상례(喪禮)를 주관하되, 안기의 집에 빈소를 마련하도록 하였다. 정승들에게 고양현(高陽縣)과 풍양(豊壤)에 장지로 적합한 땅이 있는지를 먼저 살피도록 하였다. 임금이 고양현 장지를 직접 확인하였으나 마음에 들지 않자, 파주(坡州)에 있는 동북면순문사 강회백(姜淮伯)의 어머니 무덤 자리를 하동부원군 정인지(鄭麟趾)·영의정 정창손(鄭麟趾)·우의정 권남(權擥)·좌찬성 황수신(黃守身)·계양군 이증(李璔)·지중추원사 이순지(李純之)·이조참의 임원준(任元濬)·좌부승지 이문형(李文炯)으로 하여금 살펴보도록 하였다.

---

275) 원손(元孫): 예종과 장순왕후의 아들, 이름 분(糞), 인성군(仁城君), 1461.11.30~1463.10.24.
276) 은천군 이찬(李禶): 태종과 효빈김씨 사이의 아들 경녕군의 둘째 아들.

공릉(장순왕후)

강회백의 어머니 무덤을 살펴본 대신들은 풍수적으로 무덤을 쓸
만한 자리라고 고하니 그곳을 장지로 정하였다. 강회백의 어머니는
진산군부인 정신택주 진주하씨(晉州河氏)로 원정공 하즙(河楫)의 딸
이다. 세조의 마음에 들지 않았던 고양의 땅에는 나중에 월산대군
(月山大君)277)의 무덤이 조성되었다.

한편 장지로 가는 길목인 지금의 홍제동 고개278)가 길은 좁고 굽
었는데, 한쪽은 낭떠러지가 심하여 상여가 지나가기에 쉽지 않다고
판단한 국장도감에서 도로정비를 요청하였다. 그러나 연이어진 국장
(國葬)으로 소요되는 경비와 노동력이 많았음을 알고 있던 세조는
폐단을 우려하여 가급적 인력동원을 줄이려고 했다. 산맥을 잘라 내
거나 도로면을 깎아서 평평하게 하는 정비를 하지 못하도록 하였다.

---

277) 월산대군(月山大君): 의경세자와 한씨의 큰아들, 성종의 형, 이름 정(婷), 1454~1489.
278) 홍제동 고개: 당시에 사현(沙峴)이라 불렸음.

만약 도로를 정비하는 일에 조금이라도 지시에 위배되는 일이 있다면 국장도감과 한성부(漢城府) 관리들을 문책할 것이라고 엄명을 내렸다. 상여가 지나갈 수 있는지 실제 빈 상여를 통과시켜 보자는 요청도 거절하였다. 그러나 여러 우려와는 달리 상여는 무난히 이 고개를 통과하여 파주시 조리면 장곡리 보시동(普施洞) 언덕에 도착하여 장순빈을 무사히 장사 지낼 수 있었다. 그날이 이듬해 2월 25일이고, 무덤의 방향은 술좌진향(戌坐辰向)279)으로 조성되었다.

장순빈을 장사 지낸 지 채 2년이 되기도 전에 그가 낳은 원손 이분(李糞)이 1463년 10월 24일에 윤사윤(尹士昀)의 집에서 풍질(風疾)280)로 사망하였다. 세조는 원손의 시호를 효소(孝昭)로 내리고, 인성군(仁城君)에 추봉하였다. 장지는 대신들에게 명하여 인성군의 큰 아버지인 의경세자의 무덤 영역 안에서 고르도록 하여, 경릉(敬陵) 동쪽에 그해 11월 6일에 장사 지냈다.

후사가 없는 예종이 세조의 뒤를 이어 왕위에 오르자, 정희왕후(貞熹王后)281)가 대신들과 상의하여, 의경세자의 아들인 월산군이나 자을산군(者乙山君)282)이 아들을 낳으면, 그 아들을 예종의 후사로 세우기로 하였다. 그러나 후사가 정해지기도 전에 예종이 승하해 버려, 결국은 자을산군이 예종의 뒤를 이어 왕위에 오르게 되었으니 그가 성종(成宗)이다.

---

279) 술좌진향(戌坐辰向): 20시 방향에서 08시 방향을 바라보는 방위.

280) 풍질(風疾): 바람이 병의 원인으로 작용한 병을 통틀어 이르는 말로 풍기(風氣), 풍증(風症), 풍질(風疾), 풍(風)이라고도 한다.

281) 정희왕후(貞熹王后): 조선 7대 왕 세조의 비, 본관 파평(坡平), 윤번(尹璠)의 딸, 1418~1483.

282) 자을산군(者乙山君): 훗날 조선 9대 왕 성종, 의경세자와 한씨의 둘째 아들, 이름 혈(娎), 1457~1494.

공릉의 주작

　성종이 즉위한 후 예종 비 장순빈을 장순왕후(章順王后)로 하고, 무덤을 공릉(恭陵)으로 추봉하였다. 공릉 옆에는 장순왕후의 친정 동생인데도 시댁의 조카며느리가 된 성종 비 공혜왕후(恭惠王后)[283]의 무덤인 순릉(順陵), 영조의 장남으로 정조의 양아버지라 왕으로 추존된 진종(眞宗)[284]의 무덤인 영릉(永陵)이 있어, 이곳을 파주삼릉(坡州三陵)이라 한다.

283) 공혜왕후(恭惠王后): 조선 9대 왕 성종의 비, 본관 청주(淸州), 한명회(韓明澮)의 딸, 1456~1474.
284) 진종(眞宗): 조선 21대 왕 영조와 정빈이씨의 아들, 정조의 양아버지로 진종으로 추존, 효장세자(孝章世子), 이름 행(緈), 1719~1728.

12. 선릉(宣陵)

선릉(성종)

성종(成宗)285)은 경복궁 동궁(東宮)에서 1457년(세조 3) 7월 30일에 의경세자(懿敬世子)286)와 수빈 한씨(粹嬪韓氏)287)의 둘째 아들로 태어났다. 1461년(세조 7) 1월에 자산군(者山君)에 봉해졌고, 1468년(세조 14)에 자을산군(者乙山君)으로 고쳤다. 성종이 태어난 지 한 달여 만에 아버지 의경세자가 승하하자, 어머니는 월산군(月山君)288)과

---

285) 성종(成宗): 조선 9대 왕, 의경세자와 한씨의 둘째 아들, 이름 혈(娎), 성종이 즉위한 뒤 의경세자는 덕종으로 한씨는 소혜왕후로 추존됨, 1457~1494.

286) 의경세자(懿敬世子): 세조와 정희왕후의 장남, 도원군, 덕종으로 추존, 성종의 부친, 이름 장(暲), 1439~1457.

287) 수빈 한씨(粹嬪韓氏): 소혜왕후(昭惠王后), 의경세자의 부인, 조선 9대 왕 성종의 어머니, 성종이 왕위에 오르자 아버지 의경세자를 덕종으로 어머니 한씨를 소혜왕후로 추존, 훗날 인수대비(仁粹大妃), 본관 청주(淸州), 한확(韓確:1403~1456)의 딸, 1437~1504.

자을산군, 명숙공주(明淑公主)[289] 등 자녀 3남매를 데리고 세조가 궁 밖에다 지어준 집에서 살았다.

아버지 의경세자의 승하로 왕위에 올랐었던 작은아버지 예종(睿宗)[290] 또한 갑자기 승하하는 바람에 성종은 조선 9대 왕이 되었다. 어느 날 성종이 종기(腫氣)로 드러눕자 파평부원군 윤필상(尹弼商)·좌의정 노사신(盧思愼)·우의정 신승선(愼承善)·승지 한사문(韓斯文)이 "여자 주치의가 나이가 많아 눈이 어두운데, 어떻게 자세히 알 수 있겠습니까? 청컨대 송흠(宋欽)으로 하여금 자주 안으로 들어가서 진찰하게 하여 증세에 따라 약을 올리게 하소서"라고 아뢰었다. 또 승지들이 "전명춘(全明春)이 의술에 정통하여 실력이 있을 뿐만 아니라, 특히 종기 치료에 경험이 많다"고 아뢰었다. 송흠과 전명춘이 성종을 진찰하고 나와 전명춘이 말하기를 "배꼽 밑에 뭉쳐져 도도록한 것은 종기인데, 마땅히 종기를 다스리는 약을 써야 할 것입니다" 하였다. 그러나 성종은 당일 날인 1494년(성종 25) 12월 24일 오시(午時)[291]에 승하하였다.

산릉간심사(山陵看審事) 윤필상·노사신·신승선·이극돈(李克墩)·김응기(金應箕)·최호원이 산릉 자리를 보고 와서 "광평대군(廣平大君)[292]의 묘가 첫째요, 그다음이 정이(鄭易)[293]의 묘요, 또 그다음이

---

288) 월산군(月山君): 의경세자와 수빈 한씨의 큰아들, 성종의 형, 이름 정(婷), 1454~1489.

289) 명숙공주(明淑公主): 의경세자와 한씨의 딸, 성종의 누나이자 월산대군의 동생, 1455~1482.

290) 예종(睿宗): 조선 8대 왕, 세조와 정희왕후의 둘째 아들, 이름 황(晄), 해양대군, 1450~1469.

291) 오시(午時): 11:00~13:00.

292) 광평대군(廣平大君): 세종과 소헌왕후의 다섯째 아들, 영순군(永順君)의 아버지, 이름 여(璵), 1425~1444.

293) 정이(鄭易): 좌찬성, 대제학, 증 영의정부사, 부인 안동권씨, 세종의 작은 형 효령대군의 장인, 문종의 사위인 정종(鄭悰)의 조부, 본관 해주(海州), ?~1425.

고양군 관사(官舍)의 자리입니다"라고 복명하였다. 또 이들은 연산군(燕山君)[294]에 부연하기를 "정이의 묘가 임금의 능으로 합당합니다. 그러나 광평의 묘에 비하면 훨씬 못합니다. 광평의 후손이 번성하지 않은 것은 아닌데, 다만 영순군(永順君)[295]이 일찍 죽었을 뿐입니다. 풍수서에 이르기를 '사람이 덕을 쌓지 못했는데, 큰 명당을 찾는 것은 흉한 것이 된다'고 하였습니다"라고 하였다. 또 최호원은 "풍수서에 '물을 얻는 것이 먼저이고, 바람을 갈무리하는 것이 그다음이다' 하였는데, 정이의 묘는 청룡이 짧고 백호가 낮고 멀어서 바람이 들어와 불가하고, 또 '수구(水口)[296]가 잘 감추어지고, 청룡과 백호가 잘 감싸 돌아야 한다' 하였는데, 이 땅은 산줄기가 일직선으로 내려와 무덤을 감싸주지를 못하였으니 둘째로 불가한 이유입니다. 신의 생각으로는 정이의 무덤은 제왕의 능에 합당하지 못합니다"라고 아뢰었다.

그런데 광평대군은 세종대왕의 다섯째 아들이니 성종의 작은할아버지고, 정이는 효령대군(孝寧大君)[297]의 장인이면서 성종의 아버지인 의경세자에게 1457년도에 무덤 자리를 내주고 옮겨간 일이 있는 사람이다.

당시에 인수대비(仁粹大妃)[298]는 "내가 듣기로는 비록 미천한 사

---

294) 연산군(燕山君): 조선 10대 왕, 성종과 폐비윤씨의 아들, 중종반정으로 폐위, 이름 융(㦕), 1476~1506.

295) 영순군(永順君): 광평대군과 평산신씨의 아들, 이름 부(溥), 아들 남천군(南川君, 1458~1519)·천안군(淸安君, 1462~1495)·회원군(會原君, 1464~1493), 1444~1470.

296) 수구(水口): 집터나 무덤 앞에 모인 물이 청룡과 백호 밖으로 흘러나가는 지점. 물 꼬리 부분.

297) 효령대군(孝寧大君): 조선 3대 왕 태종과 원경왕후 민씨의 둘째 아들, 이름 보(補), 1396~1486.

298) 인수대비(仁粹大妃): 수빈(粹嬪), 소혜왕후(昭惠王后), 의경세자의 부인, 조선 9대 왕 성종의 어머니, 성종이 왕위에 오르자 아버지 의경세자를 덕종으로 어머니 한씨를 소혜왕후로 추존, 본관 청주(淸州), 한확(韓確)의 딸, 1437~1504.

람이라도 좋은 곳에 장사 지내면 반드시 발복을 받고, 존귀한 사람이라도 나쁜 곳에 장사 지내면 그 화(禍)를 받는다고 하는데, 광평대군의 자손이 병들고 혹은 요사하였다. 그러니 장지를 다른 곳으로 정하라"고 하였다. 또 연산군은 "대왕대비299)의 말씀이 '광평의 묘는 그 자손들이 단명하였고, 주변에 왕의 친족과 재신들의 무덤이 많이 있으니, 격식에 맞추어 이장해 주어야 할 것이므로 폐단이 적지 않다' 하시니, 다시 다른 곳으로 정하라" 하였다. 그러나 윤필상 등이 "장사할 길지가 이보다 나은 곳이 없사오니, 대군의 무덤을 발굴하는 것은 헤아릴 것이 못됩니다. 길지로는 광평의 묘만 한 곳이 없습니다"라고 거듭 아뢰었다.

선릉(성종)의 좌향

---

299) 대왕대비: 인수대비(仁粹大妃).

또 윤필상은 "광평의 묘는 건해좌(乾亥坐)[300]로서 수파(水破)[301]가 장생(長生)[302]이므로 흉하지마는, 이번에는 좌향을 임좌병향(壬坐丙向)[303]으로 정하여 조성하면 수파가 문곡(文曲)이 되어 길하기가 이보다 더할 수 없습니다" 하였다. 그러자 연산군이 전교하기를, "대비의 말씀이 '처음에는 광평의 자손이 일찍 죽고 또 병들었기 때문에 의심하였는데, 이제 좌향을 고쳐서 정한다니 무슨 의심이 있으랴' 하셨으니, 광평대군의 무덤을 옮기고 장지로 조성하라"고 하였다.

당시에 윤필상이 언급한 풍수이론은 송나라 호순신(胡舜申)이라는 사람이 쓴 이기론 풍수서인 지리신법(地理新法)에 있는 내용이다. 우리나라에는 1393년(태조 2) 12월 11일 계룡산 도읍지 공사를 그만두게 한 경기도 관찰사 하륜(河崙)의 상소문에 언급되면서 처음으로 알려졌다. 즉 광평대군 무덤의 좌향이 건해좌이기 때문에 금국(金局)에 해당하고, 물이 장생의 방향으로 흘러나가니 좋지 않다는 것이다. 그러나 묘의 방향을 임좌병향으로 하면 물의 방향이 문곡이 되어 좋다고 했다. 당시에 윤필상은 호순신 이론을 제대로 이해하지 못한 듯하다. 묘의 좌향을 임좌병향으로 하면 무곡(武曲)으로 좋지 않고, 자좌오향(子坐午向)[304]으로 하면 물이 흘러나가는 방위가 사병(巳丙)[305]이기 때문에 녹존(祿存)에 해당하여, 호순신 이론으

---

300) 건해좌(乾亥坐): 21시30분 방향에서 09시30분 방향을 바라보는 방위.
301) 수파(水破): 집터나 무덤 앞에 모인 물이 청룡과 백호 밖으로 흘러나가는 지점. 수구(水口).
302) 장생(長生): 무덤의 좌향이 건해(乾亥, 21~22시 방향)에 수구가 사병(巳丙, 10~11시 방향)일 때 호순신 논리에 따라 장생에 해당되어 흉한 무덤이라는 논리다.
303) 임좌병향(壬坐丙向): 23시 방향에서 11시 방향을 바라보는 방위.
304) 자좌오향(子坐午向): 24시 방향에서 12시 방향을 바라보는 방위. 정남향.
305) 사병(巳丙): 10~11시 방향.

로는 최상의 길지가 되는 것이다. 그런데 호순신은 자신의 이론을 만들어 내놓으면서 "지리는 형세(形勢)를 근본으로 한다. 형세가 있고 나서야 이 법[306]을 시행할 수 있다"고 하여 터를 정할 때 이기론보다는 형세론을 우선적으로 적용해야 함을 강조하고 있다. 무덤이나 집의 방향보다는 주변 산들의 생김새와 모양이 더 중요하다는 설명이다.

결국, 광평대군의 무덤을 이장하고, 성종을 1495년 4월 6일 묘시(卯時)[307]에 임좌병향으로 장사 지내니 그곳이 선릉(宣陵)이다.

국장 기간 중에 연산군이 성종의 묘지문을 보고 승정원에 "이른바 판봉상시사 윤기무(尹起畝)란 이는 어떤 사람이냐? 혹시 영돈령부사 윤호(尹壕)를 윤기무라고 잘못 쓴 것이 아니냐?"고 물으니, 승지들이 "이는 실로 폐비윤씨(廢妃尹氏)[308]의 아버지인데, 윤씨가 왕비로 책봉되기 전에 죽었습니다" 하였다. 연산군이 비로소 자신의 생모 윤씨가 죄로 폐위되어 죽은 일을 알게 되었다. 연산군은 선릉에 성종을 모시자마자, 어머니가 폐비되고 사사가 된 경위파악에 나섰다. 급기야는 중종반정(中宗反正)이 일어나 1506년 9월 2일에 폐위되어 강화도 교동으로 유배되었다. 인수대비가 우려했던 일들이 벌어진 것이다.

그러나 선릉을 조성하기 위하여 자리를 내 준 광평대군은, 서울 서초구 수서동 궁말 광수산(光秀山)에 묻혀있는 자기 아들 영순군 무덤 위로 옮겨졌다. 1444년 광평대군을 선릉 자리에 장사한 뒤에, 독

---

306) 법: 호순신 이론. 지리신법.

307) 묘시(卯時): 05:00∼07:00.

308) 폐비윤씨(廢妃尹氏): 조선의 9대 왕 성종의 계비였으나 폐비, 연산군의 어머니, 윤기무(尹起畝)의 딸, 1455∼1482.

자인 영순군은 1470년에, 영순군의 세 아들 중 막내인 회원군(會原君)은 1493년에, 둘째 아들 청안군(淸安君)은 1495년에 죽었다. 이러한 이유 때문에 인수대비가 광평대군의 자리를 꺼렸던 것이다. 그러나 광평대군을 광수산으로 이장한 뒤로 그 후손들은 매우 번창하였다고 한다.

성종은 즉위 후에 한명회의 딸을 왕비로 책봉하였으나, 한씨는 1474년(성종 5)에 승하하였다. 1476년(성종 7) 8월 9일에 윤기견의 딸을 왕비로 책봉하였다가 1479년(성종 10) 6월 2일에 폐하였으니, 그가 연산군의 어머니인 폐비윤씨다. 그 후 윤호의 딸을 1480년(성종 11) 11월 8일에 왕비로 책봉하니, 그녀가 정현왕후(貞顯王后)다.

선릉(정현왕후)

정현왕후는 1473년(성종 4) 6월 14일에 숙의로 간택되어 궁에 들어
왔다가, 중궁(中宮)의 주인이 되었으니, 그가 중종(中宗)[309]의 어머니
다. 정현왕후가 1530년(중종 25) 8월 22일 신시(申時)[310]에 승하하
자 성종의 무덤 왼쪽 언덕에 같은 해 10월 29일에 간좌곤향(艮坐坤
向)[311]으로 장사를 지냈다.

　선릉은 1592년(선조 25) 임진왜란 때 적군에 의해 정릉(靖陵)[312]
과 함께 파헤쳐지고, 광중에 불을 지른 사건이 발생하였다. 1625년
(인조 3)에는 정자각 문짝이 불탔으며, 다음 해에는 성종의 무덤과
정현왕후의 무덤에 불이 나는 등 불행한 일이 여러 번 발생하였다.

---

309) 중종(中宗): 조선 11대 왕, 성종과 정현왕후의 아들, 이름 역(懌), 1488~1544.

310) 신시(申時): 15:00~17:00.

311) 간좌곤향(艮坐坤向): 03시 방향에서 15시 방향을 바라보는 방위. 남서향.

312) 정릉(靖陵): 조선 11대 왕 중종의 능.

13. 순릉(順陵)

순릉(공혜왕후)

순릉(順陵)은 조선 9대 왕 성종(成宗)313)의 비(妃) 공혜왕후 한씨(恭惠王后 韓氏)의 능이다. 공혜왕후는 상당부원군 한명회(韓明澮)와 여흥부부인 민씨(驪興府夫人閔氏) 사이의 1남 4녀 중 막내딸로 연화방(蓮花坊)314) 사저에서 1456년(세조 2) 10월 11일에 태어났다. 세조(世祖)315)가 성종을 자산군(者山君)으로 봉하고, 배필을 찾던 중 한씨의 덕행과 용모가 정희왕후(貞熹王后)316)의 마음에 들어 간택하였다.

313) 성종(成宗): 조선 9대 왕, 의경세자와 한씨의 둘째 아들, 이름 혈(娎), 1457~1494.
314) 연화방(蓮花坊): 조선시대 한성부 동부 12방 중의 하나. 이곳에 도성의 동·서·남지 중 동지(東池)에 해당하는 큰 연못인 '연지(蓮池)'가 있던 데서 방 이름이 유래하였다. 현 서울 종로구 일대.
315) 세조(世祖): 조선 7대 왕, 이름 유(瑈), 수양대군, 1417~1468.
316) 정희왕후(貞熹王后): 조선 7대 왕 세조의 비, 본관 파평(坡平), 윤번(尹璠)의 딸, 1418~1483.

1467년(세조 13) 1월 12일에 영응대군(永膺大君)[317]에게 혼사를 주관하게 하여 성종과 한씨의 결혼식을 거행하였다. 자산군의 배필이 된 한씨의 언동이 예의범절에 맞으므로 세조와 정희왕후께서 매우 사랑하고 아끼셨다. 그때 한씨는 나이가 어렸으나 행동거지가 어른스러웠으며, 웃어른을 가까이에서 공경하며 모시기를 날이 갈수록 지극히 하였다. 그래서 웃어른들의 극진한 사랑과 대접을 받았다.

예종(睿宗)[318]이 왕위에 오른 지 14개월 만인 1469년(예종 1) 11월 28일에 갑자기 승하하니, 성종의 할머니 자성왕대비(慈聖王大妃)[319]가 대신들에게 예종의 뒤는 자산군으로 하여금 잇도록 하겠다는 뜻을 밝혔다. 대신들은 승지 한계순(韓繼純)을 자산군의 사저로 보내 한씨를 맞이해 와, 경복궁 근정전 앞에서 성종의 즉위식을 했다. 다음 날 성종은 예조에 한씨를 왕비로 칭하도록 지시를 하고, 1471년(성종 2) 1월 19일에 인정전에서 왕비로 책봉하였다.

성종은 책봉의식에서 "아! 그대 한씨는 나라를 위해 큰 공을 세우고, 선(善)을 쌓은 명문 집안의 딸로 태어났으며, 부지런하고 검소한 덕이 일찍부터 나타나고, 성품은 유순하고 온화함을 날 때부터 타고나서, 내가 잠저(潛邸)[320]에 있을 때부터 이미 아름다운 짝이 되었었다. 내가 임금의 자리에 오르게 되었을 때에는 나를 적극적으로 도왔으니, 당연히 중궁(中宮)의 자리에 두어야겠다. 자손 또한 크게 번창할 것이다"고 하였다.

왕비에 책봉된 후에도 시할머니 정희왕후, 시어머니 소혜왕후(昭惠王

---

317) 영응대군(永膺大君): 세종과 소헌왕후 심씨의 여덟 번째 아들, 이름 염(琰), 1434~1467.

318) 예종(睿宗): 조선 8대 왕, 이름 황(晄), 해양대군, 1450~1469.

319) 자성왕대비(慈聖王大妃): 정희왕후(貞熹王后), 조선 7대 왕 세조의 비, 본관 파평(坡平), 윤번(尹璠)의 딸, 1418~1483.

320) 잠저(潛邸): 왕위에 오르기 전에 살았던 집.

后),321) 시작은어머니 안순왕후(安順王后)322) 등 삼전(三殿)을 극진한 효로 받들기를 오래되어도 게을리하지 않았다. 후궁을 대접함에 있어서도 너그럽고 대범하였으니, 궁에서 일하는 자들 모두가 감탄하고 찬복하였다.

어느 날 중궁이 병이 나자 1473년(성종 4) 7월 5일에 종묘와 사직, 유명한 산과 내에 기도하였으나 차도가 없었다. 그러자 같은 달 21일에 친정인 한명회의 집으로 거처를 옮겨 요양을 하게 하였다. 다시 궁으로 돌아왔으나 그해 12월에 다시 병환이 도지니, 한씨는 고칠 수 없는 병이라는 것을 스스로 깨달았다. 어느 날 갑자기 죽음에 이를까 봐 별전으로 나가려고 원하는 뜻이 간절하므로, 다음 해 3월에 구현전(求賢殿)으로 거처를 옮겼다. 성종은 장인인 한명회에게 명하여 장모와 함께 수시로 궁으로 들어와 한씨의 병환을 돌보게 하였다.

순릉(공혜왕후)

---

321) 소혜왕후(昭惠王后): 의경세자의 부인, 조선 9대 왕 성종의 어머니, 성종이 왕위에 오르자 아버지 의경세자를 덕종으로 어머니 한씨를 소혜왕후로 추존, 인수대비(仁粹大妃), 1437~1504.

322) 안순왕후(安順王后): 조선 8대 왕 예종의 계비, 청주부원군 한백륜(韓伯倫)의 딸, 제안대군의 어머니, ?~1498.

어느 날 한씨는 죽음이 임박하였음을 직감하고, "죽고 사는 데에는 천명이 있으니, 영영 삼전을 여의고 끝내 효도를 다 하지 못하고, 부모에게 근심을 끼치는 것을 한탄할 뿐이다!"라는 말을 남기고 후사 없이 승하하였다. 그날이 1474년(성종 5) 4월 15일 사시(巳時)[323]다. 성종은 한씨의 시호를 공혜왕후라 내리고, 공혜왕후의 언니이면서 시댁 작은어머니인 예종 비 장순왕후(章順王后)[324]의 무덤인 공릉(恭陵) 부근에서 장지를 찾도록 지시하였다.

1455년 수양대군이 조카인 단종(端宗)[325]으로부터 왕위를 빼앗은 후에, 1457년에 의경세자(懿敬世子),[326] 1461년에 예종 비 장순왕후, 1463년에 예종의 원자 인성군(仁城君), 1468년 세조, 1469년 예종에 이어 1474년에 공혜왕후가 승하한 것이다.

순릉(공혜왕후)

---

323) 사시(巳時): 09:00~11:00.

324) 장순왕후(章順王后): 조선 8대 왕 예종의 비, 본관 청주(淸州), 한명회(韓明澮)의 딸, 인성군(仁城君)의 어머니, 1445~1461.

325) 단종(端宗): 조선 6대 왕, 문종과 현덕왕후의 아들, 이름 홍위(弘暐), 1441~1457.

326) 의경세자(懿敬世子): 세조와 정희왕후의 장남, 도원군, 덕종으로 추존, 성종의 부친. 이름 장(暲), 1439~1457.

공혜왕후를 1474년(성종 5) 6월 7일에 경기도 파주시 조리면 장곡리 보시동(普施洞) 공릉의 동쪽 언덕에 묘좌유향(卯坐酉向)[327]으로 장사를 지내니, 그곳이 순릉(順陵)이다.

순릉은 한북정맥에서 갈라져 나온 산줄기가, 우암산 비호봉을 지나 명봉산을 만든 다음, 북두고개를 지나 작은 봉우리를 일으켜 세운 후, 순릉을 만들었는데 무덤 자리가 주인의 성정만큼이나 편안하고 아름답다. 이곳을 현재는 파주삼릉이라 부른다. 후에 영조(英祖)[328]와 정빈이씨(靖嬪李氏)[329] 사이에서 태어난 효장세자(孝章世子)[330]의 무덤이 조성되면서 붙여진 이름이다. 효장세자는 정조(正祖)[331]가 왕위에 오르자 정조의 양아버지 자격으로 왕으로 추존되었다.

---

327) 묘좌유향(卯坐酉向): 06시 방향에서 18시 방향을 바라보는 방위. 정서향.

328) 영조(英祖): 조선 21대 왕, 숙종과 후궁 숙빈최씨의 아들, 이름 금(昑), 1694~1776.

329) 정빈이씨(靖嬪李氏): 조선 21대 왕 영조의 후궁, 효장세자(孝章世子, 추존 진종)의 어머니, 이준철(李竣哲)의 딸, ?~1721.

330) 효장세자(孝章世子): 조선 21대 왕 영조와 정빈이씨의 아들, 정조의 양아버지로 진종으로 추존, 이름 행(緈), 1719~1728.

331) 정조(正祖): 조선 22대 왕, 사도세자와 혜경궁 홍씨의 아들, 이름 산(祘), 1752~1800.

14. 연산군묘(燕山君墓)

연산군묘(연산군과 거창군부인)

　연산군(燕山君)[332]은 성종(成宗)[333]과 폐비윤씨(廢妃尹氏)[334] 사이
에서 1476년(성종 7) 11월 7일 궁궐에서 태어났다. 연산군을 낳은
폐비윤씨는 1455년 윤6월 1일 판봉상시사 윤기무(尹起畝)와 고령신
씨(高靈申氏) 사이의 딸로 태어나, 1473년(성종 4) 3월 19일에 숙의
(淑儀)로 간택되어 입궐하였다. 당시에 왕비였던 공혜왕후 한씨(恭惠
王后 韓氏)[335]가 지병으로 승하하자, 그 뒤를 이어 1476년(성종 7) 8월

---

332) 연산군(燕山君): 조선 10대 왕, 성종과 폐비윤씨의 아들, 중종반정으로 폐위, 이름 융(㦕),
　　 1476~1506.
333) 성종(成宗): 조선 9대 왕, 의경세자와 한씨의 둘째 아들, 이름 혈(娎), 1457~1494.
334) 폐비윤씨(廢妃尹氏): 조선 9대 왕 성종의 계비, 연산군의 어머니, 본관 함안(咸安), 판봉상시
　　 사 윤기무(尹起畝)와 고령신씨의 딸, 1445~1482.

9일에 왕비로 책봉되었다.

왕비 책봉 시에 성종은 "아! 내가 어린 몸으로 대통을 이어받아 영구히 왕위를 잘 수행하여야 할 막중한 책임을 생각하건대, 반드시 내좌하는 현명한 사람의 도움에 힘입어야 하는데, 중궁의 자리가 빈 지 여러 해가 되었다. 그대 윤씨는 일찍이 간택되어 오랫동안 궁궐에 거처하면서, 정숙하고 믿음직스럽고 착하고 근면하고 검소한데다, 몸가짐에 있어서는 겸손하고 공경하였으므로 삼궁(三宮)[336]에게 총애를 받았다. 이에 예법을 거행하여 왕비로 책봉한다"라고 하였다.

3년간 중궁의 자리에 있었던 윤씨는 1479년(성종 10) 6월 2일에 폐비가 되어 사가로 쫓겨났다. 당시에 성종은 폐출해야만 했던 이유로 "왕을 해치기 위한 목적으로 독약을 소지하고 있고, 사람을 해치는 법을 기록하여 소지하고 있으며, 후궁 권씨(權氏)가 성종을 해치려고 하는 것처럼 모의 내용을 적어 권씨 집에 투입하였고, 왕이 윤씨의 뺨을 때리자 왕자를 데리고 대궐에서 나가려 했고, 왕보다 늦게 일어나고, 대신들의 가정일에 대해 흉을 보기 때문이다"라고 말했다. 성종은 1482년(성종 13) 8월 16일 좌승지 이세좌(李世佐)에게 명하여 폐비윤씨가 지내는 사가로 보내 사사하였다.

폐비윤씨를 사사한 성종은 이듬해 2월 6일에 연산군을 왕세자로 책봉하였다. 성종이 승하하자 연산군은 1494년 12월 24일 조선 10대 왕으로 즉위하였다. 당시까지만 해도 자신의 생모가 정현왕후(貞顯王

---

335) 공혜왕후 한씨(恭惠王后 韓氏): 조선 9대 왕 성종 비, 한명회와 민씨의 넷째 딸, 1456~1474.
336) 삼궁(三宮): 세조비 정희왕후, 의경세자 부인 소혜왕후, 예종 계비 안순왕후를 말한다.

后)337)로 알고 있었던 연산군은, 성종의 장례 절차가 진행 중이던 1495년 3월 16일 성종의 묘지문을 보고 자신의 생모가 사사된 사실을 알게 되었다.

연산군은 자신의 어머니가 폐비되고 사사된 경위파악에 나서면서 갑자사화(甲子士禍)를 일으킨다. 임사홍(任士洪) 등을 통해 전해 들은 내용을 토대로, 많은 대신과 성종의 후궁 엄씨(嚴氏)와 정씨(鄭氏)를 때려서 죽이고, 정씨의 두 아들 안양군 이항(安陽君 李㤚)과 봉안군 이봉(鳳安君 李㦀)은 유배하였다가 사사하였다. 연산군은 날로 성품이 포악하고 주색(酒色)에 빠져 지내다가, 결국 지중추부사 박원종(朴元宗), 이조참판에서 갑자기 강등된 부사용 성희안(成希顔), 이조판서 유순정(柳順汀) 등이 주동이 되어 일으킨 중종반정(中宗反正)으로 1506년(연산군 12) 9월 2일 폐위되어 강화도 교동(喬桐)으로 유배되었다.

주동자들은 거사를 일으키면서 신수근(愼守勤)과 수영(守英) 형제 그리고 임사홍 등을 먼저 처치하였는데, 신수근 형제는 연산군의 처남이다.

임사홍은 성종 때에 죄를 지어 폐기되었었는데, 그 아들 임숭재(任崇載)가 연산군 때에 성종의 딸 휘숙옹주(徽淑翁主)의 부마(駙馬)338)가 되어 총애를 받자, 그 연줄로 갑자기 높은 품계에 올랐던 인물이다. 갑자사화 이후에는 전에 자기를 비난한 자에게 일일이 앙갚음하였고, 이미 죽은 사람은 부관참시를 하니 비록 신수근 형제라 해도

---

337) 정현왕후(貞顯王后): 조선 9대 왕 성종의 계비, 조선 10대 왕 중종의 어머니, 본관 파평(坡平), 윤호(尹壕)의 딸, 1462~1530.
338) 부마(駙馬): 임금의 사위 또는 공주의 남편을 이르는 말.

두려워하였을 정도였다. 연산군은 하고 싶은 일이 있으면 임사홍을 시켜 처리하였으니, 임사홍의 악명이 하늘을 찔렀다. 또한, 임사홍은 아들 임희재(任熙載)가 피살되던 날에도 집에서 연회를 베풀고 고기를 먹으며 풍악을 울리니 연산군이 더욱 신임하였다. 아들 임희재가 쓴 시가 연산군의 심기를 건드린 일이 있었기 때문에 임사홍이 벌인 행동이다. 당시에 임사홍과 임숭재를 빗대 사람들이 다음과 같은 시를 지어 읊었다.

> 작은 소인 숭재, 큰 소인 사홍이여!
> 천고에 으뜸가는 간흉이구나!
> 천도는 돌고 돌아 마땅히 보복이 있으리니,
> 알리라, 네 뼈 또한 바람에 날려질 것을!

연산군의 죄상에 대한 사신(史臣)의 논찬에 "성품이 포악하고 살피기를 좋아하여 정치를 가혹하게 하였다. 주색에 빠져 제사에 관한 일들을 없애고, 폐비가 된 어머니를 다시 왕비로 올리면서 대신을 많이 죽였으며, 신하들이 임금에게 옳은 말 하는 것을 듣기 싫어하여 간언하는 자들을 죽이거나 귀양을 보냈으며, 아버지의 후궁들을 때려서 죽게 만들고, 이복동생 여러 명을 처형시켰다. 날마다 기생들과 더불어 음란한 행동을 하는 등 법도가 없었고, 남의 처첩도 거리낌 없이 간통하였다. 장례에 관한 일도 마음대로 기간을 줄여 고치고, 사람으로서 지켜야 할 도리가 전혀 없었고, 죄악이 하늘에 넘쳐서 귀신과 사람이 분해하고 원망하였으므로 마침내 이렇게 된 것이다"라고 기록되어 있다.

반정의 주동자인 박원종은 큰누이가 의경세자의 장남 월산대군(月

山大君)³³⁹)의 부인이 되었는데, 연산군이 궁중에 머물게 하면서 간통하였다는 추한 소문이 나돌자 박원종이 누이에게 "왜 참고 사는가? 독약이라도 마시고 죽어라!"고 할 정도로 연산군에게 개인적으로도 한이 많은 사람이다.

반정의 주동자들이 좌승지 한순(韓恂)과 내관 서경생(徐敬生)을 창덕궁에 보내, 서경생으로 하여금 작금의 현실을 연산군에게 고하게 하니, 대답하기를 "내 죄가 중대하여 이렇게 될 줄 알았다. 좋을 대로 하라"고 하면서 시녀에게 옥새를 내어다 주게 하였다. 연산군은 갓을 쓰고 분홍색 옷을 입었으나 요대를 두르지 않고, 유배로 떠날 가마를 타면서 "내가 큰 죄가 있는데, 특별히 새 임금께서 덕을 베풀어 무사하게 떠난다"라는 말을 남기고 유배지로 떠났다. 왕비였던 거창신씨(居昌愼氏)는 친정아버지 신승선(愼承善)³⁴⁰)의 집을 고쳐 머물게 하였다. 그러나 폐비신씨가 낳은 세자 이황과 창녕대군 이성(李誠), 숙의이씨가 낳은 양평군 이인(李仁), 또 다른 후궁이 낳은 이돈수(李敦壽)는 1506년 9월 24일에 사사하였다.

갑자사화 후인 1504년(연산군 10) 3월 24일에 연산군에 의해 추증된 폐비윤씨의 시호 제헌왕후(齊獻王后)와 능호 회릉(懷陵)도 모두 다시 강등되었다.

강화도 교동에서 1506년(중종 1) 11월 6일 연산군이 역질로 죽자, 왕자군의 예로 그곳에 장사를 지냈다. 1513년(중종 8) 2월 20일에

---

339) 월산대군(月山大君): 의경세자와 한씨의 큰아들, 성종의 형, 연산군의 큰아버지, 이름 정(婷), 1454~1489.

340) 신승선(愼承善): 연산군의 장인, 세종의 넷째 아들 임영대군(臨瀛大君)의 사위, 폐비 거창신씨·신수근(愼守勤)·신수겸(愼守謙)·신수영(愼守英)의 아버지, 본관 거창(居昌), 1436~1502.

거창군부인 신씨의 요청으로 연산군의 묘를 강화도 교동에서 서울 도봉구 방학동으로 이장하였다.

거창군부인 신씨는 영의정 신승선의 딸로 연산군이 폐위되자 강 등되었다가, 1537년(중종 32) 4월 8일에 승하하여 그해 6월 26일에 연산군 묘 왼쪽에 장사를 지냈다.

연산군의 비석 앞면에는 '연산군지묘(燕山君之墓)', 뒷면에는 '1513 년(중종 8) 2월 22일 이장(正德八年二月二十二日葬)'이라고 새겨져 있다. 신씨 비석 앞면에는 '거창신씨지묘(居昌愼氏之墓)', 뒷면에는 '1537년 (중종 32) 6월 26일 장사 지냄(嘉靖十六年六月二十六日葬)'이라고 새겨져 있다.

연산군과 의정공주와 휘순공주묘

연산군묘 바로 앞에는 태종의 후궁이었던 의정궁주(義貞宮主)의 무덤이 있다. 의정궁주의 본관은 한양이며 조뢰(趙賚)의 딸이다. 조씨는 태종 비 원경왕후(元敬王后) 사후에, 태종의 후궁으로 1422년(세종 4) 2월 28일에 간택되어, 그해 5월 12일에 입궐하였다가 9월 25일에 의정궁주로 책봉되었다. 1454년(단종 2) 2월 8일에 승하하였다. 맨 앞에는 연산군의 딸 휘순공주(徽順公主)와 부마 구문경(具文璟) 내외의 무덤이 있다. 연산군은 신승선의 딸과 결혼하였고, 신승선은 세종의 넷째 아들 임영대군(臨瀛大君)의 사위다. 결국, 폐비신씨는 임영대군의 외손녀였기에, 연산군의 가족 중 중종반정에서 유일하게 살아남을 수 있었던 것 같다.

연산군은 왕을 지냈지만 폐위되었기 때문에 무덤이 능(陵)의 호칭을 갖지 못하였다. 그래서 세계문화유산으로 등재되지 못한 채 현재도 연산군묘로 불리고 있다.

15. 정릉(靖陵)

정릉(중종)

중종(中宗)341)은 성종(成宗)342)과 계비 정현왕후 윤씨(貞顯王后 尹氏)343) 사이에서 1488년(성종 19) 3월 5일에 태어나, 1494년(성종 25) 4월 6일에 진성대군(晉城大君)에 봉해졌다. 1506년(연산군 12) 9월 2일 지중추부사 박원종(朴元宗), 부사용 성희안(成希顔), 이조판서 유순정(柳順汀) 등이 주동이 되어 일으킨 반정(反正)으로 조선 11대 왕으로 즉위하였다. 이때 폐위되어 연산군(燕山君)344)으로 봉해진 이

---

341) 중종(中宗): 조선 11대 왕, 성종과 정현왕후의 아들, 이름 역(懌), 1488~1544.

342) 성종(成宗): 조선 9대 왕, 의경세자와 한씨의 둘째 아들, 이름 혈(娎), 1457~1494.

343) 정현왕후 윤씨(貞顯王后 尹氏): 조선 9대 왕 성종의 계비, 조선 10대 왕 중종의 어머니, 본관 파평(坡平), 윤호(尹壕)의 딸, 1462~1530.

344) 연산군(燕山君): 조선 10대 왕, 성종과 폐비윤씨의 아들, 이름 융(㦕), 중종반정으로 폐위,

융(李懌)의 이복동생이다.

대신들이 반정을 일으켜 이복형을 몰아내 준 덕에 왕위에 올랐던 중종이 1544년(중종 39) 11월 15일 유시(酉時)³⁴⁵)에 창경궁 환경전(歡慶殿)에서 승하하였다. 훗날 사신(史臣)들이 "중종은 공손하고 검소하였으며, 인자하시어 재위 39년 동안에 안으로는 가무와 여색을 즐기는 일이 없었고, 밖으로는 사냥하며 즐기는 데 빠진 적이 없었다. 즉위한 이래로 다스리는 도리나 방법을 힘써 강구하여, 조정과 백성 모두가 태평성대를 기다렸다. 그러나 신하의 보좌를 받을 즈음에 적합한 사람을 얻지 못했다. 인자하고 유순한 면은 남음이 있었으나, 결단성이 부족하여 비록 일을 할 뜻은 있었지만 일을 한 실상이 없었다. 좋아하고 싫어함이 분명하지 않아서 어진 사람과 간사한 무리를 뒤섞어 등용했기 때문에, 재위 기간에 나라를 잘 다스린 시간은 적었고 혼란한 때가 더 많았다. 그래서 평안한 날이 거의 없었으니 참으로 슬프다!"라고, 중종을 평하고 있다.

중종의 국장(國葬) 당시에 3가지 논란이 있었다.

첫째는 문정왕후(文定王后)³⁴⁶)가 빈전(殯殿)³⁴⁷)의 설치장소를 일방적으로 결정한 데 있었다. 빈전은 당연히 대신들이 의논해서 결정하는 것인데, 문정왕후가 왕의 생활공간인 통명전(通明殿)에 설치하도록 결정을 내렸다. 그러니 빈전에는 후궁과 궁녀 그리고 외부인이 뒤섞여 누가 누구인지 구분이 불가능할 정도였다. 부제학 송세형이

1476~1506.

345) 유시(酉時): 17:00~19:00.

346) 문정왕후(文定王后): 조선 11대 왕 중종의 계비, 명종의 어머니, 본관 파평(坡平), 윤지임(尹之任)의 딸, 1501~1565.

347) 빈전(殯殿): 왕이나 왕비의 관을 모시던 곳.

인종(仁宗)348)에게 "예문에 빈전을 반드시 정전(正殿)에 둔다는 것은 조정과 함께 예를 행하고자 해서입니다. 그 때문에 상복을 입고 난 후에는 왕비가 제사에 참례하는 절차가 없습니다. 지금은 빈전이 깊숙한 내정(內庭)에 있어서 외정(外庭)과는 멀리 떨어져 있어, 승지나 예모관(禮貌官)349)이 모두 들어갈 수가 없습니다. 비록 예에 어긋나는 일이 있을지라도 바로잡을 방도가 없고, 심지어는 대전관(代奠官)350)도 예를 행할 수가 없으니 지극히 온당하지 못합니다. 대체로 우제(虞祭)351) 전에는 상께서 친히 제사를 올릴 수가 없고, 미천한 부녀자나 환관으로 하여금 대행하게 할 수도 없습니다. 그러니 예문에 따라 승지·예모관 및 대전관으로 하여금 모두 빈전에 들어가서 예를 행할 수 있게 하소서"라고 아뢰었다. 그러나 인종은 승지만 추가로 출입을 허가하였다.

둘째는 장지(葬地) 문제였다. 우의정 윤인경(尹仁鏡)이 상지관(相地官)352)을 대동하고, 양주(楊州)·광주(廣州)·고양(高陽)에 있는 장지를 둘러보았다. 윤인경은 희릉(禧陵)353)의 서쪽 150보 지점에 쓸 만한 땅이 있다면서, 산형도(山形圖)와 간산지(看山誌)를 가지고 설명하였다. 인종은 중종께서 "희릉 근처에 쓸 만한 곳이 있으니, 세자도 알아두는 것이 마땅하다"고 하셨다면서, "희릉 옆에 터를 잡았으니 다행이다"라고 하였다. 덧붙여 말하기를 "신하 중에 지리에 정통한

---

348) 인종(仁宗): 조선 12대 왕, 중종과 장경왕후의 아들, 이름 호(岵), 1515~1545.

349) 예모관(禮貌官): 예식 절차에 관한 일을 맡아보는 임시 벼슬을 이르던 말.

350) 대전관(代奠官): 제사 때 임금이나 왕세자를 대신하여 젯술을 드리던 관리.

351) 우제(虞祭): 장사를 지낸 뒤 처음 지내는 제사인 초우(初虞), 두 번째 지내는 재우(再虞), 세 번째 지내는 삼우(三虞) 모두를 이르는 말.

352) 상지관(相地官): 조선시대에 대궐과 왕릉 자리 등을 살펴 정하는 일을 담당하는 관직.

353) 희릉(禧陵): 중종 계비 장경왕후 능, 인종의 어머니 능.

자가 있으면 다시 살펴서 아뢰라"고 명하였다. 결국, 이 말이 혼란과 불만을 가져왔다. 윤인경이 대동하였던 윤림(尹霖)이 처음과는 달리 말을 바꾸는 바람에 다른 장소를 찾아보도록 지시하였던 것이다.

장지 문제로 논란과 혼란이 계속되자 대간이 "이번 산릉은 재차 간심하여 이의가 없었고, 상께서도 일찍이 선왕의 유교가 있었다고 하셨으니 일이 매우 부합되고 인심도 흡족하게 여기고 있었는데, 뜻밖에도 망령된 사람이 혼란을 시키는 말에 갑자기 마음을 움직이시어 다른 곳을 구해 보도록 명하시었습니다. 지금 망령된 말에 구애되어 가벼이 큰일을 바꾸시니, 온 나라 사람들이 그 까닭을 알지 못하여 놀라움을 금하지 못합니다. 하물며 이곳은 이번에 총호사가 거느리고 간 수많은 상지관 및 지리를 아는 신하들이 터를 자세히 살폈을 뿐만 아니라, 전부터 쓸 만한 곳이라고 기록되어 있었기 때문에 정했습니다. 설사 윤림이 지리를 잘 알아 믿을 수 있다고 하더라도 전일에는 매우 좋다고 했다가 문득 합당치 않다는 논의를 발설하여 전후에 하는 말이 각각 달라 반복무상하고 실정 또한 추측하기 어려우니 믿을 것이 못 되는 것이 분명합니다. 부디 사설에 동요되지 마시오소서"라고 아뢰었다. 이후에도 논란이 지속되다가 결국은 희릉 서쪽 능선으로 결정되었다.

세 번째는 묘호(廟號)354)와 관련된 문제다. 묘호를 이미 중종으로 정하였는데, 인종이 다시 번복을 하는 바람에 논란이 빚어졌다. 인종이 말하기를 "옛 기록에 은나라를 부흥시킨 임금을 중종이라 호칭하였다는 말이 있다 하여, 조정이 이에 의거하여 묘호를 정한 것으로 여겼기 때문에 이미 승낙하였다. 그러나 다시 생각해 보니, 부왕

---

354) 묘호(廟號): 임금이 죽은 뒤에 그 공덕을 기리어 붙인 이름.

께서 폐조의 혼란한 때를 당하여 어지러운 것을 다스리기 위해 반정(反正)을 일으켰고, 종사를 39년 동안 또 편안하게 하셨으니, 중흥시킨 공이 작다 할 수 없다. 그래서 조(祖)라 칭하고자 하는데 여러 대신의 뜻은 어떠한가? 중(中)자가 중흥의 뜻이라고는 하나 또한 흡족하지 못한 듯하니, 세조(世祖)[355]의 예에 견주어 종(宗)자를 고치고자 한다" 하였다. 대신들이 의논한 결과를 "신들이 다시 함께 상의하였으나, 조자 위에는 달리 알맞은 글자가 없고 세(世)자가 있을 뿐인데, 이미 세조의 묘호가 있으니 합당한 자가 전혀 없습니다. 또 역대의 임금 중에 특별히 조자로 칭한 경우가 없으며, 조(祖)는 공이 있는 것이고 종(宗)은 덕이 있는 것이니, 종자가 어찌 범연한 것이겠습니까. 그냥 원안대로 중종으로 하시지요"라고 아뢰었다. 결국, 묘호 문제도 논란만 있었지 원안대로 결정되었다.

정릉(중종)

---

355) 세조(世祖): 조선 7대 왕, 세종과 소헌왕후 심씨의 둘째 아들, 이름 유(瑈), 수양대군, 1417~1468.

불필요한 논란 끝에 묘호는 중종으로, 장지는 희릉의 오른쪽으로 결정되어 이듬해 2월 9일에 장사를 지내고, 능호는 희릉과 합하여 정릉(靖陵)이라 하고, 희릉의 능호는 없앴다.

중종의 뒤를 이어 즉위한 인종이 7개월여 만에 갑자기 승하하자, 인종의 이복동생인 명종(明宗)356)이 왕위를 이어받았다. 명종의 생모 문정왕후가 남편인 중종의 무덤을 옮길 것을 지시하였다. 그러자 명종은 대신들에게 "분묘를 구함에는 일반 백성들도 그 땅을 신중히 가려서 장사 지내고, 만일 불길함이 있으면 곧바로 장지를 옮기는데, 더구나 나라의 왕릉이겠는가. 정릉은 처음부터 불길하다는 의논이 분분하였으므로 문정왕후께서 미안하게 생각하여, 곧 다시 옮길 것을 의논하려 하였으나, 정릉을 정할 때에 결점이 없는 자리라는 말도 있었고, 또 국사의 어려웠던 일이 겨우 안정되었기에 감히 천릉의 일을 가벼이 발설하지 못하였다. 지금 생각해 보니 옮기지 않을 수가 없다. 좋은 날짜를 가려 천릉할 일을 결정하라"고 전교하였다.

이를 두고 사신이 논하기를 "우리나라만이 세상을 미혹시키는 말을 믿어, 왕릉을 넓게 하려고 남의 무덤을 파내고 백성의 농토를 없애버렸으니, 이미 훌륭한 일은 아니다. 더구나 문정왕후는 중종이 장경왕후(章敬王后)357)와 같은 자리에 나란히 누워있는 것을 시기하여 급히 옮기도록 하고, 자신이 죽은 후에 중종과 같은 무덤에 묻힐 계획을 한 것이다. 요사스러운 봉은사(奉恩寺)의 주지 보우(普雨)가 밖에서 인도하고, 안에서는 문정왕후의 뜻을 받들어 을사사화(乙巳士

---

356) 명종(明宗): 조선 13대 왕, 중종과 문정왕후의 아들, 이름 환(峘), 1534~1567.

357) 장경왕후(章敬王后): 조선 11대 왕 중종의 계비, 본관 파평(坡平), 영돈령부사 윤여필(尹汝弼)의 딸, 인종의 어머니, 1491~1515.

禍)358)를 일으킨 친정 동생 윤원형(尹元衡)이 도왔다. 15년 동안 편안히 모신 선왕의 능을 가벼이 옮기려 한다. 하늘에 계신 선왕의 영령이 섭섭하게 여기실 뿐 아니라, 무덤을 깨뜨릴 즈음에 반드시 매우 놀라운 걱정이 있을 것이나, 또 차마 말하지 못할 것이 있다"고 하였다.

결국, 정릉은 1562년(명종 17) 9월 4일에 선릉(宣陵)359)의 왼쪽 언덕에 건좌손향(乾坐巽向)360)으로 천장하였다. 그러나 정릉을 옮긴 이듬해에 순회세자(順懷世子)361)가 승하하였고, 3년이 채 되기 전인 1565년 4월 10일에는 문정왕후가 승하하는 등 큰 변고가 잇따랐다. 결국, 정릉 옆에 정한 문정왕후의 광중에서 돌이 나오는 바람에, 중종 옆에 묻히고 싶은 문정왕후는 뜻을 이루지 못하였다.

정릉의 정자각과 참도

---

358) 을사사화(乙巳士禍): 1545년에 명종이 즉위하면서 명종의 생모인 문정왕후가 동생 윤원형(尹元衡)을 시켜 인종의 어머니인 장경왕후 친정식구인 윤임(尹任) 등의 대윤(大尹)을 숙청하는 사건.

359) 선릉(宣陵): 조선 9대 왕 성종과 계비 정현왕후의 능.

360) 건좌손향(乾坐巽向): 21시 방향에서 09시 방향을 바라보는 방위.

361) 순회세자(順懷世子): 조선 13대 왕 명종과 인순왕후(仁順王后)의 아들, 이름 부(暊), 1551~1563.

선조(宣祖)[362) 때에 "정릉을 다시 정한 뒤에는 그곳의 지형에 대해서 밖에 있는 사람들은 잘 알 수 없었습니다. 다만 때때로 강물이 불어나면 홍살문까지 침수되어, 제물을 수송하느라 작은 배로 정자각까지 왕래한 경우가 많았으므로, 여러 사람의 의논이 매양 미안하다고 해온 지 오래입니다. 또 문정왕후가 승하하셨을 때에 명종께서 '능을 옮긴 이후로 국가에 길한 일이 없었다'고 하셨습니다. 근자에 일어난 침통한 화가 이처럼 망극하니, 여러 사람의 마음이 편안하지 않음이 더욱 심합니다"라고 대신들이 말하면서, 정릉을 원래 자리로 다시 옮길 것을 요청하였다. 1592년 임진왜란 때에 왜군들이 능을 파헤치고, 광중에 불을 지르는 일이 발생하였기 때문이었다. 그러나 재 천장은 끝내 이루어지지 않았다.

조선시대 27명의 왕과 왕비의 능 중에서, 중종과 그 왕비의 능이 총 4기로 가장 많다. 중종의 무덤과 왕후로 책봉된 3명의 왕비 무덤이 각기 다른 장소에 조성되었기 때문이다. 중종의 무덤인 정릉, 단경왕후(端敬王后)[363)의 무덤인 온릉(溫陵), 장경왕후의 무덤인 희릉, 문정왕후의 무덤인 태릉(泰陵) 등이다.

---

362) 선조(宣祖): 조선 14대 왕, 중종과 창빈안씨의 아들인 덕흥대원군의 셋째 아들, 이름 공(昖), 1552~1608.
363) 단경왕후(端敬王后): 조선 11대 왕 중종의 비, 본관 거창(居昌), 신수근(愼守勤)의 딸, 1487~1557.

16. 온릉(溫陵)

온릉(단경왕후)

중종(中宗)[364] 비 단경왕후(端敬王后)는 1487년(성종 18) 1월 14일
에 좌의정을 지낸 신수근(愼守勤)과 청원부부인 한씨(韓氏)의 딸로 태
어났다. 단경왕후 신씨는 1499년(연산군 5년)에 성종(成宗)[365]과 정현
왕후(貞顯王后)[366]의 아들인 진성대군(晉城大君)[367]과 결혼하였다.

1506년(연산군 12) 9월 2일 지중추부사 박원종(朴元宗), 부사용 성
희안(成希顔), 이조판서 유순정(柳順汀)이 주동이 된 중종반정이 일어

---

364) 중종(中宗): 조선 11대 왕, 성종과 정현왕후의 아들, 이름 역(懌), 1488~1544.

365) 성종(成宗): 조선 9대 왕, 의경세자와 한씨의 둘째 아들, 이름 혈(娎), 1457~1494.

366) 정현왕후(貞顯王后): 조선 9대 왕 성종의 계비, 조선 10대 왕 중종의 어머니, 본관 파평(坡平),
　　윤호(尹壕)의 딸, 1462~1530.

367) 진성대군(晉城大君): 조선 11대 왕 중종, 성종과 정현왕후의 아들, 이름 역(懌), 1488~1544.

났다. 박원종 등이 연산군(燕山君)368)의 처남이며 진성대군의 장인인 신수근에게, "매부를 폐하고, 사위를 세우면 어쩌겠는가?"라고 물으니, 신수근이 "왕이 바야흐로 피똥을 싸는 병을 앓고 있으니, 어찌 오래갈 수 있겠는가"라고 대답하였다. 이 말은 곧 따르지 않겠다는 뜻이었다.

이들은 먼저 구수영(具壽永)·운산군(雲山君)·덕진군(德津君)을 진성대군의 집에 보내어, 거사한 사유를 아뢴 다음 군사를 거느리고 호위하게 하였다. 또 윤형로(尹衡老)를 경복궁에 보내어 정현왕후께 계획을 아뢰게 한 다음, 드디어 용사(勇士)를 신수근(愼守勤)·신수영(愼守英)·임사홍(任士洪) 등의 집에 나누어 보내, 위에서 부른다고 유인한 다음 죽였다.

날이 밝을 즈음에 경복궁으로 달려가 정현왕후에게 "지금 위에서 임금의 도리를 잃어 정치가 혼란하고, 민생은 도탄에 빠져 고생하며, 나라는 위태롭기가 그지없어, 신 등은 자나 깨나 근심이 되어 어찌할 줄을 모르겠습니다. 진성대군은 대소신료와 백성들의 촉망을 받은 지 이미 오래이므로, 이제 왕으로 추대하여 나라를 맡기고 싶으니, 대비께서 허락하여 주십시오"라고 아뢰었다. 정현왕후가 사양하자, 영의정 유순(柳洵) 등이 다시 아뢰기를 "여러 신하가 계책을 협의하여 진성대군을 이미 왕으로 정하였으니 고칠 수 없습니다"라 하고, 이어 유순정(柳順汀)·강혼(姜渾) 등을 보내어 진성대군을 사저에서 맞아오게 하였다.

진성대군을 경복궁 사정전에 들게 한 후, 좌승지 한순(韓恂)과 내

368) 연산군(燕山君): 조선 10대 왕, 성종과 폐비윤씨의 아들, 이름 융(㦕), 1476~1506.

관 서경생(徐敬生)을 창덕궁으로 보내 왕에게 "인심이 모두 진성대군에게 돌아갔으니 옥새를 내주고 궁궐을 비워 달라"고 하였다. 이때 왕은 "내 죄가 중대하여 이렇게 될 줄 알았다"고 말하고, 옥새를 내주었다. 그날 오후 미시(未時)[369]에 경복궁 근정전에서 정현왕후가 "어리석은 이를 폐하고 밝은 이를 세우는 것은 예나 지금이나 통용되는 의리이다. 그래서 여러 사람의 의견을 따라 진성대군을 왕으로 삼고, 전왕은 폐하여 강화도 교동에 안치하게 하노라. 백성의 목숨이 끊어지려다가 다시 이어지고, 종사가 위태롭다가 다시 평안하여지니 국가의 경사스러움이 무엇이 이보다 더 크랴?"라고 교서를 반포하였다.

조선의 11대 왕으로 추대된 중종이 모든 신하와 백성의 하례를 받을 때, 단경왕후도 왕비의 자리에 앉아 하례를 받았다. 그러나 반정의 주동자들과 참여한 자들 모두가 "거사를 할 때, 먼저 신수근을 제거한 것은 큰일을 성취하고자 해서였습니다. 지금 신수근의 친딸이 궁궐 안에 있습니다. 만약 중전으로 삼는다면 인심이 불안해지고, 인심이 불안해지면 나라를 다스리는 데 혼란이 오니, 은정을 끊어 밖으로 내치소서"라고 아뢰었다. 그러자 중종은 "당신들 말이 심히 맞지만, 조강지처(糟糠之妻)를 버릴 수는 없지 않으냐"라고 거절하였지만, 끝내 이들의 힘을 꺾을 수는 없었다. 1506년 9월 9일 초저녁, 중종이 즉위한 지 7일 만에 단경왕후는 궁궐을 나와 하성위 정현조(鄭顯祖) 집으로 거처를 옮겼다.

그 뒤 장경왕후(章敬王后)[370]를 왕비로 간택하였다. 장경왕후가

---

369) 미시(未時): 13:00∼15:00.

370) 장경왕후(章敬王后): 조선 11대 왕 중종의 계비, 본관 파평(坡平), 영돈령부사 윤여필(尹汝弼)

1515년(중종 10)에 인종(仁宗)³⁷¹)을 낳고, 7일 만에 산후병으로 승하하여 중전의 자리가 비게 되었다. 그러자 담양부사 박상(朴祥)과 순창군수 김정(金淨)이 "박원종·유순정·성희안 등이 중종반정을 일으킬 때 이미 신수근을 제거하고는, 왕비가 곧 그 소출이므로 그 아비를 죽였으니 뒷날 후환이 있을까 두려워, 자신을 보전하려는 사사로움을 위하여 중전을 폐위시켜 내보내자는 모의를 꾸몄습니다. 이는 진실로 까닭도 없고, 또 명분도 없는 일입니다. 신씨는 전하께서 즉위하기 전에 이미 아름답게 좋은 배필을 이루었고, 의식을 갖추어서 정현왕후에게 알현하여 고부(姑婦)의 의리가 이미 정해졌었습니다. 전하께서 즉위식을 할 때에는 중전의 자리에서 신하와 백성의 하례를 받으셨으니, 전하에게는 배필이 이미 세워졌습니다. 특히 신씨는 아무런 허물이 없었음에도 전하께서 강한 신하의 제어를 받아, 능히 그 배필을 보전하지 못하셨으니 어찌 마음이 아프지 않겠습니까? 옛말에 이르기를 '빈천할 때에 사귄 벗은 잊어서는 안 되고, 조강지처는 버리지 않는다' 하였는데, 하루아침에 전하께서는 왕위에 오르시고, 신씨는 헌신짝 버리듯 하여 높고 낮음의 처지를 달리하니, 마치 하나는 하늘 위 구름에 오른 듯하고 하나는 깊은 연못 속으로 빠져 들어간 듯합니다. 하물며 정현왕후께서 폐출을 명하지 않았는데도 왕실의 지어미를 경솔히 바꾸었습니다" 하면서 신씨를 다시 중전의 자리로 불러 앉혀야 한다고 아뢰었다.

의 딸, 인종의 어머니, 1491~1515.

371) 인종(仁宗): 조선 12대 왕, 중종과 장경왕후의 아들, 이름 호(岵), 1515~1545.

온릉(단경왕후)

그러나 이 상언은 받아들여지지 않았다. 결국, 단경왕후는 사저에
서 1557년(명종 12) 12월 7일에 승하하였다. 폐출당한 것이 그의 잘
못이 아니었음에도 장례의 절차를 후하게 갖추지 아니하여 많은 사
람이 슬퍼하는 가운데, 친정 조카인 신사원(愼思遠)이 상주가 되어
장사를 지냈다. 장지는 신수근의 무덤에서 비교적 가까운 거리에 있
는 양주군 장흥면 수회동(水回洞) 해좌사향(亥坐巳向)372) 언덕이다.

---

372) 해좌사향(亥坐巳向): 23시 방향에서 11시 방향을 바라보는 방위.

온릉의 주작

　현종(顯宗)373)과 숙종(肅宗)374) 때에 복위문제가 거론되었으나 이루지 못하다가, 영조(英祖)375) 대인 1739년(영조 15) 5월에 시호를 단경왕후라 올리고, 신주를 고쳐 모시고, 능호를 온릉(溫陵)으로 올려 비로소 복위되었다.

　온릉은 한북정맥 한강봉에서 분기된 산줄기가 챌봉을 지나 일영봉을 만든 다음, 작은 봉우리를 일으켜 세워 온릉으로 맥(脈)을 연결해 주었다. 홍살문에서 능을 바라보면 더없이 아름답고 편안해 보이고, 청룡은 주작(朱雀)까지 연결되어 능을 잘 감싸주고 있다. 살아서 남편으로부터 보호를 받아보지 못한 한을 죽어서야 이룬 분위기다.

---

373) 현종(顯宗): 조선 18대 왕, 효종과 인선왕후(仁宣王后)의 아들, 이름 연(棩), 1641~1674.

374) 숙종(肅宗): 조선 19대 왕, 현종과 명성왕후(明聖王后)의 아들, 이름 순(焞), 1661~1720.

375) 영조(英祖): 조선 21대 왕, 숙종과 숙빈최씨의 아들, 이름 금(昑), 1694~1776.

그러나 주작 뒤에서는 흉한 산 3개가 넘겨다보고 있는데 풍수에서는 이러한 산을 도적봉(窺峰)이라 한다. 오싹한 느낌이 드는 이 봉우리들이 마치 자신을 궁궐에서 내치도록 압박하였던 중종반정의 주동자들로 보일 것이다. 그렇지만 앞에서 이를 잘 막아주는 듬직한 신하(朱雀)가 있으니 그나마 위안이 된다.

17. 희릉(禧陵)

희릉(장경왕후)

중종(中宗)[376]의 계비 장경왕후(章敬王后)[377]는 1491년(성종 22) 7월 6일 호현방(好賢坊)[378] 사저에서 영돈령부사 윤여필(尹汝弼)과 순천부부인 박씨(朴氏)의 딸로 태어났다. 윤씨는 8살 때 어머니를 여의는 바람에 큰 이모인 월산대군(月山大君)[379] 부인인 승평부부인(昇平府夫人)의 손아래서 자랐다. 어머니는 판돈령부사 박중선(朴仲善)의 1남

---

376) 중종(中宗): 조선 11대 왕, 성종과 정현왕후의 아들, 이름 역(懌), 1488~1544.

377) 장경왕후(章敬王后): 조선 11대 왕 중종의 계비, 본관 파평(坡平), 영돈령부사 윤여필(尹汝弼)의 딸, 인종의 어머니, 1491~1515.

378) 호현방(好賢坊): 조선시대 한성부 남부 11방 중의 하나. 고종 때 회현방으로 변경. 현 서울시 중구.

379) 월산대군(月山大君): 의경세자와 수빈 한씨의 큰아들, 훗날 덕종과 소혜왕후의 큰아들, 이름 정(婷), 성종의 형. 1454~1489.

7녀 중 다섯째 딸이고, 월산대군 부인은 큰딸이며, 박원종(朴元宗)은 외삼촌이다.

1506년(연산군 12) 9월 2일 왕을 폐하여 연산군(燕山君)[380]으로 삼고, 진성대군(晉城大君)[381]을 새로운 왕으로 추대한 중종반정이 일어났다. 진성대군의 부인 신씨(愼氏)는 남편의 즉위식에서 왕비의 자리에 앉았었으나, 반정의 주동자들이 새로운 왕을 압박하여 일주일 만에 폐출당하였다. 이즈음 정현왕후(貞顯王后)[382]는 대신들에게 "후비(后妃)의 덕은 얌전하고 착한 것이 제일이다. 지금 중궁을 간택할 때 한갓 용모만을 봐서는 안 된다. 내가 먼저 두세 처녀를 간택하여 후궁에 두었다가 서서히 그 행실을 살핀 다음 배필을 삼도록 하겠다"는 전교를 내렸다.

윤씨는 1506년(중종 1) 가을에 숙의(淑儀)로 간택되어 궁중에 들어갔다가, 1507년(중종 2) 8월 4일에 왕비로 책봉되었다. 중종은 "아! 그대 윤씨는 명문 집안에서 태어나, 일찍이 훌륭한 사람으로 소문이 나 궁중에 뽑혀 들어오니, 덕을 으뜸으로 갖추어 왕비를 삼을 만하고, 한 나라의 어머니가 될 만하도다. 이에 정현왕후의 뜻을 받들어 왕비로 책봉한다"는 교시를 내렸다.

중궁의 주인이 된 윤씨는 1511년(중종 6)에 효혜공주(孝惠公主)[383]를 낳았고, 4년 후인 1515년(중종 10) 2월 25일에 원자(元子)[384]를

---

380) 연산군(燕山君): 조선 10대 왕, 성종과 폐비윤씨의 아들, 이름 융(㦕), 1476~1506.

381) 진성대군(晉城大君): 조선 11대 왕 중종, 성종과 정현왕후의 아들, 이름 역(懌), 1488~1544.

382) 정현왕후(貞顯王后): 조선 9대 왕 성종의 계비, 중종의 어머니, 본관 파평(坡平), 윤호(尹壕)의 딸, 1462~1530.

383) 효혜공주(孝惠公主): 중종과 장경왕후의 딸, 인종의 누나, 김안로의 며느리(김희 부인), 1511~1531.

384) 원자(元子): 조선 12대 왕 인종, 중종과 장경왕후의 아들, 이름 호(岵), 1515~1545.

낳았다. 그러나 윤씨는 원자를 낳은 지 일주일 만인 3월 2일에 경복궁 동궁 별전에서 산후병으로 승하하였다.

중종은 좌의정 정광필(鄭光弼)을 산릉의 일을 총괄하는 총호사로 임명하였다. 총호사는 우의정 김응기(金應箕)·지중추부사 안윤덕(安潤德)·예조참판 성몽정(成夢井)·경기관찰사 임유겸(任由謙) 등과 함께 장지를 살펴본 후, 도면을 그려서 펼쳐 놓고 중종에게 아뢰었다. 장지를 헌릉(獻陵)[385]과 경릉(敬陵)[386] 주변에 있는 땅으로 압축하여 "헌릉 옆은 산세가 장대하나 강을 건너는 불편함이 있고, 경릉 옆은 왕비를 모시기에 마땅하고 작업이 편리하다"고 아뢰었다.

중종은 상지관(相地官)[387] 조윤(趙倫)·황득정(黃得正)·송당(宋瑭)·성담기(成聃紀) 등을 불러, 두 후보지 중에서 쌍분을 조성할 수 있는 곳이 어디인지를 물은 뒤, 헌릉 옆을 장지로 직접 선택하였다.

장지를 한창 조성하던 중에 도승지 손중돈(孫仲暾)이 달려와서, "전에 잡은 자리에 땅을 5척(尺)[388]쯤 파 내려가니 큰 돌이 가로질러 있고, 그 뿌리가 크고 넓어서 끝내 파낼 수가 없었습니다. 그 자리 아래를 정하여 파보니, 이 자리에도 돌덩이가 있기는 하지만 윗자리에 있는 돌처럼 큰 덩어리는 아니었습니다. 아랫자리로 옮겨도 산의 형국이나 좌향(坐向)이 윗자리와 다름이 없고, 청룡(靑龍)과 백호(白虎), 수구(水口) 모두가 다르지 않으니, 그 자리에 장사를 지내는 것도 지당하겠습니다. 다만 이것은 큰일이라 마음대로 하는 것은

---

385) 헌릉(獻陵): 태종과 원경왕후의 능.

386) 경릉(敬陵): 의경세자(추존 덕종)와 소혜왕후의 능.

387) 상지관(相地官): 조선시대에 대궐과 왕릉 자리 등을 살펴 정하는 일을 담당하는 관직.

388) 5척(尺): 약 1.5m

불가하므로 정승들이 신으로 하여금 아뢰게 하였습니다. 어찌하면 되겠습니까?"라고 아뢰었다. 상지관 조윤을 불러서 물으니 "산의 모양이 곧으므로 아래로 옮기더라도 청룡과 백호가 전혀 어그러지지 않고, 좌향도 같은데 수구는 오히려 윗자리보다 좋습니다. 당초 자리를 잡을 때에 모두 아랫자리에 쓰라고 하였는데, 다만 아랫자리를 쓰면 보토(補土)를 할 곳이 있어 위로 옮겨 자리를 잡았습니다" 하니, 전교하기를 "그러면 아랫자리로 옮겨 씀이 가하다" 하였다.

아랫자리에 장지를 건좌손향(乾坐巽向)[389]으로 조성하여 그해 윤4월 4일에 장경왕후를 장사 지내고 능호를 희릉(禧陵)이라 하였다.

국장 기간이 정해졌을 때, 대간이 "제후(諸侯)는 5개월 만에 장사 지냄이 예인데 윤4월 4일은 너무 빠르지 않습니까? 3개월과 5개월 등으로 법제를 정한 것은, 귀천(貴賤)의 차등을 두려고 했을 뿐만 아니라 또한 장사를 준비하는 일의 크고 작음과 더디고 빠름을 위하여 마련한 것입니다. 선비도 오히려 한 달이 넘어서 장사하는데, 하물며 한 나라의 군주이겠습니까? 3월의 훙서하신 날부터 계산하여 윤4월까지는 겨우 두 달이니, 어찌 산릉의 공역을 마칠 수 있겠습니까? 하물며 상사에는 윤달을 계산하지 않음이겠습니까? 청컨대 고치소서"라고 아뢰었다. 전교하기를 "당초 장사 일을 정할 때에 5월 안에는 좋은 날이 없고, 6월에는 비가 와서 진창길이 될 염려가 있으며, 발인하여 지나가는 길에 나루터가 많으니, 물이 넘쳐 길이 막히면 그 폐해가 이루 말할 수 없으므로 윤4월 4일로 정하였다. 큰일에는 그 폐해를 생각하지 않을 수 없는 것이다. 좋은 날이 가까이 있으면,

---

389) 건좌손향(乾坐巽向): 21시 방향에서 09시 방향을 바라보는 방위. 남동향.

꼭 3개월이나 5개월의 제도에 구애할 것이 아니다"라고 하여 본래 정해진 날에 장사를 지냈다.

장경왕후를 장사 지낸 지 22년이 지난 1537년(중종 32) 정광필을 모함하기 위해 김안로(金安老)를 중심으로 한 일파가 "희릉을 조성할 당시에 광중(壙中)390)에 돌이 있었음에도 이를 보고하지 않고, 그 돌을 쪼아내고 가린 뒤 무덤을 조성하였으니, 현재는 광중에 물이 차 있을 가능성이 많다. 그래서 희릉은 이장(移葬)하여야 한다"는 상소문을 올리자 군신(君臣) 간에 논란이 벌어졌다. 중종은 "희릉은 22년여 동안 안온했는데, 광중에 돌이 있다고 의심하여 갑자기 능을 옮긴다면 후대의 사람들이 뭐라 하겠는가? 일반 사람들도 장사하는 일은 신중하게 하는 법인데, 하물며 왕비의 무덤을 쉽게 옮길 수 있겠는가? 그때의 일은 내가 이미 알고 있다. 희릉은 바로 내가 결정한 자리다"라며, 이장을 반대하였다.

그러나 정적을 제거하기 위한 김안로 일파의 집요한 상언으로, 결국은 중종이 1537년(중종 32) 4월 25일에 "앞서 대신들이 아뢰기에 나 역시 온당치 않게 여겼으나, 다만 길흉에 구애되어 20여 년이나 된 능을 갑자기 옮기는 것은 합당하지 못한 듯싶었다. 그러나 뭇 사람들의 의심이 이러하니 능을 옮기겠다"고 천장을 결정하였다.

이때 관상감(觀象監)391)에서는 희릉의 돌 논쟁과 관련된 말을 풍수서에서 찾아 정리하여 보고하였는데, 내용은 다음과 같다.

곽박(郭璞)의 『금낭경(錦囊經)』에는 "장사할 수 없는 산은, 오기(五氣)는 흙을 따라다니는 것이므로 돌산에는 장사할 수 없다", 또 "잇

---

390) 광중(壙中): 시신을 모시는 구덩이 또는 구덩이 속.
391) 관상감(觀象監): 조선 시대에 천문, 지리학, 역수, 기후 관측, 각루 등의 사무를 맡아보는 관청.

닿는 돌이나 끊어진 돌이 지나갈 때는 새로 흉한 일이 생기며, 이미 있던 복도 없어진다” 하였다.

범월봉(范越鳳)의 『동림조담(洞林照膽)』 심세편(審勢篇) 육험측(六險側)에는 “내애석(內崖石)이 있는 데에는 혈을 설치할 수 없는 것이다”고 하였고, 또 개지편(開地篇)에는 “부수어진 돌과 검은 돌은 질병을 주관하는 법이어서 고향을 떠나가 객사(客死)한다”고 하였으며, 흉기편(凶忌篇)에는 “모든 무덤 자리는 비록 형세가 아름답더라도 십흉(十凶)이 끼이면 쓸 수 없다”고 하였다. 또 『입식가(入式歌)』에는 “광(壙)을 만들다가 청흑석(靑黑石)이 나오면 흉한 일을 만나고 길한 일을 만나는 때가 적은 줄 알라” 하였다.

채성우(蔡成禹)의 『지리문정(地理門庭)』에는 “혈안에 검은 돌이 있으면 흉할 것이다”고 하였다.

희릉(장경왕후)

결국, 희릉은 서울시 서초구 내곡동 헌릉 오른쪽에서 경기도 고양
시 덕양구 원당동으로 1537년(중종 32) 9월 6일 이장하였다. 그 후
에 효릉(孝陵)과 예릉(睿陵)이 조성되었는데, 현재 서삼릉이라 불리
는 곳이다. 좌향은 간좌곤향(艮坐坤向)[392]이다.

희릉을 서삼릉으로 옮긴 지 50여 일 후인 1537년(중종 32) 10월
27일에 김안로는 사사되었다. 당시에 중종이 "김안로에게는 차마 중
벌을 가하지 못하겠는데, 대신들이 모두 죽여야 한다고 한다. 이제
여러 대신과 의논을 하여보니, 만약 중형으로 다스리지 않으면 많은
사람이 아주 싫어할 것 같아서, 부득이하게 많은 사람의 의견을 억
지로 따르니 사사하라"고 정원에 전교하였다.

희릉(장경왕후)

392) 간좌곤향(艮坐坤向): 03시 방향에서 15시 방향을 바라보는 방위. 남서향.

1544년 11월 15일 중종이 승하하자 희릉의 오른쪽 언덕에 장사를
지내고 능호를 정릉(靖陵)이라 고쳤으나, 문정왕후(文定王后)[393]의 모
사로 중종의 무덤이 1562년(명종 17)에 선릉(宣陵)[394]의 옆으로 옮
겨지게 되어 장경왕후의 무덤은 다시 희릉으로 정해졌다.

---

393) 문정왕후(文定王后): 조선 11대 왕 중종의 계비, 명종의 어머니, 본관 파평(坡平), 윤지임(尹之
任)의 딸, 1501~1565.
394) 선릉(宣陵): 조선 9대 왕 성종과 정현왕후의 능. 중종의 부모 능.

18. 태릉(泰陵)

태릉(문정왕후)

문정왕후(文定王后)[395]는 1501년(연산 7) 10월 22일 영돈령부사 파산부원군 윤지임(尹之任)과 전성부부인 전의이씨(全義李氏)의 딸로 태어났다. 1515년(중종 10)에 장경왕후(章敬王后)[396]가 승하하여 중전의 자리가 비었었는데, 중종(中宗)[397]은 1517년(중종 12) 7월 19일에 태평관에 나가 새로운 왕비를 친히 맞이하였다. 그 왕비가 장경왕후의 친정 9촌 조카 문정왕후다.

---

395) 문정왕후(文定王后): 조선 11대 왕 중종의 계비, 명종의 어머니, 본관 파평(坡平), 윤지임(尹之任)의 딸, 1501~1565.

396) 장경왕후(章敬王后): 조선 11대 왕 중종의 계비, 본관 파평(坡平), 영돈령부사 윤여필(尹汝弼)의 딸, 인종의 어머니, 1491~1515.

397) 중종(中宗): 조선 11대 왕, 성종과 정현왕후의 아들, 이름 역(懌), 1488~1544.

문정왕후는 글은 알았으나 천성이 강하고 모질었다. 인종(仁宗)[398]이 세자로 있을 때 문정왕후가 세자를 꺼리자, 친정 동생인 윤원로(尹元老)와 윤원형(尹元衡)의 무리가 장경왕후의 동생인 윤임(尹任)과 사이가 나빠졌다. 급기야는 대윤(大尹)과 소윤(小尹)으로 나뉘게 되었다.

인종이 즉위한 지 7개월여 만에 승하하자, 12살인 명종(明宗)[399]이 왕위에 올랐다. 명종의 생모인 문정왕후의 수렴청정(垂簾聽政)[400]이 시작되었다. 문정왕후의 성격이 강하고 독하여 반드시 나라를 해칠 것이 염려되어, 국정에 관여를 못 하도록 하고 싶었지만, 그때의 상황이 대신들로서도 어쩔 수가 없었다. 결국, 우려한 바와 같이 큰 화를 부르고야 말았다.

인종을 추종한 사람들은 모두 역적으로 지목하였다. 마침내 사림(士林)을 짓밟고 으깨어 거의 다 쳐 죽이기에 이르렀다. 문정왕후의 권력을 등에 업은 윤원형의 일파는 명종의 입지를 확고히 해야 한다는 명분 아래 1545년에 을사사화(乙巳士禍)를 일으켜, 영의정 유관(柳灌)·형조판서 윤임·이조판서 유인숙(柳仁淑) 등을 제거하였다. 결국, 장경왕후의 친정 동생인 윤임을 위시한 대윤들을 대대적으로 숙청해 버린 정란을 일으킨 것이다.

문정왕후 사후에 부제학 김귀영(金貴榮)으로 하여금 행장(行狀)[401]을 짓게 하였는데, 윤원형이 그 행장을 읽어보고는 발끈 화를 내면

---

398) 인종(仁宗): 조선 12대 왕, 중종과 장경왕후의 아들, 이름 호(岵), 1515~1545.

399) 명종(明宗): 조선 13대 왕, 중종과 문정왕후의 아들, 이름 환(峘), 1534~1567.

400) 수렴청정(垂簾聽政): 나이 어린 임금이 즉위했을 때 왕대비나 대왕대비가 그를 도와 국사를 돌보는 일. 문정왕후의 수렴청정 기간 1545.7~1553.7.

401) 행장(行狀): 죽은 이의 생전의 언행을 기록한 글.

서 대제학 홍섬(洪暹) 및 김귀영에게 "이 행장에 문정왕후의 을사정난에 대한 일을 서술함에 있어 말뜻이 모두 상세하지 않고 간략하게 기록하고 있으니, 이는 무슨 의도인가? 제공들이 을사년의 일을 의심하는 것이다"라고 하였다. 두 사람 모두 얼굴을 붉히면서 머리를 숙이고 어찌할 바를 몰라 했다. 그의 표독함이 이 정도였다. 훗날 이 일을 기록하는 사신들이 "윤원형이 이때 이미 그 오른쪽 날개를 잃어버렸는데도 그 독사 같은 성질이 아직도 죽지 않았다. 어찌 한심하지 않겠는가"라고 논하고 있을 정도다.

또 문정왕후 자신이 아들을 왕으로 만들었다는 공이 있다고 하여, 명종에게 "너는 내가 아니면 어떻게 이 자리를 소유할 수 있었겠느냐?"라고 공공연히 말을 하였고, 조금만 마음에 들지 않으면 꾸짖고 호통을 쳐서, 마치 민가의 어머니가 어린 아들을 대하듯 하였다. 명종은 천성이 지극히 효성스러워서 어김없이 받들었으나, 때로는 뒤뜰 외진 곳에서 눈물을 흘렸고, 어느 때는 목 놓아 울기까지 하였다고 한다. 명종은 끝내 화병을 얻고야 말았다.

명종이 정원에 써준 글에 "문정왕후는 타고난 자질이 슬기롭고 총명하고 지닌 도량이 강하고 곧으며, 학문을 두루 닦으셨다. 정조와 풍기의 법도가 있고, 여자이지만 엄하여 비록 1품의 부마(駙馬)402)라도 거슬리는 행동을 하여 죄를 지으면, 가차 없이 문밖으로 내치시니, 사람들이 모두 복종하였다"고 적고 있다.

1562년(명종 17)에는 중종과 나란히 묻혀있는 장경왕후를 시기하고, 사후에 중종의 옆에 묻히고 싶은 문정왕후의 계략으로 중종의

---

402) 부마(駙馬): 임금의 사위. 공주의 남편.

무덤을 선릉(宣陵)403) 옆으로 억지로 이장하였다. 중종의 무덤을 이장한 이듬해 9월에 순회세자(順懷世子)404)가 갑자기 승하하자 사람들은 이장을 잘못한 결과라고 여겼다. 이장을 밖에서 도왔던 봉은사(奉恩寺) 주지 보우(普雨) 또한 문정왕후를 배후로 설치다가 급기야는 승직을 삭탈당하고, 제주도로 유배되었다가 끝내는 사사되기에 이르렀다.

문정왕후와 아우 윤원형에 대해 사신들이 "슬프다! 윤임 같은 사람은 소윤에게 미움을 당한 지 오래되었으므로 무지한 무인으로서, 혹 스스로 불안한 마음은 있었지만 반역을 도모한 일은 없었다. 유관 같은 사람은 본디 청렴하고 정직하여 왕실에 충성을 다하였는데 또한 무슨 죄인가? 대개 문정왕후가 이전에 감정이 쌓이면 뒤에 화를 얽어 죄를 만들었는데, 이기(李芑)의 무리가 또 따라서 이를 도왔다. 그런 일이 10여 년이 넘도록 오랫동안 그치지 않더니, 마침내는 사림을 짓밟고 으깨어 거의 다 쳐 죽이기에 이르렀다. 이를 말하자니 슬퍼할 만한 일이다. 불사(佛事)를 숭봉함에도 끝이 없어서 내외의 창고가 모두 고갈되었고, 뇌물을 공공연히 주고받고 백성의 전지를 마구 빼앗았다. 그의 아우 윤원형과 결탁하여 안과 밖에서 권력을 남용하니, 20년 사이에 조정의 정사가 혼탁하고 어지럽혀져서 염치가 땅을 쓸어낸 듯 없어지며, 백성들이 궁핍하고 왕위를 이어갈 후사 또한 없어졌으니, 나라가 망하지 않은 것이 그나마 다행일 뿐이다"고 평하고 있다.

심지어는 "암탉이 새벽에 우는 것은 집안의 다함이다"라는 『서경

---

403) 선릉(宣陵): 조선 9대 왕 성종과 정현왕후의 능. 중종의 부모 무덤.
404) 순회세자(順懷世子): 조선 13대 왕 명종과 인순왕후의 아들, 이름 부(暊), 1551~1563.

태릉의 주산

(書經)』 목서편에 나오는 문장이 바로 문정왕후를 두고 하는 말이라
고 덧붙여 기록하고 있을 정도이다.

　권력을 손에 쥐고 끝까지 놓지 않을 것 같은 문정왕후가 1565년
(명종 20) 4월 6일 사시(巳時)405)에 창덕궁 소덕당에서 승하하였다.

　중종의 무덤 옆을 장지(葬地)로 정하여 땅을 파보니 바닥에 큰 돌
이 박혀있어, 그곳에 장사를 지낼 수 없게 되었다. 그러자 명종은
"무덤 자리를 정하는 일은 매우 중대하니 참으로 자세히 살펴야 한
다. 정릉(靖陵)406)은 한강이 보이고, 봉은사 또한 너무 가까워 내 마
음에 들지 않는다. 이곳으로 중종의 무덤을 옮긴 뒤 나라에 좋은 일

---

405) 사시(巳時): 09:00~11:00.
406) 정릉(靖陵): 조선 11대 왕 중종의 능.

이 없었고, 3년도 채 되기 전에 큰일이 두 번이나 있었으니, 다른 곳에서 장지를 찾아보도록 하라"고 지시하였다.

이 일을 두고 사람들은 "문정왕후가 정릉을 옮긴 것은 실로 자신이 죽은 뒤에 같은 무덤에 묻히려는 계책을 한 것이었는데, 그 뒤에 흉한 일이 잇달아 일어나니 사람들이 모두 이장을 한 보응이라 하였고, 명종도 또한 그렇게 여겼다. 이때 와서 같은 무덤에 묻히려는 계책은 마침내 이루어지지 못하였으니, 어찌 하늘의 뜻이 아니겠는가. 통탄할 일은 20년 동안 편안히 모셔진 정릉의 혼을 까닭 없이 이장하여, 어버이 곁에 장사 지내기를 원한 인종(仁宗)[407]의 뜻을 마침내 허사로 돌아가게 한 것이다. 삼가 생각건대 중종과 인종이 무덤 속에서 몰래 슬퍼하고 눈물을 흘릴 것이니, 문정왕후의 죄가 이에 이르러 극도에 달하였다"고 말하였다.

영의정 윤원형 등이 서울 노원구 공릉동에 있는 전 판목사 김사청(金士淸)의 무덤과 장단(長湍)에 있는 김영렬(金英烈)의 무덤 자리를 장지로 추천하였다. 후사가 끊긴 명종은 후손이 번창한 김사청의 무덤 자리를 장지로 선택하였다.

같은 해 7월 15일에 문정왕후를 이곳에 임좌병향(壬坐丙向)[408]으로 장사 지내고, 능호를 신정릉(新靖陵)이라 하였다가 후에 태릉(泰陵)이라 고쳐 불렀다. 이 자리는 1445년도에 세종과 혜빈양씨(惠嬪楊氏)의 아들인 수춘군 이현(李玹)을 장사 지내려 했으나, 단종 임금이 김사청 후손들의 상소를 받아들여 수춘군의 후손들이 뜻을 이루지 못하였던 곳이다.

---

407) 인종(仁宗): 조선 12대 왕, 중종과 장경왕후의 아들, 이름 호(岵), 1515~1545.
408) 임좌병향(壬坐丙向): 23시 방향에서 11시 방향을 바라보는 방위.

태릉(문정왕후)

태릉은 내룡(來龍)이 규칙적이면서 절도있게 변화를 하는 진룡(進龍)으로 청룡(靑龍)은 겹겹이 감싸고, 혈장(穴場)은 토질이 밝고 단단하여 기운이 강하게 느껴지는 곳이다. 이런 곳에는 성정이 강한 사람이나 무인(武人)이 묻힐 수 있는 땅인데, 바로 문정왕후가 차지하였다. 주변에 있는 국가대표 선수들의 훈련장인 태릉선수촌, 육군사관학교, 그리고 몇 개의 대학교가 이를 입증하고 있다.

19. 효릉(孝陵)

효릉(인종과 인성왕후)

효릉(孝陵)은 경기도 고양시 덕양구 원당동 서삼릉(西三陵) 내에
자리한 인종(仁宗)[409]과 인성왕후(仁聖王后)[410]의 능이다. 중종(中
宗)[411]의 계비 장경왕후(章敬王后)[412]의 희릉(禧陵)을 1537년(중종 32)
에 서울 서초구 내곡동에서 이곳으로 이장하면서 처음 자리를 잡게 된
후, 1545년에는 인종의 능인 효릉이, 1863년에는 철종(哲宗)[413]의 능

---

409) 인종(仁宗): 조선 12대 왕, 중종과 장경왕후의 아들, 이름 호(峼), 1515~1545.

410) 인성왕후(仁聖王后): 조선 12대 왕 인종의 비, 본관 반남(潘南), 지중추부사 박용(朴墉)의 딸,
1514~1577.

411) 중종(中宗): 조선 11대 왕, 성종과 정현왕후의 아들, 이름 역(懌), 1488~1544.

412) 장경왕후(章敬王后): 조선 11대 왕 중종의 계비, 본관 파평(坡平), 영돈령부사 윤여필(尹汝弼)
의 딸, 인종의 어머니, 1491~1515.

413) 철종(哲宗): 조선 25대 왕, 사도세자의 증손, 이름 변(昪), 1831~1863.

인 예릉(睿陵)이 조성되어 서삼릉으로 불리게 되었다.

효릉의 주인인 인종은 중종과 장경왕후 사이에서 1515년(중종 10) 2월 25일에 경복궁에서 태어났다. 1520년(중종 15) 4월 22일에 왕세자로 책봉되었다가, 1544년 11월 20일 창경궁에서 즉위하였다. 즉위 7개월 남짓인 1545년 7월 1일 묘시(卯時)[414]에 경복궁 청연루(淸讌樓)에서 승하하였다.

인종은 동궁에 있을 때부터 언제나 몸가짐에 흐트러짐이 없이 바른 자세로만 앉아 공부에 열중하였고, 언행은 때에 맞게 하였으니 사람들이 그 한계를 헤아릴 수가 없었다. 왕위에 오른 뒤로는 업무를 처리하고 보답하는 데 이치에 맞지 않은 것이 없었고, 때때로 상소문에 대해 직접 글로써 답변하되 말과 뜻이 다 극진하므로 보는 사람이 누구나 탄복하였다. 그러던 임금이 때때로 눕기도 하고 앉기도 하니, 그제야 병환이 심상치 않음을 신하들이 비로소 눈치챘다. 임금이 위독하던 밤에는 도성 사람들이 모여서 밤새도록 자지 않고, 대궐에서 나오는 사람이 있으면 임금의 병환이 어떠한가 물었다. 승하하던 날에는 길에서 누구나 다 곡하여 울며 슬퍼하는 것이 마치 제 부모를 잃은 것과 같았다고 한다.

인종이 승하하기 직전에 인성왕후에게 "내가 우연히 이 병을 얻어서 부왕께 끝까지 효도하지 못하게 되었으니, 망극한 심정을 어떻게 죄다 말할 수 있겠는가. 산릉(山陵)은 백성의 폐해를 덜도록 힘쓰고, 반드시 부왕과 모후(母后) 두 능의 근처에서 찾아야 한다.[415] 장례와 관련된 모든 일은 되도록 소박하게 하고, 그 절차도 일체 규정

---

414) 묘시(卯時): 07:00~09:00.
415) 당시에 서삼릉에는 중종과 장경왕후의 능이 같이 있었는데, 능호는 정릉(靖陵)이었다.

에 따라야 한다. 내가 죽었다고 생각하지 말고, 말할 일이 있거든 반드시 대신들과 의논하여 일체 그 말을 따라야 한다. 동궁(東宮)[416]에 있을 때부터 오랫동안 지내왔던 사부(師傅)와 신하도 많이 있으니, 어찌 내 뜻을 아는 사람이 없겠는가. 나를 떠나보내는 모든 일에 절대로 사치하지 말도록 하라"는 유교를 남겼다. 이어서 인성왕후가 "나도 어찌 오래 살 수 있겠는가. 위급하게 되면 어느 겨를에 처리할 일을 알리겠는가. 인종의 장지를 정한 뒤에, 그 같은 언덕에 나를 묻을 곳도 아울러 정하는 것이 내 지극한 바람이다. 인종을 장사 지내려고 정한 혈(穴)[417] 자리가 길면 상하로 만들어야 할 것이고, 좁다면 합장을 하는 것도 무방하다"고 하였다.

문정왕후(文定王后)[418]가 "인종의 유교가 저러하니, 산릉을 정할 때에는 정릉(靖陵)[419] 근처에서 먼저 살펴야 하겠다"라고 대신들에게 지시하였다. 총호사 좌의정 유관(柳灌)이 장지를 살피고 돌아와 "정릉의 백호 너머에 산이 있는데, 형세는 크지 않으나 둘러싼 형상이 매우 아름다웠으므로 인종의 유교에 의하여 이곳을 택하고, 다른 곳은 찾아보지 않았습니다"라고 보고하였다. 3일 후에 영의정 윤인경(尹仁鏡) 등이 그 자리를 다시 살피고 돌아와 "청룡은 겹으로 백호는 세 겹으로 둘러싸여 있고, 청룡이 감싸 돌아 안대(案帶)[420]가 되었으며, 수구(水口)가

---

416) 동궁(東宮): 세자궁(世子宮)을 달리 부르던 말. 세자가 거처하는 궁은 동쪽에 배치하였는데 여기에서 유래한 말.

417) 혈(穴): 집터나 무덤이 위치하는 지점. 혈거식(穴居式)에서 유래한 풍수 용어.

418) 문정왕후(文定王后): 조선 11대 왕 중종의 계비, 명종의 어머니, 본관 파평(坡平), 윤지임(尹之任)의 딸, 1501~1565.

419) 정릉(靖陵): 서삼릉 내에 있었던 중종과 장경왕후의 능을 말하는데, 현재는 장경왕후의 능만 남아 있다.

420) 안대(案帶): 집터나 무덤의 정면에 있는 언덕이나 산의 일정 지점.

효릉의 용호와 주작

막혔고, 혈의 모양이 분명하여 길하고 흉함이 없는 것이 정릉의 형세
와 똑같았습니다. 다른 곳에는 이와 같은 데가 없사오니 이곳으로 정
하실 것을 취품합니다'라고 보고하여, 그곳이 장지로 결정되었다.

한편 장례일정을 두고 윤인경 등이 "다섯 달 만에 장례를 행하는
것이 예에 당연하나, 신들이 감히 넉 달 안으로 앞당겨 정한 것 역시
심사숙고하지 않은 것이 아닙니다. 올해는 절후가 너무 일러서 한겨
울에 이르면 필연코 몹시 추워 땅이 얼 것인데, 12월 10일 이전에는
도무지 장례를 지낼 만한 날이 없습니다. 만일 다른 날로 물려 정하
여 점점 혹한에 이르게 되면 산릉(山陵)의 역사가 뜻대로 되지 않아
서, 국장(國葬)에 후회를 남길까 두려웠기 때문에 부득이 10월 27일

로 앞당겨 정하였던 것입니다. 지금 와서 이를 고친다면 사세가 몹시 어렵게 될 것입니다"라고 고하였다. 또 우의정 이기(李芑)가 "산릉의 역사는 이미 끝나가는데, 장사 지낼 기일은 아직 멀었기 때문에 역사를 정지하였습니다. 비록 10월 27일에 장사를 지내더라도 5개월이 되지 않기는 매한가지니, 신의 생각에는 전에 택일한 10월 15일에 장사 지내어 땅이 얼기 전에 역사를 끝마치고, 일찍 군인들을 돌려보내는 것이 타당할 것 같습니다"라 말하니, 장례일이 10월 15일로 당겨졌다. 이 일을 사신은 "이기가 발인 날짜를 앞당겨 정하자고 청하였으니, 그가 서둘러 장사 지내려 한 죄와 임금을 업신여긴 죄악은 하늘과 땅이 다 아는 바다"라고 논하고 있다.

효릉(인종과 인성왕후)

장사를 서둘러 지내려고 한 일과 "초하룻날 밤 기절하였다가 되살아났을 때에 정렴이 들어가 진맥하려는데, 궁인이 왕의 손을 잡아당겼다. 왕은 이미 말은 못하게 되었으나, 마음속에는 매우 싫어하는 듯이 손을 움츠리고 내놓지 않았다. 윤임(尹任)이 곁에 있다가 그 뜻을 알고서 궁인을 뿌리쳐 보내고 나아가 손을 잡아당기니, 정렴이 그제야 진찰하였다"는 기록, 문정왕후가 명종에게 "너는 내가 아니면 어떻게 이 자리를 소유할 수 있었겠느냐?"라고 공공연히 말을 하였다는 기록 등이 인종의 갑작스러운 죽음에 의구심을 갖게 하는 대목이다.

부모 곁에 묻히고 싶어 하던 인종은, 어머니 무덤의 백호능선이 뻗어나가다가 만들어 놓은 간좌곤향(艮坐坤向)[421]의 언덕에 1545년 10월 15일에 잠들었다.

선조(宣祖)[422] 때인 1578년(선조 11) 10월 1일에 효릉을 수리하였는데, 봉분이 무너진 원인을 "당시에 여러 간신이 인종이 해를 넘기지 못한 임금이라고 하여 상례를 감쇄하였고, 산릉의 공역마저 신중을 기하지 않은 부분이 많았다"고 기록하고 있다.

1577년(선조 10년) 11월 29일 신시(申時)[423]에 인성왕후(仁聖王后)가 승하하자, 이듬해 2월 15일에 인종의 옆에 장사를 지냈다. 인성왕후는 금성부원군 박용(朴墉)과 문소부부인 의성김씨(義城金氏)의 딸로 1514년 10월 1일 태어나, 1524년(중종 19) 3월 6일에 세자빈에 책봉되었다. 인종이 조선 12대 왕으로 즉위함과 동시에 왕비에 책봉되었다.

---

421) 간좌곤향(艮坐坤向): 03시 방향에서 15시 방향을 바라보는 방위. 남서향.
422) 선조(宣祖): 조선 14대 왕, 중종과 창빈안씨의 아들인 덕흥대원군의 셋째 아들, 이름 공(昖), 1552~1608.
423) 신시(申時): 15:00~17:00.

인성왕후를 장사 지낼 때는 효릉의 주변 환경이 변해 있었다. 남편을 장사 지낼 때는 시아버지 중종과 시어머니 장경왕후의 능이 나란히 있었지만, 현재는 시어머니 능만 남아 있다. 중종과 장경왕후가 나란히 묻혀있는 것을 시기하고 질투한 문정왕후가 1562년(명종 17)에 중종의 무덤을 선릉(宣陵)[424] 옆으로 옮겨버렸기 때문이다. 효성이 지극한 인종이 그토록 염원하던 부모 곁에 함께 묻히고 싶었던 뜻을 이룬 지 14년 만에 문정왕후가 깨뜨리고 말았다. 계모인 문정왕후에게 효성을 다하여 극진히 모신 결과로는 너무 억울할 일이다.

효릉은 서삼릉에 있는 3기의 능 가운데 유일하게 제한공개 능이다. 도로변 가까이에 있는 옛날 연지(蓮池) 터를 지나 능으로 걸어가다 보면, 홍살문까지 물기가 많아 질척거리는 길을 걷게 된다. 이토록 많은 물기가 인종이 부왕과 멀리 떨어지게 된 이후부터 흘린 눈물처럼 여겨진다.

낮은 구릉 위에 조성된 효릉은, 희릉에서 나온 산줄기가 끊어질 듯 이어질 듯 흘러오다가, 인공적으로 쌓아 만든 것처럼 보이는 작은 언덕을 겨우 만들었다. 이 작은 언덕에서 나뉜 내룡(來龍)이 능침까지 연결되어 있고, 다른 두 산줄기는 능침을 감싸 보호하는 청룡과 백호가 되었다. 청룡은 길게 뻗어나가 능을 감싸 돌면서, 앞에서는 밥상처럼 평평한 모양을 이루었다. 마치 인종의 슬픈 모습을 밖에 있는 사람들이 보지 못하게 가려주려는 것처럼 말이다.

---

424) 선릉(宣陵): 조선 9대 왕 성종과 계비 정현왕후의 능.

20. 강릉(康陵)

강릉(명종과 인순왕후)

강릉(康陵)은 조선 13대 왕 명종(明宗)[425)과 인순왕후 심씨(仁順王后 沈氏)[426)의 능이다. 명종은 중종(中宗)[427)과 제2계비 문정왕후 윤씨(文定王后 尹氏)[428) 사이에서 1534년(중종 29) 5월 22일에 태어났다. 이름은 이환(李峘)이며, 1539년(중종 34) 12월 21일에 경원대군(慶原大君)에 봉해졌다. 이복형인 인종(仁宗)[429)이 즉위한 지 7개월여

---

425) 명종(明宗): 조선 13대 왕, 중종과 문정왕후의 아들, 이름 환(峘), 1534∼1567.
426) 인순왕후 심씨(仁順王后 沈氏): 조선 13대 왕 명종의 비, 본관 청송(靑松), 청릉부원군 심강(沈鋼)과 전주이씨의 딸, 1532∼1575.
427) 중종(中宗): 조선 11대 왕, 성종과 정현왕후의 아들, 이름 역(懌), 1488∼1544.
428) 문정왕후(文定王后): 조선 11대 왕 중종의 계비, 명종의 어머니, 본관 파평(坡平), 윤지임(尹之任)의 딸, 1501∼1565.
429) 인종(仁宗): 조선 12대 왕, 중종과 장경왕후의 아들, 이름 호(岵), 1515∼1545.

만인 1545년 7월 1일에 갑자기 승하하자, 7월 6일 경복궁 근정전에서 즉위하였다.

당시에 명종의 나이 12살이니, 생모인 문정왕후가 수렴청정(垂簾聽政)[430]을 하였다. 문정왕후는 동생 윤원형(尹元衡)과 함께 중종의 제1계비였던 장경왕후 윤씨(章敬王后 尹氏)[431] 형제를 중심으로 한 대윤(大尹)으로 칭하여지던 사람들을 제거하는 을사사화(乙巳士禍)를 일으켰다. 장경왕후는 문정왕후의 친정으로 9촌 고모가 되는 가까운 일가 사이다. 그러나 명종은 나이가 어리니 외가에 의해 정치가 좌우되는 것을 지켜볼 수밖에 없었다. 뭇 간인들이 득세하고, 선량한 많은 신하가 귀양 가거나 살해되었으므로 왕의 형세는 외롭고 위태로웠다.

문정왕후는 중종의 무덤인 정릉(靖陵)을 성종(成宗)[432]의 무덤인 선릉(宣陵) 왼쪽 능선으로 1562년(명종 17) 9월 4일에 천장을 강행하기에까지 이른다. 목적은 중종과 장경왕후가 나란히 누워있는 것을 시기 질투하고, 자신이 사후에 중종의 옆자리를 차지하기 위한 계략이었다. 결국, 정릉을 옮기고 난 이듬해인 1563년(명종 18) 9월 20일에 순회세자(順懷世子)[433]가 승하하였고, 1565년(명종 20) 4월 6일에는 문정왕후가 승하하였다. 이즈음 명종은 정릉을 좋지 않은 곳으로 옮기는 바람에 세자와 어머니가 죽게 되는 변이 일어났다고 한탄하였다.

---

430) 수렴청정(垂簾聽政): 나이 어린 임금이 즉위했을 때 왕대비나 대왕대비가 그를 도와 국사를 돌보는 일을 이르던 말.

431) 장경왕후 윤씨(章敬王后 尹氏): 조선 11대 왕 중종의 계비, 본관 파평(坡平), 영돈령부사 윤여필(尹汝弼)의 딸, 인종의 어머니, 1491~1515.

432) 성종(成宗): 조선 9대 왕, 의경세자와 한씨의 둘째 아들, 이름 혈(娎), 1457~1494.

433) 순회세자(順懷世子): 조선 13대 왕 명종과 인순왕후의 아들, 이름 부(暊), 1551~1563.

문정왕후의 힘을 등에 업고 권력을 남용했던 윤원형도 결국은 문정왕후의 국장이 끝난 지 1개월여 만인 1565년(명종 20) 8월 21일에 파직되었다가, 그해 11월 18일에 죽었다. 윤원형의 졸기에 "사림들을 풀 베듯 죽이며 흉악한 짓을 있는 대로 다 했는데, 오래도록 천벌을 면하더니 금일에 이르러 마침내 핍박으로 죽으니 조야가 모두 쾌하게 여겼다. 윤원형이 일단 패하고 나니 원수졌던 집에서 떼를 지어 빼앗겼던 재물에 대한 송사를 다투어 일으켰다. 조정에서도 그러한 사실을 알고 바로 각 도에 문서를 보내, 관원을 차출해 재물들을 본 주인에게 돌려주게 하니, 그 집안에서도 견딜 수 없는 온갖 고통이 따르게 되었다"고 기록되어 있다.

명종은 문정왕후 사후에서야 소윤(小尹)의 실세인 외삼촌 윤원형을 내치면서 비로소 약간이나마 올바른 정치를 할 수 있었다. 그러나 모든 뜻을 채 이루기도 전인 1567년(명종 22) 6월 28일 경복궁 양심당(養心堂)에서 심열병(心熱病)으로 승하하였다.

후사가 없이 외척정치에 휘둘렸던 명종의 임종 직전에 일어났던 상황을 "임금이 사람을 알아보지 못하기에 이르러서 상하가 당황하여 어찌할 바를 몰랐었다. 심지어 옥문을 열어 죄수를 방면하고, 산천에 기도하는 등 임금의 쾌유를 비는 일이라면 하지 않는 일이 없었다. 그러니 대신들은 마땅히 궐내에 머물러 있어야 할 것인데 편안하게 제집에 물러가 있었다. 이것이 과연 신하가 임금을 사랑하는 도리인가? 임금의 상황을 정원에서는 이미 알고 있었으니 임금에게 요청하여, 대신들이 유교를 듣고 사람들에게 전할 수 있도록 해야 했다. 그런데 처리에 태만하였다. 사관 중에 임금을 뵈어야 한다는 것을 말한 자도 있었지만, 승지가 새겨듣지 않고 있다가, 한밤중에 이르러서야 인순왕후의 명으로 심통원(沈通源)이 먼저 입시하였고, 대신들은 궐 밖에 있었으므로 즉시 입시하지 못했다. 마침 이준경 (李浚慶)이 궐내에서 유숙하고 있다가 뒤따라 들어갔으나, 이미 임금 이 매우 위독하여 말을 하지 못하는 지경에 이르러 있었다. 그래서 인순왕후에게 물으니, '1565년(명종 20)에 덕흥군(德興君)의 셋째 아 들 이균(李鈞)434)을 후사로 삼는다'는 전교가 있었다고 전하였다. 만 약 이준경이 집에서 자고 심통원이 홀로 들어가 인순왕후에게 명을 받았더라면, 후일에 심통원 스스로 공신이 되어 사림의 화를 빚어내 지 않는다는 것을 어떻게 보장하겠는가? 외간에 떠도는 말에 의하 면, 심통원이 이준경이 들어오기 전에 승전색(承傳色)435)에게 아뢸 바가 있다고 청했는데, 주서(注書)436)가 저지했기 때문에 그만두었다 고 하니 듣기만 해도 가슴이 서늘하다. 심통원은 매우 비루한 자이 다. 인순왕후의 친정 작은할아버지로, 권한을 도둑질하여 기회를 틈 타 이익 추구하기를 못 할 짓 없이 하였으니, 참으로 종기를 빨고 치 질을 핥아가며 아첨하는 무리라 하겠다"라고 자칫 심통원이 후일에 큰 영향력을 행사할 수도 있음을 우려 섞인 심정으로 기록하고 있 다. 결국, 심통원 역시 선조(宣祖)437) 즉위년에 관직을 삭탈당했다.

명종은 1567년 9월 22일, 태릉(泰陵)의 왼쪽 해좌사향(亥坐巳向)438) 언덕에 잠들게 되었다.

---

434) 이균(李鈞): 선조의 아명.
435) 승전색(承傳色): 내시부에서 임금의 뜻을 전달하는 일을 맡아보던 벼슬.
436) 주서(注書): 조선 초기의 문하부(文下府)의 정7품 벼슬.
437) 선조(宣祖): 조선 14대 왕, 중종과 창빈안씨의 손자, 덕흥군(德興君)의 셋째 아들, 이름 연(昭),
    1552~1608.
438) 해좌사향(亥坐巳向): 22시 방향에서 10시 방향을 바라보는 방위.

강릉(명종과 인순왕후)

　명종 비 인순왕후는 청릉부원군 심강(沈鋼)과 전주이씨(全州李氏)
사이에서 1532년(중종27)에 태어나, 1542년(중종 37) 11월 19일 경
원대군의 부인으로 간택되었다가, 1545년(인종 1) 7월 2일에 입궐하
였다. 경원대군이 인종의 뒤를 이어 왕위에 오르자 1547년(명종 2)
9월 21일 왕비로 정식 책봉되었다. 1551년(명종 6) 5월 28일에 순회
세자를 낳았으나, 순회세자가 요절하는 바람에 덕흥군의 셋째 아들
하성군 이균이 왕위에 오르자 수렴청정을 하였다.

　1575년(선조 8) 1월 2일 창경궁 통명전(通明殿)에서 승하하자 같
은 해 4월 28일 명종의 무덤 왼쪽에 장사를 지냈다. 이때 사헌부 지
평 민순(閔純)이 졸곡제(卒哭祭)439)를 지낸 후에는 흰옷, 흰 모자, 흰

---

439) 졸곡제(卒哭祭): 삼우제를 지낸 뒤에 곡을 끝낸다는 뜻으로 지내는 제사로 사람이 죽은 지 석
　달 만에 오는 첫 정일(丁日)이나 해일(亥日)을 택하여 지낸다.

요대, 흰 신발 차림으로 정사를 볼 것을 요청하였는데, 이것은 송나라 효종(孝宗)의 예에 따른 것이다. 그동안에는 흰옷에 검은 모자와 검은 요대 차림으로 정사를 보았는데, 이것은 잘못된 제도라는 민순의 지적으로 인순왕후 때부터 고쳐 시행하게 되었다.

명종과 인순왕후의 무덤인 강릉은 주산에서부터 내려오는 생기(生氣)를 혈(穴)까지 전달해주는 내룡(來龍)이 혈 직전에서 심하게 굽었는데, 이것은 바로 자기 뜻보다는 문정왕후에 의해 억지로 의사를 결정하였던 시절을 느끼게 해주는 형국이다. 또 신하를 상징하는 안산(案山)이 여러 개의 봉우리로 나누어졌으니, 이 또한 명종 자신의 주관보다는 외가를 중심으로 한 소윤들에 의해 좌지우지되었던 자신의 정치 역경을 말해 주고 있다. 청룡과 백호는 어린아이를 안고

강릉의 주작

있는 어머니의 양팔처럼 포근하게 혈을 감싸주어야 제격이나 높이
가 다소 낮아 어머니 품에서 언제 떨어질지 몰라 불안해하는 어린아
이의 모습을 연상하게 한다. 그러나 토질만은 밝고 단단해서 임금을
따르는 신하와 백성들이 자신의 뜻을 받들고 있으니, 명종은 그나마
다행스럽게 생각할 것이다.

21. 목릉(穆陵)

목릉(선조와 의인왕후)

목릉(穆陵)은 선조(宣祖)440)와 선조 비 의인왕후 박씨(懿仁王后 朴氏),441) 계비 인목왕후 김씨(仁穆王后 金氏)442)의 능이다. 맨 처음 이 곳에 자리를 잡은 것은 의인왕후 박씨 무덤으로 1600년(선조 33) 12월 22일에 장사를 지냈고, 다음은 1630년(인조 8) 11월 21일 선조의 무덤을 같은 동구릉 내에서 이장해와 자리를 잡게 되었다. 끝으로는

---

440) 선조(宣祖): 조선 14대 왕, 중종과 창빈안씨의 손자, 덕흥군의 셋째 아들, 이름 연(昖), 1552~1608.

441) 의인왕후 박씨(懿仁王后 朴氏): 조선 14대 왕 선조의 비, 본관 반남(潘南), 번성부원군 박응순(朴應順)의 딸, 1555~1600.

442) 인목왕후 김씨(仁穆王后 金氏): 조선 14대 왕 선조의 계비, 본관 연안(延安), 연흥부원군 김제남(金悌男)의 딸, 영창대군(永昌大君)의 어머니, 1584~1632.

1632년(인조 10) 10월 6일 계비 인목왕후 김씨를 장사 지내면서 3
기의 무덤이 자리를 잡게 되었다. 당시에 능호는 3기 모두 달랐다.
선조의 무덤은 목릉, 의인왕후 무덤을 유릉(裕陵), 계비 인목왕후 무
덤은 혜릉(惠陵)이라 불리다가, 후에 세 능을 합하여 목릉이라고 고
쳐 불렀다.

선조는 1552년(명종 7) 11월 11일 한성 인달방(仁達坊)⁴⁴³⁾에서 중
종(中宗)⁴⁴⁴⁾과 창빈안씨(昌嬪安氏)⁴⁴⁵⁾의 아들인 덕흥대원군(德興大院
君)⁴⁴⁶⁾의 셋째 아들로 태어났다. 어머니는 중추부판사 정세호(鄭世
虎)의 딸로 본관은 하동(河東)이다. 순회세자(順懷世子)⁴⁴⁷⁾가 1563년
(명종 18) 9월 20일에 승하하여, 후사가 없어진 명종(明宗)⁴⁴⁸⁾의 뒤
를 이어 조선 14대 왕으로 즉위하였다. 1569년(선조 2) 11월 1일 반
성부원군 영돈령부사 박응순(朴應順)의 딸을 왕비로 맞이하였다. 그
가 의인왕후다.

의인왕후는 박응순과 완산부부인 이씨(完山府夫人 李氏) 사이에서
1555년(명종 10) 4월 5일에 태어났다. 의인왕후는 소생이 없어 선조
의 총애를 받지 못하였다. 임진왜란 때에 선조가 후궁인 인빈김씨
(仁嬪金氏)⁴⁴⁹⁾만을 데리고 의주로 피난을 떠나자, 의인왕후는 평안도

---

443) 인달방(仁達坊): 조선 초기부터 있던 한성부 서부 9방 중의 하나로 현 서울 종로구 일대.

444) 중종(中宗): 조선 11대 왕, 성종과 정현왕후의 아들, 이름 역(懌), 1488~1544.

445) 창빈안씨(昌嬪安氏): 조선 11대 왕 중종의 후궁, 선조의 할머니, 본관 안산(安山), 안탄대(安坦
大)와 황씨의 딸, 자녀 2남 1녀(영양군永陽君·덕흥군德興君·정신옹주靜愼翁主), 1499~1549.

446) 덕흥대원군(德興大院君): 조선 11대 왕 중종의 일곱째 아들, 중종의 후궁 창빈안씨(昌嬪安氏)
의 둘째 아들, 선조의 아버지, 이름 초(岹), 1530~1559.

447) 순회세자(順懷世子): 조선 13대 왕 명종과 인순왕후(仁順王后)의 아들, 이름 부(暊), 1551~
1563.

448) 명종(明宗): 조선 13대 왕, 중종과 문정왕후의 아들, 이름 환(峘), 1534~1567.

449) 인빈김씨(仁嬪金氏): 조선 14대 왕 선조의 후궁, 인조의 할머니, 본관 수원(水原), 감찰 김한
우(金漢佑)와 전주이씨의 딸, 1555~1613.

강계로 피난을 갔다. 한양 수복 후에도 해주에 머물렀으며, 정유재란 때도 선조와 따로 피난길에 올라야 했다. 마음고생이 많았던 의인왕후가 1600년(선조 33) 6월 27일 신시(申時)450)에 황화방 별궁인 경운궁(慶運宮)에서 승하하였다.

의인왕후가 승하하자 선조는 1602년(선조 35) 윤2월 24일 이조좌랑 김제남(金悌男)의 딸을 왕비로 간택하였다가, 그해 7월 13일에 왕비로 책봉하였는데, 그가 인목왕후다. 인목왕후의 본관은 연안(延安)이며, 연흥부원군 김제남과 광산부부인 노씨(光山府夫人 盧氏) 사이에서 1584년(선조 17) 11월 14일에 태어났다. 소생으로는 1603년생인 정명공주(貞明公主)와 1606년생인 영창대군(永昌大君)451)이 있다. 1632년(인조 10) 6월 28일 인경궁 흠명전(欽明殿)에서 승하하였다.

1592년(선조 28) 3월 3일 순회 세자빈 공회빈 윤씨(恭懷嬪 尹氏)가 창경궁 통명전에서 승하하자, 순회세자의 무덤에 합장하려고 준비를 하던 국상 중에 임진왜란이 일어났다. 선조는 국상 중임을 망각하고 피난을 떠났다가 며칠 후에서야 이를 깨닫고, 유도대장 이양원(李陽元)을 시켜 창경궁 뒤뜰에 시신을 임시로 매장하라고 지시하였다. 그 후 한양이 수복되어 이듬해 가을에 궁궐로 돌아온 선조는 유골을 찾아볼 것을 대신들에게 지시하였으나, 끝내 확인을 하지 못했다.

의인왕후가 승하하자 관상감(觀象監)452)에서, "평소에는 국장(國葬)에 쓸 만한 산을 등급을 나누어 기록해 두었었는데, 난이 일어난 뒤에 문서들이 유실되어 상고할 데가 없고, 다만 두세 명의 술관(術

---

450) 신시(申時): 15:00~17:00.
451) 영창대군(永昌大君): 조선 14대 왕 선조와 계비 인목왕후의 아들, 이름 의(璜), 1606~1614.
452) 관상감(觀象監): 조선 시대에 천문, 지리학, 역수, 기후 관측, 각루 등의 사무를 맡아보는 관청.

官)의 구전으로 일곱 군데를 얻어 그 우열을 등재하였을 뿐입니다. 그러니 관상감 제조가 예조당상과 상지관(相地官)⁴⁵³⁾을 데리고 답사해 보아야 합니다"라고 아뢰었다. 병조(兵曹)에서는 "산릉(山陵) 작업에 일할 사람을 3천 명으로 말씀하셨는데, 각 해의 의궤가 남김없이 유실되어 산릉 작업에 동원될 적합한 인원을 알 수가 없습니다. 그러나 구전으로 전해온 이야기를 정리해 보면 6천 명은 동원되어야 할 것 같습니다"라 아뢰었다. 호조(戸曹)에서는 "국가의 망극한 변이 뜻밖에 생겨 모든 물자가 고갈되어, 염할 때 필요한 도구와 재료마저도 겨우겨우 마련하였습니다. 이미 모든 물자는 바닥이 나서 남은 것이 없으니 앞으로 산릉에 소요될 비용을 마련할 길이 없습니다"라 하여, 국장에 여러 가지로 어려움이 많음을 임금에게 상언하고 있다.

의인왕후의 장지와 관련된 상소 한 장이 지루한 토론과 상언으로 많은 시간과 예산을 소모하고 있었지만, 선조의 우유부단하고 무책임한 대응으로 승하한 지 5개월 25일 만인 그해 겨울 12월 22일에 겨우 장사를 지내게 된다. 그뿐 아니라 장지 선정에 중국인 풍수가의 도움을 받도록 지시를 하여 혼란이 더욱 가중되었다. 사신이 논하기를 "국모의 장례를 위해 길지를 택하고자 하는 데 있어 의당 그 지성을 다하지 않을 수 없겠으나, 반드시 외국 사람의 손을 빌리는 것이 옳은지는 알 수 없다. 설사 섭정국(葉靖國)의 무리가 풍수에 능하여 길지를 얻는다고 하더라도 우리나라에서 쓰는 방법과는 같지 않다. 길가의 얕은 지역과 집 뒤의 조그마한 동산을 지적하면서 가장 좋은 곳이라 하니, 무엇을 증거로 믿겠는가"라 하였다.

---

453) 상지관(相地官): 조선시대에 대궐과 왕릉 자리 등을 살펴 정하는 일을 담당하는 관직.

선조는 대신들에게 "내 성미는 산천이 깊고, 경내가 그윽하며, 겹겹이 둘러싸여 속세와 서로 멀리 떨어진 곳을 좋아한다. 만약에 길가에 있는 산에 아주 좋은 명당이 있을지라도 나는 취하지 않을 것이다"라고 하여 산골 깊숙한 곳으로, 다른 사람의 눈에 띄지 않는 곳을 장지로 선정해 줄 것을 지시하였다.

그 후 경기도 포천 신평(新坪)으로 장지가 정해져, 5천 명의 인부를 동원하여 장지 조성이 거의 마무리되어 갈 즈음에 전 참봉 박자우(朴子羽)의 상소문 한 장으로 공사가 진척되지 못하고, 지루한 공방만을 거듭하다가 끝내는 완성 직전에 있던 땅을 버리게 되니, 그렇지 않아도 임진왜란으로 고갈된 국고를 더욱 탕진한 결과를 낳고 말았다.

당시에 박자우가 올린 상소문에 "임좌병향(壬坐丙向)454)에 파구(破口)455)가 진(辰)456)이라, 송나라 호순신(胡舜申)의 풍수이론에 사용한 대오행으로, 임(壬)은 화(火)이고 진(辰)은 수(水)라 상생상극 논리로 상극(水剋火)이 되어 장지로 불가하다"는 내용이다. 이 상소문 한 장이 백성을 위해 빠르게 전후 복구를 하여야 함에도, 지루한 논쟁과 징지를 찾는 데 세월만 보내고 혈세를 낭비하는 결과만 가져왔다. 상소문 내용 또한 호순신 이론과는 전혀 관련이 없는 논리를 박자우가 허황되게 적용한 것이었지만, 무지한 대신들이 이를 깨닫지 못한 우를 범하기도 하였다.

선조실록에 포천 신평의 장지 문제가 31번이나 거론되도록, 선

---

454) 임좌병향(壬坐丙向): 23시 방향에서 11시 방향을 바라보는 방위.

455) 파구(破口): 물이 흘러나가는 곳. 수구(水口)와 같은 의미.

456) 진(辰): 08시 방향.

조는 현장을 단 한 번도 방문하지 않자 대신들이 "대행왕비께서 승하하신 지 이미 오래되었는데, 아직 산릉을 정하지 못함으로써 장례에 대한 모든 일을 하나도 조처하지 못하고 있으니, 신들은 극히 민망스럽습니다. 다른 대신과 함께 가서 속히 결정하게 하소서"라고 요청하였다. 그런데 선조는 오히려 중국인 풍수가 섭정국과 이문통(李文通)을 장지 선정에 다시 동원하여 문제를 더욱 어렵게 만들었다.

결국, 전 행부호군(行副護軍) 정구(鄭逑)는 "신이 풍수가에게 들었는데, 그들의 설에는 두 가지가 있었습니다. 주산과 주변 산, 즉 현무와 주작, 청룡과 백호가 서로 공읍(拱揖)하는 형세로 모여들어 혈 주변이 물샐틈없이 치밀하게 막혔는가를 보는 것을 풍수가들이 매우 중요하게 여기는 논리가 하나입니다. 또 하나는 팔괘(八卦)와 간지(干支)의 수리를 써서 이리저리 참작하는 묘리를 붙이고, 방위와 향배(向背)의 이름을 설정하여 순역(順逆)과 길흉의 상을 붙이는 것

포천에 조성되었었던 의인왕후 장지

은 산가들이 참고로 삼는 것입니다. 이 밖에도 물이 가고 오는 것으로 이해를 말하는 생극쇠왕(生克衰旺)에 대한 설이 시대가 내려올수록 불어나, 갈래와 해석이 셀 수 없을 정도로 많아 사람들로 하여금 따를 바를 모르게 하고 있습니다. 이것은 모두 올바르지 않은 책에서 나온 것으로 세상을 속이는 것에 지나지 않는바, 실로 풍수가들이 취하는 바가 아닙니다. 그러므로 호순신이나 오행서(五行書) 등을 일러 '멸만경(滅蠻經)'이라고 하니, 이로 인해서 만이족(蠻夷族)[457]에게 멸망의 화가 있었다고 해서 이르는 말입니다"라 아뢰었다. 덧붙여 "신의 생각으로는 장지를 신평으로 정하는 것이 당연히 우선이고, 그렇지 않다면 선왕의 원침 안에서 구하는 것보다 좋은 길은 없다고 생각합니다. 대개 신평은 사람들의 마음에서 아직 잊히지 않았고, 공을 들인 것도 거의 마무리 단계이며, 전하의 마음에도 의심치 않고 있습니다. 그러니 사람들이 이미 버린 곳이라고 하는 말을 무시하고, 특별히 택한다면 의심의 구름은 저절로 걷혀 태양처럼 활짝 빛날 것이니, 대성인(大聖人)이 하시는 바가 어찌 보통 사람보다 만 갑절이나 뛰어나지 않겠습니까"라고 상언하였다.

정언 이성록(李成祿)도 "의인왕후의 초상이 다섯 달이 다 되어 가는데 장지를 아직 정하지 못하고 있으니, 백성들의 아픔을 이루 다 말할 수 있겠습니까. 경기도 내의 산들은 거의 모두 확인을 했는데도, 사람마다 각기 자기의 주장만을 하여 시비가 서로 엇갈리고, 길흉이 서로 달라 분분한 의논이 갈수록 심해지고 있습니다"라고 상소문을 올려 장지 문제를 빨리 매듭지을 것을 요청하였다.

---

457) 만이족(蠻夷族): 예전 중국 사람이 부르던 그들의 남쪽과 동쪽에 살던 다른 종족.

목릉(의인왕후)

결국, 11월 9일에야 장지 문제가 건원릉(健元陵)458)의 좌측 옆 능선으로 결정되어, 12월 22일 묘시(卯時)459)에 임좌병향(壬坐丙向)460)으로 장사를 지냈는데, 능호는 유릉이다. 이곳을 대신들은 "사면이 깊숙하되 주작이 빙 둘러있고, 청룡과 백호가 감싸주었으며, 앉아서 사방을 돌아보노라면 마치 중첩한 장막(帳幕) 안에 있는 듯하여, 사방이 공허한 데가 없습니다"라고 선조의 성격에 맞는 땅임을 아뢰어 승낙을 받았다.

1608년(선조 41) 2월 1일 선조가 황화방 별궁인 경운궁(慶運宮)에

---

458) 건원릉(健元陵): 태조 이성계의 능으로 동구릉 내에 있다.

459) 묘시(卯時): 05:00~07:00.

460) 임좌병향(壬坐丙向): 23시 방향에서 11시 방향을 바라보는 방위.

서 승하하였다. 대신들은 건원릉 우측 능선을 돌아보고 광해군에 아뢰기를 "주산을 이룬 형세가 꾸불꾸불 멀리 뻗어 나가다가 갑자기 우뚝 치솟아 봉우리를 이루었으며, 혈장이 풍후하고, 양쪽 곁이 널찍하고, 앞의 공간이 탁 트여서 보기에 좋아 마음이 흡족하였습니다"라고 하였다. 광해군은 이곳에 선조의 무덤 자리를 유좌묘향(酉坐卯向)461)으로 조성하여, 그해 6월 12일 오시(午時)462)에 장사를 지내고, 능호를 목릉이라 하였다.

목릉(선조)

---

461) 유좌묘향(酉坐卯向): 18시 방향에서 06시 방향을 바라보는 방위. 정동향.
462) 오시(午時): 11:00~13:00.

그런데 1630년(인조 8) 2월 4일에 원주목사 심명세(沈命世)가 "목릉은 선조께서 영원히 계실 능인데, 당시에 총호사463)가 풍수설을 극도로 배척한 나머지, 용렬한 지사(地師)에게 맡김으로써 길하지 못한 땅을 잡아 쓰게 되었습니다. 그리하여 오늘날에 와서는 사람들마다 모두 미안하게 되었다는 것을 알고 있는데, 너무도 중대한 일인까닭에 감히 말을 꺼내지 못하고 있으니, 신은 속으로 통탄할 따름입니다. 술방(戌方)·자방(子方)·축방(丑方)464)의 아래쪽에서 장마때에는 어김없이 물이 샘솟듯 솟아납니다. 또 오랫동안 근무한 자의말에 의하면, 비가 연일 내리면 무인석 아래쪽에서 물이 새어나와 흐른다고 합니다. 이런 현상은 필시 땅속에 고인 물이 축대에 막혀있다가 솟아 나오는 것이 분명합니다"라고 상소문을 올렸다.

상소문을 논의하는 과정에서, "병풍석이 기울어지는 현상이 자주 발생하는 것은 혹 무덤 속에 고여 있는 물의 영향이 아니겠느냐는 의구심이 들고, 또 지술을 아는 사람들 대부분이 자리가 좋지 않아 능을 옮겨야 한다는 의견이 암암리에 회자되었지만 감히 드러내지는 못하였다"는 것이 중론이었다. 결국, 천장이 결정되었다.

여러 후보지 가운데 하나인 의인왕후 박씨 무덤 우측 능선이 유력한 후보지로 떠오르자 인조(仁祖)465)가 "그 자리가 좋으면 그전에 왜 사용하지 않았느냐?"고 물었다. 그러자 총호사 좌의정 김류(金瑬)가 답변하기를 "하늘이 만들고 땅이 감추어 놓은 데에 각기 그 주인이 따로 있습니다. 풍수가들의 일도 그럴 수 있다고 생각합니다"라

---

463) 당시에 총호사: 좌의정 허욱(許頊).

464) 술방(戌方)·자방(子方)·축방(丑方): 20시 방향·24시 방향·02시 방향.

465) 인조(仁祖): 조선 16대 왕, 선조와 인빈김씨의 손자, 이름 종(倧), 1595~1649.

고 하였다. 결국, 그곳이 천장지로 결정되어, 그해 11월 21일에 임좌 병향(壬坐丙向)466)으로 목릉을 옮겼다.

천장 후에 사헌부에서 "심명세는 술사의 말에 미혹되어 감히 소 장을 올려 국가의 막중한 일을 논하였습니다. 능 안에 물이 있다는 말은 더욱이 신자(臣子)로서는 누구나 놀랍고 비통한 것이어서, 누구 도 감히 이의를 제기하지 못하였으므로 이로 인하여 산릉(山陵)을 옮기게 되었습니다. 그러나 능 안이 보송보송하여 조금도 축축한 기 운이 없었으니, 물이 있다는 그 말은 아주 허망합니다. 감히 잘 모르 는 일로 사람들을 놀라게 하여 경솔하게 옮기게 하였으니, 원근의

목릉(인목왕후)

---

466) 임좌병향(壬坐丙向): 23시 방향에서 11시 방향을 바라보는 방위.

듣는 자들이 모두 분하게 여깁니다. 심명세를 죄주지 않고서는 많은 이의 분노를 막고 후일의 폐단을 방비할 길이 없으니 삭탈관직하소서"라고 요청하였다. 훗날 그 자리는 헌종(憲宗),[467] 헌종 비 효현왕후, 계비 효정왕후의 능인 경릉(景陵)이 조성되었다.

1632년(인조 10) 6월 28일 인경궁 흠명전에서 선조계비 인목왕후가 승하하였다. 건원릉의 5번째 능선에 장지를 정하여, 그해 10월 6일에 갑좌경향(甲坐庚向)[468]으로 장사를 지내고, 능호를 혜릉이라 하였다.

목릉의 입구를 들어서다 보면 누가 알려주지 않아도 선조의 분위기 물씬 풍겨, 이곳이 바로 선조가 묻힌 자리임을 알게 한다. 선조를 보지는 못했지만, 그분의 성격과 너무나 닮았다는 느낌이 들기 때문이다. 능이 밖에서는 보이지 않아, 두 왕비를 거느리고 가족끼리만 오순도순 조용하게 지내기에 적합한 장소로 보일 수 있기 때문이다. 천장 전의 자리는 밖으로 드러나기 때문에 선조의 성격과는 전혀 맞지 않아 무척 힘이 들었을 것이다. 좌의정 김류의 말과 같이 자신에게 맞는 땅은 따로 있는 법이다.

그러나 목릉은 청룡과 백호가 감싸 돌아 밖에서 보이지 않을 것 같지만, 의인왕후 무덤 뒤에서 수많은 군졸이 넘겨다보고 있다. 의인왕후 장지 선정에 장고를 하였지만, 현장을 단 한 번도 나가지 않고 정한 탓에 청룡 윗부분이 함몰되었고, 또 함몰되기 직전에 미약하게 솟은 곳의 가지에 무덤을 썼다. 당시에 의인왕후 무덤 우측 능선이 비어 있었음에도, 그곳이 바로 자신의 수릉(壽陵) 후보지라는

---

467) 헌종(憲宗): 조선 24대 왕, 순조의 손자, 효명세자와 조대비의 아들, 이름 환(奐), 1827~1849.
468) 갑좌경향(甲坐庚向): 05시 방향에서 17시 방향을 바라보는 방위.

것을 대신들에게 말을 하지도 못하였다. 모든 일에 자신의 의견을 반영하지 못하는 우유부단함을 끝까지 보여준 선조 임금에게 딱 어울리는 자리다. 청룡 끝이 등을 돌려 달아나기 때문에 자신을 끝까지 섬기는 신하 하나 없을 자리지만, 어설프게 숨어 살 수 있는 것처럼 보이는 목릉이다.

또한 목릉은 선조와 의인왕후, 그리고 인목왕후의 능이 각기 다른 언덕에 조성된 동원삼강릉(同原三岡陵) 양식으로 조선왕릉에서 유일하다.

22. 광해군묘(光海君墓)

광해군묘(광해군과 문성군부인)

광해군(光海君)[469]은 선조(宣祖)[470]와 후궁 공빈김씨(恭嬪金氏)[471] 사이에서 1575년(선조 8)에 태어나, 1587년(선조 20) 판윤 유자신 (柳自新)의 셋째 딸과 결혼하였다.

정비 의인왕후(懿仁王后)[472]가 소생이 없자, 조정의 일부 대신들이 공빈김씨의 장남 임해군(臨海君)[473]을 세자로 책봉하려 했으나, 성격

---

469) 광해군(光海君): 조선 15대 왕, 선조와 후궁 공빈김씨의 둘째 아들, 이름 혼(琿), 1623년(광해 15) 3월 14일 인조반정으로 폐위, 1575~1641.

470) 선조(宣祖): 조선 14대 왕, 중종과 창빈안씨의 손자, 덕흥군의 셋째 아들, 이름 연(昖), 1552~1608.

471) 공빈김씨(恭嬪金氏): 조선 14대 왕 선조의 후궁, 광해군의 어머니, 본관 옥천(玉泉), 영돈령부 사 김희철(金希哲)의 딸, 1553~1577.

472) 의인왕후(懿仁王后): 조선 14대 왕 선조의 비, 본관 반남(潘南), 번성부원군 박응순(朴應順)의 딸, 1555~1600.

이 좋지 않다는 이유로 받아들여지지 않았다. 선조 또한 인빈김씨(仁嬪金氏)474)의 둘째 아들인 신성군(信城君)475)을 총애하여 세자로 염두에 두었기 때문에 책봉이 더욱 지연되었다. 그러다가 임진왜란이 발발하여 피난을 떠난 선조는 평양에서 1592년(선조 25) 4월 29일 광해군을 세자로 결정하고, 명나라의 승인을 요청하였다. 그러나 명나라에서는 광해군이 장자가 아니라는 이유로 반대하면서, 장자인 임해군을 세자로 책봉할 것을 종용하였다. 선조가 세자 책봉 건을 빠른 시일 내에 승인하여 줄 것을 재차 요청하면서, "임해군은 성질이 범상하므로 신이 훌륭한 스승을 선정하여, 경훈(經訓)을 가르쳐 기질이 변화되기를 바랐으나, 장성한 뒤에도 신의 경계를 따르지 아니하고 바깥 유혹에 홀리어 뭇 사람의 미움을 사고 있으니, 군주로서 백성을 다스릴 부탁을 결코 감당하기 어렵습니다"라고 임해군이 세자로서 부적합함을 설명하였다.

의인왕후 승하 후에 계비 인목왕후 김씨(仁穆王后 金氏)476)가 영창대군(永昌大君)477)을 낳자, 왕위계승을 둘러싼 붕당 간의 힘겨루기가 시작되었다. 광해군은 적자가 아니라는 이유로, 적자인 영창대군을 후사로 삼을 것을 주장하는 소북파와 광해군을 지지하는 대북파가 크게 대립하였다. 그런 가운데 병환이 깊어진 선조가 어쩔 수 없이 광해군에게 선위하는 교서를 내렸으나, 소북파인 영의정 유영경이

---

473) 임해군(臨海君): 선조와 공빈김씨의 큰아들, 이름 진(珒), 광해군의 형, 1574~1609.

474) 인빈김씨(仁嬪金氏): 조선 14대 왕 선조의 후궁, 인조의 할머니, 본관 수원(水原), 감찰 김한우(金漢佑)의 딸, 1555~1613.

475) 신성군(信城君): 선조와 후궁 인빈김씨의 아들, 이름 후(珝). ?~1592.

476) 인목왕후 김씨(仁穆王后 金氏): 조선 14대 왕 선조의 계비, 본관 연안(延安), 연흥부원군 김제남(金悌男)의 딸, 영창대군(永昌大君)의 어머니, 1584~1632.

477) 영창대군(永昌大君): 조선 14대 왕 선조와 계비 인목왕후의 아들, 이름 의(璜), 1606~1614.

교서를 감추었다가 대북의 정인홍 등에게 발각된 사건이 발생하기도 하였다.

선조의 뒤를 이어 1608년 2월 2일에 즉위한 광해군은 왕권 강화를 위해, 천성이 난폭하여 백성들에게 패악을 끼치면서 끊임없이 왕권을 노리는 임해군을 진도로 유배시켜 사사하고, 인목왕후의 부친 김제남(金悌男)을 영창대군을 왕으로 추대하려고 역모를 꾀한다는 이유로 처형한 후 부관참시까지 하였다. 1614년(광해군 6)에는 영창대군을 강화도에 유배하였다가 사사하였고, 능양군(綾陽君)[478]의 동생 능창군을 폐서인하여 유배지에서 목을 매어 자결하게 하였다. 1618년(광해군 10)에는 인목왕후를 폐위하여 경운궁에 유폐시키는 일을 저지른 일이, 결국 인조반정의 결정적인 명분을 제공하게 된다.

1623년(광해군 15) 3월 13일 이서(李曙)·이귀(李貴)·김류(金瑬) 등 서인 일파가 주동이 되어 광해군을 폐위하고, 능양군을 왕으로 추대하는 인조반정이 일어났다. 능양군이 직접 이끈 병사들이 창덕궁을 쉽게 점령하였다.

인목왕후는 "내가 아무리 덕이 부족하더라도 천자의 고명(誥命)을 받아 선왕의 배필이 되어, 일국의 국모 노릇을 한 지 여러 해가 되었으니, 선조의 아들이라면 나를 어머니로 여기지 않을 수 없을 것이다. 그런데 광해군은 남을 참소하고 모해하는 자들의 말을 신임하고, 스스로 시기하고 혐의하는 마음을 가져 우리 부모를 형벌하여 죽이고, 우리 일가들을 몰살시켰으며, 품속에 있는 어린 자식을 빼앗아 죽이고, 나를 유폐하여 곤욕을 치르게 하였으니, 그는 인간의 도리

---

478) 능양군(綾陽君): 조선 16대 왕 인조(仁祖), 선조와 인빈김씨의 손자, 이름 종(倧), 1595~1649.

광해군묘(광해군과 문성군부인)

가 조금도 없는 자이다. 또 형제를 죽이고, 무고한 백성들을 죽였고, 민가 수천 호를 철거시켜 궁궐을 창건하는 토목공사를 일으켜 부역이 많고, 수탈이 극심하여 백성들을 어렵게 만드니, 국가의 위태로움이 이루 말할 수 없다"는 등의 죄상 36개 항목을 발표하였다.

인조반정으로 폐위된 광해군 이혼(李琿)은 자신의 신변을 보호하고 있던 송영망(宋英望)에게 몹시 불안해하면서 "오늘의 거사는 누가 한 것이며, 어떠한 사람을 추대하였는가"라고 물었다. 송영망이 "추대한 분은 바로 왕실의 지친이신데, 자전의 명을 받들어 반정한 것입니다"라고 대답하였다. 다시 광해군이 "혼매한 임금을 폐하고 현명한 사람을 세우는 것은 옛날에도 있었던 일이다. 하지만 어찌하여 나인·내시·급사들을 보내주지도 않거니와 나를 이처럼 박하게 대접하는 것인가"라고 말하였다.

인조반정이 일어난 지 열흘 후인 1623년 3월 23일에 광해군과 폐
비 문성군부인 유씨(文城郡夫人 柳氏), 그리고 폐세자 이질(李祬)과
폐세자빈 박씨(朴氏) 내외는 강화도의 각기 다른 곳으로 유배되었다.

강화도 유배지에서 1623년(인조 1) 10월 8일에 문성군부인이 승
하하자, 예조의 당상, 낭청과 내관, 경기도관찰사 주관으로 경기도
양주 적성동(赤城洞)[479]에 해좌사향(亥坐巳向)[480]으로 장사를 지냈다.

광해군은 강화도 교동에서 1637년(인조 15)에 제주도로 이배되어
지내다가, 1641년(인조 19) 7월 1일에 병사하였다. 처음에 제주도에
장사를 지냈다가 1643년(인조 21) 10월 4일 문성군부인 오른쪽 해
좌사향(亥坐巳向)으로 이장하였다.

제주도에 있는 광해군 적소터

---

479) 경기도 양주 적성동(赤城洞): 경기도 남양주시 진건면 송릉리 산 59.

480) 해좌사향(亥坐巳向): 22시 방향에서 10시 방향을 바라보는 방위.

광해군 무덤 역시 연산군과 마찬가지로 왕을 지냈지만 폐위되었기 때문에 왕자군의 예로 장사를 지내 능호가 아닌 묘호를 사용하여 '광해군묘'라 부른다. 석물도 일반 서민의 무덤과 별반 다르지 않게 설치되어 있다. 무덤의 위치는 산의 뒷면에 해당하여 풍수가들이 꺼리는 지형이지만, 어머니의 무덤이 바라다보이는 것만으로 만족스러울 것이다. 자신이 태어난 지 2년 후에 어머니가 산후병으로 승하하였기 때문에 어머니의 정이 많이 그리웠을 테니까.

오늘날 광해군에 대한 평가가 옛날보다는 나아졌다. 임진왜란으로 인해 『조선왕조실록』이 전주사고본만 남고 전소되자, 선조의 지시로 다시 인쇄하여 춘추관, 마니산, 태백산, 묘향산, 오대산에 보관하도록 하였다. 그 후 광해군은 후금(淸)과의 관계가 악화되자, 묘향산 사고에 보관 중인 실록을 적상산성 내에 실록전(實錄殿)을 건립한 후 옮겨 보관하도록 하였다. 또 전쟁으로 없어진 신증동국여지승람, 용비어천가, 동국신속삼강행실 등 여러 서적을 다시 간행하였다. 대동법을 제정하여 각 지방의 특산물을 바치게 하는 공물제도가 부담이 불공평하고, 수송과 저장에 불편이 많은 점을 고려하여 쌀로 납세하게 하였다. 또한, 호패법과 양전(量田)을 실시하여 재원확보에도 노력하였으며, 선조 말에 시작한 창덕궁 재건공사를 1608년에 끝내고, 경덕궁(慶德宮), 인덕궁(仁德宮), 자수궁(慈壽宮)을 중건하여 전쟁으로 파괴된 도읍지를 복구하였다. 특히 만주지역에서 크게 성장한 후금의 존재를 인정하는 중립외교정책을 편 점은 현대에 와서 긍정적인 평가를 받는 부분이다.

23. 장릉(章陵)

장릉(추존 원종과 인헌왕후)

1580년(선조 13) 6월 22일 경복궁 별전에서 선조(宣祖)[481]의 후궁 인빈김씨(仁嬪金氏)[482]가 세 번째 아들을 낳았다. 선조는 그를 1587년(선조 20)에 정원군(定遠君)[483]으로 책봉하였다. 정원군은 1590년(선조 23)에 능안부원군 구사맹(具思孟)의 딸과 결혼하여, 능양군(綾陽君)·능원군(綾原君)·능창군(綾昌君) 등 아들 셋을 낳았다. 1595년(선조 28)에 태어난 장남 능양군이 훗날 인조(仁祖)[484] 임금이다. 셋

---

481) 선조(宣祖): 조선 14대 왕, 중종과 창빈안씨의 손자, 덕흥군의 셋째 아들, 이름 연(昖), 1552~1608.

482) 인빈김씨(仁嬪金氏): 조선 14대 왕 선조의 후궁, 인조의 할머니, 본관 수원(水原), 감찰 김한우(金漢佑)의 딸, 1555~1613.

483) 정원군(定遠君): 조선 14대 왕 선조와 후궁 인빈김씨의 셋째 아들, 인조의 아버지, 훗날 원종(元宗)으로 추존, 이름 이부(李琈), 1580~1619.

순강원(인빈김씨)

째 아들 능창군은 재주와 지혜가 뛰어나고 말타기와 활쏘기에 능한데
다가 관상이 범상하지 않다는 말에 광해군(光海君)485)의 견제를 받다
가, 유배지에서 1615년(광해군 7)에 17세의 나이로 옥사(獄死)하였다.

정원군은 어려서부터 뛰어난 재능이 있었을 뿐만 아니라 우애를
하니 다른 아들에 비해 선조의 사랑을 많이 받아 왔다. 그러나 이복
형인 광해군으로부터는 어머니 무덤과 자신이 살고 있던 집터에 왕
기(王氣)가 서리고, 관상이 범상치 않다는 소문 때문에 집중적인 감
시와 견제를 받았다. 정원군이 "나는 해가 뜨면 간밤에 무사하게 지
낸 것을 알겠고, 날이 저물면 오늘 하루가 다행히 잘 지나간 것을 알

484) 능양군(綾陽君): 조선 16대 왕, 선조와 인빈김씨의 손자, 정원군(추존 원종)의 큰아들, 이름
종(倧), 1595~1649.

485) 광해군(光海君): 조선 15대 왕, 선조와 후궁 공빈김씨의 둘째 아들, 이름 혼(琿), 1623년(광해
15) 3월 14일 인조반정으로 폐위, 1575~1641.

겠다. 내가 바라는 것은 우리 집 창문 아래에서 죽어 지하에 있는 선왕(宣祖)을 빨리 따라가는 것뿐이다"는 말을 남겼을 정도로 불안한 나날을 보냈다.

1617년(광해군 9)에는 새문동(塞門洞) 집터에 왕기가 서린다는 소문으로 불안해하던 광해군의 뜻에 영합한 지관 김일룡(金馹龍)의 추천으로 집을 궁궐터로 빼앗기고 말았다. 정원군의 집터에는 오늘날 경희궁인 경덕궁(慶德宮)이 건립되었다. 당시에 성지(性智)486)가 이미 인왕산 아래에 터를 정해주어 인경궁(仁慶宮)487)을 짓고 있었음에도, 정원군의 집터에 또 다른 궁궐을 지었던 것이다. 3개의 궁궐 공사가 동시에 이루어지자 제조(提調)와 낭청(郎廳)의 관원이 수백 명에 이르렀으며, 헐어버린 민가가 수천 채나 되었다. 대신들이 먼저 한 궁궐을 지어 이어(移御)한 뒤에 차례차례 공사하도록 요청하였으나 광해군은 듣지 않았다. 그래서 백성들이 성지를 성토하자 성지는 "이 중놈의 목은 조만간에 잘려서 도랑에 내던져질 것이다. 다만 나는 인왕산의 새 터만 정하였을 뿐이지, 지금 세 궁궐을 한꺼번에 짓는 것은 본래 나의 뜻이 아니다. 그런데 조정에서는 어찌하여 한마디 간언이라도 올려 역사(役事)를 중지시키지는 않고, 한갓 이 중놈만 탓하는지 모르겠다"고 말하여 듣는 사람들이 부끄러워하였다고 한다.

셋째 아들 능창군의 죽음과 자신이 살던 집터를 경덕궁 터로 빼앗

---

486) 성지(性智): 조선 후기의 승려, ?~1623, 풍수지리설로 광해군의 총애를 받자 광해군에게 권하여 인경궁(仁慶宮)·경덕궁(慶德宮)·자수궁(慈壽宮)을 짓게 하였다. 1618년(광해군 10)에 중추부첨지사가 되었다가 1623년 인조반정 후에 사사되었다.

487) 인경궁(仁慶宮): 광해군 때에 인왕산 아래에 짓기 시작했던 궁궐로 인조반정이 일어나 공사가 중단되었다. 후에 이 궁궐을 헐어다가 홍제원 역참(驛站) 공사에 사용하였다.

긴 정원군은 술로 나날을 보내다가 결국은 병이 들어 1619년(광해군 11) 12월 29일 40세의 나이로 승하하고 말았다. 광해군은 정원군의 무덤 자리를 제대로 고르지 못하도록 장례기간 단축을 종용하고, 사람을 시켜 조문객을 감시하니, 유족들은 불안해서 제대로 된 장지(葬地)를 고를 엄두도 내지 못하였다. 결국, 정원군은 양주군 곡촌리 처가 선산에 묻히게 되었다.

정원군의 장남 능양군은 1623년(광해군 15) 3월 13일 경운궁(慶運宮)에 유폐되었던 선조계비 인목왕후(仁穆王后)[488]를 복위시키고, 광해군은 폐하여 강화도로 유배를 보내는 인조반정을 일으켰다. 그리고는 경운궁(慶運宮)에서 왕의 즉위식을 거행하니 그가 조선의 16대 왕 인조다. 왕위에 오른 인조는 아버지 정원군을 정원대원군(定遠大院君)으로, 어머니는 계운궁(啓運宮)으로, 정원대원군의 무덤을 흥경원(興慶園)으로 높여 정하였다.

계운궁은 1578년(선조 11) 4월 17일에 태어나 연주군부인(連珠郡夫人)으로 책봉되었다가, 인조가 왕위에 오른 후에 부부인(府夫人)으로 올려졌다. 한때 자신의 집터였었던 경덕궁 회상전(會祥殿)에서 1626년(인조 4) 1월 14일에 승하하였다.

계운궁의 장지를 찾아 나섰던 대신과 상지관(相地官)은 고양 고군(古郡)의 뒷산, 김포 객사 뒷산, 교하 객사 뒷산을 추천하였다. 당시에 장지 선정에 참여했던 상지관 정희주(鄭熙周)·송건(宋建)·이갑생(李甲生)·최남(崔楠)·오세준(吳世俊) 등의 의견을 종합한 대신들은 고양이 제일 좋은 장소라고 고하면서, 임금이 직접 결정을 하도

488) 인목왕후(仁穆王后): 조선 14대 왕 선조의 계비, 본관 연안(延安), 연흥부원군 김제남(金悌男)의 딸, 영창대군(永昌大君)의 어머니, 1584~1632.

록 하니, 인조는 다른 지관들을 불러 이미 추천된 장지를 다시 살펴보게 하였다. 장지를 살펴본 지관들이 고양의 땅은 문제가 있다고 말하자 임금은 김포의 땅을 장지로 정하였다. 처음에 장지를 살핀 상지관들도 고양의 땅은 물이 흘러나가는 것이 보이는 문제가 있어 둑을 쌓아 가린 후에나 쓸 수 있다고 하였었다. 곧 5명의 상지관 중 3명이 김포가 제일 좋다고 하였으나, 전달과정에서 고양 땅이 좋은 것으로 왜곡되어 전해졌던 것이다.

김포에서 장지를 조성하던 중 광중(壙中)에서 돌이 나오자, 인조는 장지를 오른쪽 산등성이로 옮기라고 명하여, 당초에 계획했던 4월 25일을 넘겨 5월 18일에야 계좌정향(癸坐丁向)[489]으로 장사를 지냈다. 인조의 뜻에 따라 계운궁의 원호를 육경원(毓慶園)으로 하고, 오른쪽에 정원대원군을 이장하여 모실 장소를 미리 조성해 두었다. 그러나 흥경원 이장을 진행하던 중에 정묘호란(丁卯胡亂)이 발발하여 작업을 중지하였다가, 이듬해인 1627년(인조 5) 8월 27일에서야 육경원 옆 자좌오향(子坐午向)[490]으로 이장하였다. 원호는 흥경원과 육경원을 합쳐 정원대원군의 원호인 흥경원으로 정하였다.

인조가 "1619년(광해군 11)에 내가 아버지 상을 당하였었는데, 그때 광해군이 시기하고 질투하는 것이 날로 극심하였고, 또 다그치고 감시하는 일이 있었기 때문에 감히 임의대로 장지를 정하지 못하여, 외가의 선산에 임시로 장사를 지냈었다. 그곳은 길가의 낮은 언덕일 뿐만 아니라 모양도 제대로 이루어지지 않았기 때문에 유골이 편안하지 못하고, 사람들이 함부로 통행하는 것이 염려되어 이장하려고

---

489) 계좌정향(癸坐丁向): 01시 방향에서 13시 방향을 바라보는 방위.
490) 자좌오향(子坐午向): 24시 방향에서 12시 방향을 바라보는 방위.

했었다. 그런데 별고가 잇따랐으므로 지금까지 실천하지 못하였으니, 이 역시 과인의 큰 불효이다. 양주의 풍양(豐壤)에 할머니의 산소가 있기는 하지만, 산세가 높고 가파르며 언덕이 짧고 감싸 도는 데가 없어 쓸 만한 자리가 없다. 그러니 나라에서 쓰려고 보아둔 곳 중에서 사사로운 뜻에 따르지 말고 극진히 가려서 정하라"고 하면서 이장을 지시하였다.

1632년(인조 10)에는 정원대원군을 왕으로 추존하여 원종(元宗)으로, 대원부인(大院夫人)을 왕비로 추존하여 인헌왕후(仁獻王后)로, 능호는 장릉(章陵)이라 하였다. 장릉의 산세를 보면 명당(明堂)은 굽어 있고, 청룡과 백호는 끝으로 갈수록 높아지는 모습을 보이고 있다. 다만 주작(朱雀)과 조산(朝山)인 계양산(桂陽山)이 비교적 아름다운 모습을 하고 있고, 계양산에서 뻗어온 산줄기가 다시 계양산을 바라

장릉의 주작

다보는 회룡고조(回龍顧祖)491)의 산세를 가졌다는 것이 그나마 위안이 될 수 있는 점이라 할 수 있다.

주택이나 무덤 앞에 펼쳐진 넓은 공간을 풍수에서는 명당이라 한다. 그 명당의 모양에 따라 주택에 살고 있는 사람이나 무덤의 후손들에게 좋고 나쁨의 영향을 미친다는 말이 조선시대 지리학 고시과목의 하나였던 『명산론(明山論)』에 비교적 상세하게 설명되어 있다. 좋은 모양의 명당을 10종류, 나쁜 모양의 명당을 20종류로 분류하여 설명하고 있는데, 장릉 앞에 펼쳐진 명당과 같은 모양을 '마치 놀란 뱀이 꾸불거리며 달아나는 모습'과 같다고 하여 '곡(曲)'이라고 표현하고 있다. 명당이 '곡'이면 '그 후손이 생이별을 한다'는 내용도 덧붙여 설명하고 있다.

---

491) 회룡고조(回龍顧祖): 주산에서 출발한 산줄기가 만든 집터나 무덤에서 자신이 출발한 지점을 다시 바라보고 있는 형국.

24. 장릉(長陵)

장릉(인조와 인열왕후)

　인조(仁祖)[492]는 선조(宣祖)[493]와 인빈김씨(仁嬪金氏)[494] 사이의 셋째 아들인 정원군(定遠君)[495]과 구씨(具氏)의 장남이다. 정원군과 구씨가 피난지인 황해도 해주에 머무를 때인 1595년(선조 28) 11월 7일에 태어났다. 1607년(선조 40)에 능양도정(綾陽都正)으로 봉해졌고, 얼마 지

---

492) 인조(仁祖): 조선 16대 왕, 선조와 인빈김씨의 손자, 정원군(추존 원종)의 큰아들, 이름 종(倧), 1595～1649.

493) 선조(宣祖): 조선 14대 왕, 중종과 창빈안씨의 손자, 덕흥군의 셋째 아들, 이름 연(昖), 1552～1608.

494) 인빈김씨(仁嬪金氏): 선조의 후궁, 인조의 할머니, 본관 수원(水原), 감찰 김한우(金漢佑)의 딸, 1555～1613.

495) 정원군(定遠君): 선조와 후궁 인빈김씨의 셋째 아들, 인조의 아버지, 훗날 원종(元宗)으로 추존, 이름 이부(李琈), 1580～1619.

나지 않아 능양군(綾陽君)으로 책봉되었다. 1610년(광해 2)에 영돈령부
사 서평부원군 한준겸(韓浚謙)의 딸과 결혼을 하여 네 아들을 두었다.
큰아들은 소현세자(昭顯世子),[496] 둘째는 봉림대군(鳳林大君),[497] 셋째
는 인평대군(麟坪大君),[498] 넷째는 용성대군(龍城大君)[499]이다.

　인조 비 인열왕후 한씨(仁烈王后 韓氏)[500]는 1594년(선조 27) 7월 1일
원주에서 한준겸과 회산부부인 황씨(檜山府夫人 黃氏) 사이에서 넷째
딸로 태어났다. 1610년(광해군 2)에 능양군과 결혼하여 청성현부인으
로 봉해졌다가, 능양군이 왕위에 오르자 동시에 왕비로 책봉되었다.

장릉(인조와 인열왕후)

---

496) 소현세자(昭顯世子): 인조와 인열왕후 한씨의 큰아들, 빈은 우의정 강석기(姜碩期)의 딸 민회
　　빈(愍懷嬪), 1636년 병자호란 때 동생 봉림대군(훗날 효종)과 청나라에서 9년간 볼모 생활,
　　이름 왕(山+汪). 1612~1645.

497) 봉림대군(鳳林大君): 조선 17대 왕, 인조와 인열왕후 한씨의 둘째 아들, 이름 호(淏), 1636년
　　병자호란 때 형 소현세자와 청나라에서 9년간 볼모 생활, 1619~1659.

498) 인평대군(麟坪大君): 인조와 인열왕후 한씨의 셋째 아들, 이름 요(㴭), 1622~1658.

499) 용성대군(龍城大君): 인조와 인열왕후 한씨의 넷째 아들, 이름 곤(滾), 1624~1629.

500) 인열왕후 한씨(仁烈王后 韓氏): 조선 16대 왕 인조 비, 서평부원군 한준겸과 회산부부인 황씨
　　의 넷째 딸, 1594~1635.

인조는 1623년(광해군 15)에 이서(李曙)·이귀(李貴)·김류(金瑬) 등 서인일파가 광해군(光海君)[501] 및 집권당인 대북파를 몰아낸 인조반정으로 3월 13일 경운궁에서 즉위하였다. 정인홍(鄭仁弘)·이이첨(李爾瞻) 등을 중심으로 형성된 대북파는 왕권의 확립을 위해 서인·남인 등의 의견을 무시하고, 소북계의 지지를 받은 영창대군(永昌大君)[502]을 살해하며, 인목왕후(仁穆王后)[503]를 폐하는 등 무리수를 두었다.

인조 즉위 초부터 불행한 일이 일어났다. 반정의 총지휘자로 추대되었던 김류가 사전에 계획이 누설되었다는 이유로 소극적으로 행동하자, 이괄(李适)은 이를 비난했다. 그러자 1624년 1월에 문회(文晦)·허통(許通)·이우(李佑) 등이 이괄·이괄의 아들 이전(李旃)·한명련(韓明璉)·정충신(鄭忠信)·기자헌(奇自獻)·현집(玄楫)·이시언(李時言) 등이 역모를 꾸몄다고 무고했다. 이괄은 위기의식을 느끼고 아들을 압송하러 온 관원들을 죽이고, 한양으로 압송되던 한명련을 구하고 난을 일으켰다. 반군이 진격해오자 인조는 공주(公州)로 피난을 떠났고, 반군은 경복궁에 주둔하며 선조의 아들 흥안군(興安君)[504]을 왕으로 추대하였다. 그러나 이괄이 2월 15일 경기도 이천에서 부하장수에게 죽임을 당함으로써 난은 끝났다.

이괄의 난이 실패한 뒤 후금(後金)[505]으로 도주한 잔당이 조선을

---

501) 광해군(光海君): 조선 15대 왕, 선조와 후궁 공빈김씨의 둘째 아들, 이름 혼(琿), 1623년(광해 15) 3월 14일 인조반정으로 폐위, 1575~1641.

502) 영창대군(永昌大君): 조선 14대 왕 선조와 계비 인목왕후의 아들, 이름 의(㼁), 1606~1614.

503) 인목왕후(仁穆王后): 조선 14대 왕 선조의 계비, 본관 연안(延安), 연흥부원군 김제남(金悌男)의 딸, 영창대군(永昌大君)의 어머니, 1584~1632.

504) 흥안군(興安君): 선조와 온빈한씨의 아들, 이름 제(瑅), ?~1624.

505) 후금(後金): 여진족의 족장 누르하치가 1616년에 만주에 세운 나라. 1636년에 국호를 청(淸)으로 고쳤다.

침공할 것을 후금의 태종에게 요청하자 태종은 광해군을 위해 보복한다는 구실로 1627년(인조 5) 1월 조선을 침공해오는 정묘호란이 일어났다. 인조는 강화도로, 소현세자는 전주로 피난을 떠났으나, 후금의 화의 제의로 전쟁은 끝났다. 국호를 청(淸)이라 고친 청태종이 1637년(인조 15) 1월에 다시 조선을 침공해오는 병자호란이 일어났다. 그해 1월 30일 삼전도(三田渡)[506]에서 항복의식이 거행되어 소현세자와 봉림대군은 청나라에 볼모로 잡혀가고, 홍익한·윤집·오달제 등 3학사는 청나라로 끌려가 참형을 당하는 등 조선 역사상 가장 치욕적인 일을 당해야 했다.

청나라에 인질로 끌려갔던 소현세자가 1645년(인조 23) 2월 18일 연경(燕京)에서 돌아왔는데, 그해 4월 26일 창경궁 환경전에서 갑자기 승하하였다. 소현세자는 1612년(광해군 4) 1월 4일 회현방 사저에서 태어나, 1625년(인조 3) 1월 27일에 왕세자로 책봉되었다. 1627년(인조 5) 9월 29일에 승지 강석기(姜碩期)의 딸을 세자빈으로 간택하였으며, 그해 12월 4일에 세자빈으로 책봉하였다가 같은 달 27일에 결혼식을 거행하였다. 1645년 6월 19일에 소현세자를 효릉(孝陵)[507] 오른쪽 마을 을좌신향(乙坐辛向)[508]의 언덕에 장사를 지냈다.

소현세자의 애책문에 무덤 자리를 "산세가 마치 용(龍)이 서리고 호랑이가 걸터앉은 듯 웅장하여 땅 귀신이 복을 쌓아 두었고, 모든 신령이 와서 조회하며 세 방위가 다 공손히 읍(揖)을 한다. 남쪽에는

---

506) 삼전도(三田渡): 경기도 광주군 중대면 송파리에 있던 나루. 1637년(인조 15)에 이곳에 수항단(受降檀)을 쌓고 임금이 청 태종에게 항복한 곳. 현재 서울 송파구 삼전동.

507) 효릉(孝陵): 서삼릉 내에 자리한 조선 12대 왕 인종과 인성왕후의 능.

508) 을좌신향(乙坐辛向): 07시 방향에서 19시 방향을 바라보는 방위.

어지신 할아버지가 계시고, 북쪽에는 성스러운 어머니가 계시니, 아마도 영령들께서 서로 바라보며 기뻐하는 것이 완연히 평소와 같으리라"라고 표현하고 있다. 그러나 이듬해 3월 15일에 세자빈 강씨가 폐출되어 사사되었다. 당시에 강씨의 죄가 확실하게 밝혀지지 않은 상태에서 추측만을 가지고 법을 집행하였기 때문에 안팎의 민심이 수긍하지 않았다. 또 소현세자의 세 아들 이석철(李石鐵)[509]·이석린(李石麟)[510]·이석견(李石堅)[511]은 1647년(인조 25) 5월 13일에 제주도로 유배되었는데, 당시의 나이가 석철은 12세, 석린은 8세, 석견은 4세였다. 이를 두고 사신은 "지금 석철 형제가 비록 국법에서는 마땅히 연좌되어야 하나, 어린아이들이 무엇을 알겠는가. 그들을 독한 안개와 뜨거운 장기(瘴氣)가 있는 큰 바다 외로운 섬 가운데 버려두었다가, 혹여나 하루아침에 병에 걸려 죽기라도 한다면 성인의 자애로운 덕에 누가 되지 않겠는가. 그리고 죽은 자가 지각이 있다면, 소현세자의 영혼이 또한 깜깜한 지하에서 원통함을 품지 않겠는가"라고 논하였다. 결국, 큰아들 석철은 1648년(인조 26) 9월 18일에, 작은아들은 같은 해 12월 23일에 죽었다.

이런 일들이 일어나기 전인 1635년(인조 13) 12월 9일 신시(申時)[512]에 인열왕후가 창경궁 여휘당(麗暉堂)에서 승하하였다. 파주 북쪽 운천리에 있는 부윤 이유징(李幼澄)의 무덤을 옮긴 후, 이듬해인 4월 11일에 묘좌유향(卯坐酉向)[513]으로 장사를 지내고, 능호를 장

---

509) 이석철(李石鐵): 소현세자와 강씨의 큰아들, 경선군(慶善君), 1636.3.25~1648.9.18.

510) 이석린(李石麟): 소현세자와 강씨의 둘째 아들, 경완군(慶完君), 1640~1648.12.23.

511) 이석견(李石堅): 소현세자와 강씨의 셋째 아들, 경안군(慶安君), 1644~1665.

512) 신시(申時): 15:00~17:00.

513) 묘좌유향(卯坐酉向): 06시 방향에서 18시 방향을 바라보는 방위. 정서향.

릉(長陵)이라 하였다.

1649년(인조 27) 5월 8일에는 창덕궁의 대조전에서 인조가 승하하였다. 인열왕후의 장사 때 미리 준비해둔 옆자리에 같은 해 9월 20일 오시(午時)[514]에 장사 지냈다. 장지 선정 시에 대사헌 조익(趙翼)이 "인열왕후를 장사 지낼 때, 이간(李衎)을 제외한 다른 지관들은 그곳이 좋지 않다고 말하고, 그 뒤로 길흉도 분간되지 않고 의혹도 풀리지 않았는데, 그대로 그 자리에 인조를 모신다면 크게 후회할 일이 있을까 염려됩니다. 지관들을 불러 모아 다시 장지를 살펴본 뒤 각기 소견을 말하게 한다면, 길흉을 판단할 수 있을 것입니다"라고 상언하였으나 받아들여지지 않았다.

장릉의 주작

---

514) 오시(午時): 11:00∼13:00.

그러나 1731년(영조 7)에 능침 사이에 뱀이 가끔 나타나거나 똬리를 틀고 있고, 능을 처음 개광할 때에 땅속에 뱀이 있었으나 개의치 않고 장사를 지냈다는 소문이 있어, 그해 8월 30일에 교하 구읍(舊邑) 자좌오향(子坐午向)[515] 언덕으로 이장하였다.

장릉은 혈처 뒤의 내룡(來龍)이 힘이 있고, 왕자(王字)의 형상이라는 평가가 당시에 있었다. 그러나 주산과 안산이 또렷하지 못하고, 혈처 앞에 펼쳐진 명당은 오른쪽으로 치우쳐 있으면서, 앞은 텅 비어 허전한 느낌이 든다. 바로 나만의 색깔이 없어 다른 사람의 손에 휘둘리고, 후손의 복록은 고르지 못할 자리다. 조선시대 지리학 고시 과목인『명산론(明山論)』에 명당이 혈을 기준으로 한쪽은 넓고 다른 쪽은 좁은 것을 '편(偏)'이라 하여, 형제간에 복록이 고르지를 못하다고 설명하고 있다. 장릉(長陵)의 명당은 '편'으로 분류할 수 있다.

---

515) 자좌오향(子坐午向): 24시 방향에서 12시 방향을 바라보는 방위. 정남향.

25. 휘릉(徽陵)

휘릉(장열왕후)

인조(仁祖)[516) 비 인열왕후(仁烈王后)[517]가 1635년(인조 13)에 승하하자 인조는 영돈령부사 한원부원군(漢原府院君) 조창원(趙昌遠)의 막내딸을 1638년(인조 16) 12월 2일에 간택하여, 이틀 후인 4일에 결혼식을 올리고 왕비로 책봉하였다. 그가 훗날 장열왕후(莊烈王后)[518]이다.

장열왕후는 조창원과 완산부부인 최씨 사이에서 1624년(인조 2년)

---

516) 인조(仁祖): 조선 16대 왕, 선조와 인빈김씨의 손자, 정원군(추존 원종)의 큰아들, 이름 종(倧), 1595~1649.

517) 인열왕후 한씨(仁烈王后 韓氏): 조선 16대 왕 인조의 비, 서평부원군 한준겸과 회산부부인 황씨의 넷째 딸, 1594~1635.

518) 장열왕후(莊烈王后): 조선 16대 왕 인조의 계비, 한원부원군 조창원과 완산부부인 최씨의 딸, 1624~1688.

11월 7일 충청도 직산현 관아에서 태어났다. 가례를 행할 때 인조의 나이는 44세였고 장열왕후는 15세였다.

인조가 1649년(인조 27)에 승하를 하니, 둘째 아들인 봉림대군(鳳林大君)이 왕위를 계승하였는데, 그가 효종(孝宗)[519]이다. 효종은 장열왕후에게 자의(慈懿)라는 존호를 1651년(효종 2)에 올렸으며, 현종(顯宗)[520]은 공신(恭愼)이란 존호를 1661년(현종 2)에 더 올렸다. 숙종(肅宗)[521]은 1676년(숙종 2년)에 휘헌(徽獻)이라는 존호를 더 올린 후, 1686년(숙종 12)에는 강인(康仁)이라는 존호를 또 올렸다. 이처럼 장열왕후는 4대의 왕을 거치면서 왕실의 어른으로서의 삶을 살았다.

휘릉(장열왕후)

---

519) 효종(孝宗): 조선 17대 왕, 인조와 인열왕후 한씨의 둘째 아들, 이름 호(淏), 1636년 병자호란 때 형 소현세자와 청나라에서 9년간 볼모 생활, 1619~1659.

520) 현종(顯宗): 조선 18대 왕, 효종과 인선왕후의 외아들, 심양 출생, 이름 연(棩), 1641~1674.

521) 숙종(肅宗): 조선 19대 왕, 현종과 명성왕후의 아들, 이름 순(焞), 1661~1720.

1686년 여름에 병이 나자 여러 산천에 기도하고 죄수를 사면하고, 하늘에 부르짖어 기대하고 빌었지만 1688년(숙종 14) 8월 26일 창경궁 내반원(內班院)에서 후사가 없이 65세를 일기로 승하하였다. 그해 12월 6일 건원릉 서쪽 유좌묘향(酉坐卯向)[522]의 언덕에 장사 지내고, 능호를 휘릉(徽陵)이라 하였다.

　　항상 "후비(后妃)가 국정을 맡으면 나라가 망한다"는 경각심을 가지고 여성으로서 스스로 성스러운 행동을 하려고 힘썼으나, 본의 아니게 복제(服制)와 예송(禮訟)의 대상이 되어, 서인과 남인의 당쟁의 중심에 서게 되었다. 예송이란 상복을 입는 기간을 문제로 일어난 논쟁으로 1659년(효종 10) 5월 4일 효종이 승하하자 계모인 장열왕

휘릉(장열왕후)

522) 유좌묘향(酉坐卯向): 18시 방향에서 06시 방향을 바라보는 방위. 정동향.

후의 복제를 어떻게 정할 것인가의 문제가 제기되는데, 이것이 기해예송(己亥禮訟)이다.

효종은 형인 소현세자(昭顯世子)[523]가 일찍 세상을 떠나자, 인조의 뒤를 이어 왕위에 올랐다. 성리학에 근거한 예론(禮論)에서는 아들이 부모보다 먼저 죽었을 때, 그 부모는 죽은 아들이 적장자(嫡長子)인 경우는 삼년상(喪)을, 그 이하 차자일 경우에는 일년상을 입도록 하고 있다. 인조는 장자인 소현세자가 죽은 뒤 그의 아들이 있었음에도, 차자인 봉림대군이 왕위를 계승하게 하였다. 효종이 왕위에 오르게 되어 왕통이 적장자(적장자가 유고 시 적장손)가 잇는 관습에서 벗어나 기해예송의 배경이 되었다. 송시열(宋時烈)을 중심으로 한 서인들은 일년상을 주장한 데 반하여, 윤휴(尹鑴)·허목(許穆)·윤선도(尹善道) 등을 중심으로 한 남인들은 차자로 출생하였더라도 왕위에 오르면 장자가 될 수 있다는 허목의 차장자설을 내세우며, 장열왕후는 3년의 복을 입어야 한다고 주장하였다. 결국,『경국대전(經國大典)』에 장자와 차자의 구분 없이 1년복을 입게 한 규정에 의거하는 것으로 결말을 지어 서인이 승리를 거두게 되었다.

1674년(현종 15) 2월 23일 효종 비 인선왕후(仁宣王后)[524]가 승하하자 장열왕후의 복제문제로 갑인예송(甲寅禮訟)이 벌어졌다. 남인계의 허적 등은 기해예송 때와 같이 효종비를 장자부(長子婦)로 인정하여 1년복인 기년복(朞年服)을 주장하였으며, 서인계의 김수흥(金壽興) 등은 차자부(次子婦)로 보아 효종의 복과 같을 수 없다고 하여 9월복

---

523) 소현세자(昭顯世子): 인조와 인열왕후 한씨의 큰아들, 빈은 우의정 강석기(姜碩期)의 딸 민회빈(愍懷嬪), 1636년 병자호란 때 동생 봉림대군(훗날 효종)과 청나라에서 9년간 볼모 생활, 이름 왕(山+汪). 1612~1645.

524) 인선왕후(仁宣王后): 조선 17대 왕 효종의 비, 신풍부원군 장유와 안동김씨의 딸, 1618~1674.

인 대공복(大功服)을 주장하여 서인과 남인이 다시 충돌하였다. 결국, 조정에서는 남인의 기년복을 채택하여 이번에는 남인이 승리하였다. 현종의 뒤를 이어 즉위한 숙종은 기해년의 복제와 모순됨을 지적하여 서인계의 노론들을 내치고 남인계의 인물들을 기용하면서 송시열을 유배시켰다. 후에 성균관 유생들이 차자 기년복의 정당성을 주장하며 송시열 구명운동을 벌이기도 했으나, 남인계의 허적과 윤휴 등이 역모로 몰려 남인세력이 제거당하는 경신대출척(庚申大黜陟)이 일어나면서 예송은 일단락되었다. 그 뒤 숙종은 다시는 예론을 거론하지 못하도록 엄명을 내렸다.

휘릉은 장열왕후 성정과 같이 너그럽고 편안하면서도 자기중심을 잃지 않으려는 듯 균형을 갖추고 있다.

26. 영릉(寧陵)

영릉(효종)

　효종(孝宗)[525]은 1619년(광해군 11) 5월 22일 해시(亥時)[526]에 경행방 사저에서, 인조(仁祖)[527]와 인열왕후 한씨(仁烈王后韓氏)[528]의 둘째 아들로 태어났다. 1626년(인조 4)에 봉림대군(鳳林大君)으로 봉해졌고, 1631년(인조 9)에 신풍부원군 장유(張維)의 딸과 혼인하였다. 장씨는 장유와 영가부부인 김씨(永嘉府夫人 金氏) 사이에서 1618년(광해 10) 12월 25일 경기도 시흥시 장곡동에서 태어났다.

---

525) 효종(孝宗): 조선 17대 왕, 인조와 인열왕후 한씨의 둘째 아들, 이름 호(淏), 1636년 병자호란 때 형 소현세자와 청나라에서 9년간 볼모 생활, 1619~1659.

526) 해시(亥時): 21:00~23:00.

527) 인조(仁祖): 조선 16대 왕, 선조와 인빈김씨의 손자, 정원군(추존 원종)의 큰아들, 이름 종(倧), 1595~1649.

528) 인열왕후 한씨(仁烈王后 韓氏): 조선 16대 왕 인조의 비, 서평부원군 한준겸과 회산부부인 황씨의 넷째 딸, 1594~1635.

1637년(인조 15) 1월 청나라가 조선을 두 번째 침공해오는 병자
호란이 발발하자, 형 소현세자(昭顯世子)529) 내외와 함께 봉림대군의
내외도 청나라 심양(瀋陽)에 볼모로 끌려갔다. 소현세자가 인조 23년
(1645) 2월 18일에 돌아왔으나, 그해 4월 26일 창경궁 환경당(歡慶
堂)에서 갑자기 승하하자 대신들은 원손(元孫)530)을 세자에 책봉하여
야 한다고 주장하였다. 그러나 인조는 둘째 아들인 봉림대군을 세자
로 지목하여 관철한다.

인조는 그해 5월 14일 심양에서 돌아온 봉림대군과 부인 장씨(張
氏)를 9월 27일 창경궁 명정전(明政殿)에서 세자와 세자빈으로 책봉
하였다. 세자에 책봉된 봉림대군은 인조가 1649년(인조 27) 5월 8일
창덕궁 대조전에서 승하하자 6일 만인 같은 달 13일 왕으로 즉위하
였고, 같은 날 세자빈은 왕비에 책봉되었다. 그러나 즉위한 지 10년
만인 1659년(효종 10) 5월 4일 종기가 악화되어 침(針)을 맞았다가
잘못하여 혈관을 찔리는 바람에 지혈이 되지 않아 그토록 꿈꾸어 왔
던 북벌정책의 뜻을 이루지 못하고 41세의 나이로 승하하였다.

---

529) 소현세자(昭顯世子): 인조와 인열왕후 한씨의 큰아들, 빈은 우의정 강석기(姜碩期)의 딸 민회
빈(愍懷嬪), 1636년 병자호란 때 동생 봉림대군(훗날 효종)과 청나라에서 8년간 볼모 생활,
1612~1645.
530) 원손(元孫): 소현세자와 강씨의 큰아들, 경선군(慶善君), 이름 석철(石鐵), 1636~1648.

영릉(효종과 인선왕후)

　　당시에 효종이 침을 맞는 것이 좋은지의 여부를 의관 신가귀(申可
貴)에게 물으니 "종기의 독이 얼굴로 흘러내리면서 또한 농증(膿症)
을 이루려 하고 있으니, 반드시 침을 놓아 나쁜 피를 뽑아낸 연후에
야 효과를 거둘 수 있습니다"라고 대답하였고, 또 한 명의 의관 유
후성(柳後聖)은 경솔하게 침을 놓아서는 안 된다고 하였다. 왕세자가
수라를 들고 난 뒤에 다시 침을 맞을 것을 의논하자고 극력 청하였
으나, 효종은 신가귀에게 침을 잡으라고 명하였다. 효종이 침을 맞
고 나서 침구멍으로 피가 나오니, 상이 이르기를, "신가귀가 아니었
더라면 병이 위태로울 뻔하였다" 하였다. 그러나 과다출혈로 승하하
고 말았다.

　　효종의 뒤를 이어 왕위에 오른 현종(顯宗)531)은 좌의정 심지원(沈

531) 현종(顯宗): 조선 18대 왕, 효종과 인선왕후의 외아들, 심양 출생, 이름 연(棩), 1641~1674.

之源)을 산릉의 일을 총괄 지휘할 총호사(摠護使)로 임명하였다. 심지원은 능지를 찾아 나서면서 전 참의 윤선도(尹善道)와 동행할 것을 요청하여 승낙을 받았다. 윤선도는 효종의 사부(師傅)였으나 당시에는 파직 중에 있어 군직(軍職)을 붙여 관원으로 활동할 수 있었다.

서운관(書雲觀)에 기록하여 보관하고 있던 왕릉 후보지 몇 곳을 선정하여 둘러본 총호사 일행은, 현재 영릉(寧陵)의 자리인 홍제동(弘濟洞)과 융릉(隆陵)532)이 있는 수원의 산을 쓸만한 곳으로 추천하였다.

이때 예조판서 윤강(尹絳)은 "홍제동은 산이 멀리서 왔고 힘이 있어 그 역량이 매우 크다고 풍수가들이 말을 하고 있습니다. 그러나 혈(穴)이 제대로 맺히지 않은 가화(假花)일뿐더러, 산줄기 역시 1백여 보(步)에 불과하고 나약하여 힘이 없기가 마치 두렁이의 모양과 같습니다. 홍제동 산은 영릉(英陵)533)을 만들고 난 나머지 기운이 만든 곁가지에 불과하여 능을 조성할 만한 자리가 아닙니다"라고 평하였다. 또 "수원의 호장(戶長) 집 뒷산이 용혈사수(龍穴砂水)534)가 진선진미하여 그야말로 천재일우의 곳으로 다른 산과는 단연 비교가 되지 않았습니다"라고 수원의 산을 제일이라고 고하였다.

윤선도는 추고함사(推考緘辭)에서 "수원의 산은 눈에 번쩍 뜨일 정도로 아주 좋은 곳임을 분명히 알 수 있습니다. 내룡(來龍)이 영릉(英陵)에 비해 조금 못하지만, 진정 천리(千里)를 가도 그러한 곳은 없고 천 년에 한 번 만날 수 있는 곳으로, 비록 도선(道詵)이나 무학(無學)

---

532) 융릉(隆陵): 사도세자와 혜경궁 홍씨의 무덤으로 효종 승하 시에는 빈자리였다.

533) 영릉(英陵): 조선 4대 왕 세종과 소헌왕후 심씨의 능.

534) 용혈사수(龍穴砂水): 집터나 무덤의 위치를 혈(穴), 주산에서 혈로 내려오는 산줄기를 용(龍), 혈을 사방에서 감싸고 있는 산을 사(砂), 혈 주변에 흐르는 물을 수(水)라고 한다. 풍수에서 용혈사수가 좋으면 명당으로 친다.

이 다시 살아난다고 하여도 다른 말이 없을 곳입니다. 이는 내 소견만 그런 것이 아니고, 윤강·이원진(李元鎭) 및 다른 여러 풍수가도 문제점을 전혀 말하지 않았을 뿐만 아니라, 오히려 입이 마르도록 찬사를 연발하며 모두가 나라를 위해 축하를 한 자리입니다"라고 밝히면서 수원의 산을 강력하게 추천하였다.

현종은 부왕(父王)인 효종이 홍제동 산을 멀어서 싫어했던 점을 감안하여, 비교적 가까운 거리에 있는 수원의 산을 장지로 정하여 능지 조성을 시작하였다. 그러나 판중추부사 송시열(宋時烈)이 극렬하게 반대하자, 그 주변 인물들이 합세하여 논란이 이어졌다. 결국, 효종이 승하한 지 2개월 8일이 지난 7월 11일에서야 건원릉(健元陵)535) 우측 곧 현재의 원릉(元陵)536)의 자리로 결정되었다.

당시에 송시열은 "막중한 일을 신이 맨 먼저 이의를 제기했었는데, 그 후 대신·재신(宰臣)들이 계속 상소문을 올려 지금까지도 결정이 되지 않고 있으니, 신은 참으로 황공합니다. 그러나 만세 후에 오환(五患)이 있으리라는 것은 인사(人事)로 따져 보아 틀림없이 그리될 것입니다. 수원에는 언제나 6, 7천의 병마가 주둔해 있고, 지리적 여건도 3남(三南)의 요충지대에 해당하므로 만약 변란이 있게 되면 틀림없이 전쟁터가 될 것입니다. 그리고 지금 수백 호의 민가를 일시에 철거하고 분묘들을 옮기고 생업을 깨뜨린다면, 그에 따른 원한과 한탄이 국가의 화기를 해칠 것입니다"라고 하여, 정자(程子)가 말한 집터나 무덤 자리를 정할 때 피해야 할 다섯 가지 요건, 즉 "훗날에 도로가 되지 않아야 하고, 성곽이 되지 않아야 하고, 도랑이나

---

535) 건원릉(健元陵): 태조 이성계의 능으로 동구릉 내에 있다.

536) 원릉(元陵): 조선 21대 왕 영조와 계비 정순왕후의 능.

연못이 되지 않아야 하고, 권력자에게 빼앗기지 않아야 하고, 논밭이 되지 않아야 한다" 중 하나인 '훗날 성곽(城郭)이 들어설 것'이라는 이유를 들어 수원의 산을 능지로 정하는 것을 반대하였다. 당시에 송시열의 반대에 동참하였던 송준길(宋浚吉)은 "지난날 효종께서 온 나라를 송시열에게 맡기고 그의 말이면 듣지 않은 말이 없었으며, 그가 하려는 것이면 안 하는 일이 없었습니다. 그런데 지금 산릉 문제로 전후 누차 의견을 개진하였으나 받아들여지지 않고 있으므로, 깔끔한 그의 마음에 개탄스러운 생각이 없지 않아 떠나고 싶은 뜻이 있는 것입니다"라고 거들었다.

결국은 1659년 10월 29일 진시(辰時)[537)에 건원릉 오른쪽 건좌손향(乾坐巽向)[538)의 능선에 효종을 장사 지내니, 그곳이 영릉(寧陵)이다.

효종을 장사 지낸 지 채 1년도 되기 전에 지대석(地臺石)을 비롯한 석물에 틈이 생기기 시작하자, 현종은 영릉을 직접 둘러보고 보수를 지시하였다. 후에도 크고 작은 보수가 이어지자 송시열은 차라리 능침을 다시 쌓는 것이 현실적이라고 하지만 받아들여지지 않다가, 급기야는 영림부령 이익수(李翼秀)의 상소로 천릉(遷陵)을 하기에 이른다. 당시에 천릉을 하게 되면 유골에 문제가 있을 경우 송시열이 중벌을 받을 것을 두려워하여, 천릉을 하기보다는 능침을 다시 고쳐 쌓을 것을 상언하였다는 주장도 있었다.

구릉을 헐어내고 보니, 조성 당시에 총체적인 부실공사였음이 밝혀졌다. 기왓조각과 나뭇조각이 묻혀 있었고, 흙으로 채워 다져야 할 곳에 잡석이 채워져 있었다. 석회를 사용하여야 할 곳을 흙으로

---

537) 진시(辰時): 07:00~09:00,
538) 건좌손향(乾坐巽向): 21시 방향에서 09시 방향을 바라보는 방위. 남동향.

채우는 등 부실시공이 원인이 되어 공간이 생겼고, 그 공간으로 벌레와 뱀이 다니고 빗물이 스며들었다. 현종은 당시에 능을 조성한 책임자들을 처벌하였으며, 효종의 국장 문제로 송시열은 현종의 신뢰를 잃게 되었다.

송시열의 상소문에 "당초 능의 흙을 한 자쯤 파헤친 뒤에 무덤 안에 이상이 없음을 알았지만, 일을 맡은 여러 신하가 망극(罔極)한 사람들의 말을 두려워한 나머지 그대로 봉하자는 의견을 끝내 제기하지 못하였습니다. 신릉(新陵)이 길하다는 것은 예부터 일컬어 온 바이지만, 어찌 지극히 편안한 땅에 그대로 모시는 것만 하겠습니까"라고 하였다. 구릉을 헐어보니 별문제가 없어 그대로 다시 봉하고, 천릉은 없었던 일로 하고 싶었다는 내용이다.

현종이 답하기를 "경의 상소를 살펴보고 나도 모르게 놀라고 의아하였다. 경이 효종에게 받은 은혜는 보통 사람보다 훨씬 많았으므로, 내 생각에는 효종의 능에 대한 일에 물불을 가리지 않을 줄 알았다. 그런데 오늘의 일은 경에게 바랐던 바에 크게 어긋난 것이다. 능안에 빗물이 스며들어서 고여 있는 형상과 석물에 흠이 생긴 일은 경도 보고 들어서 잘 알 것이다. 무덤 속에 흠이 없는 것은 겉모양만 보고 알 수 있는 일이 아닌데, 어찌 그대로 봉하자는 의논을 용납하겠는가. 이 점이 나에게는 의혹되어 경의 뜻을 이해할 수 없다. 오늘날 천릉(遷陵)하는 일은 풍수설에 현혹되어 하는 것이 아닌데, 경의 상소에서는 이로 말미암아 그렇게 하는 것처럼 여기는 내용이 있으니 더욱 놀랍고 의혹되어 경의 뜻을 이해할 수 없다." 덧붙여 "경의 상소의 내용은 모두 불평한 말이 아닌 것이 없고, 도리어 나의 말을 이토록 심하게 의심하였다. 이는 나의 성의가 경에게 믿음을 주지 못한 소치이므로 나는 부끄럽고 한스러울 뿐이다. 다시 무슨 말을 하겠는가? 경은 양해하라" 하였다.

능이 새로 옮겨갈 자리로 홍제동 산이 결정되었다. 인선왕후(仁宣王后)[539] 사후를 미리 준비하기 위하여 능을 조성하는 방식이 논의되었다. 능을 쌍릉(雙陵)으로 하는 방법과 상하로 하는 방법이 있는데, 쌍릉으로 할 경우 가운데가 정혈(正穴)인데, 그곳을 비워두게 되는 문제가 있어 능을 상하로 조성하기로 하였다. 윗부분에 자좌오향(子坐午向)[540]으로 현궁을 조성하여, 1673년(현종 14) 10월 7일 사시(巳時)[541]에 효종을 옮겨 모셨다.

영릉(효종과 인선왕후)

---

539) 인선왕후(仁宣王后): 조선 17대 왕 효종의 비, 본관 덕수(德水), 장유(張維)와 안동김씨의 딸, 1618~1674.

540) 자좌오향(子坐午向): 24시 방향에서 12시 방향을 바라보는 방위. 정남향.

541) 사시(巳時): 09:00~11:00.

효종의 능을 옮긴 지 5개월여 만인 1674년(현종 15) 2월 23일 축시(丑時)542)에 경희궁 회상전(會祥殿)에서 효종비 장씨가 승하하니, 현종은 시호를 인선왕후로 하고 능지는 효종의 아래로 결정하였다. 이조판서 이상진(李尙眞)은 능을 위아래로 조성할 경우 위의 땅을 파면 그 아래는 맥(脈)이 끊기는 법이라 하여 위아래로 능을 조성하는 것을 반대하였지만, 현종은 당초의 계획대로 인선왕후를 아래의 자리에 모시도록 지시하였다.

한편 인선왕후의 상여는 1백50척의 배(舟)와 배를 움직이는 사람 3천6백90명이 동원되어 수로(水路)로 운반하여, 같은 해 6월 4일 신시(申時)543)에 효종의 능 아래에 장사 지냈다. 이와 같은 왕릉의 양식을 동원상하봉릉(同原上下封陵)이라 하는데, 조선왕릉 처음으로 조성된 양식이다.

영릉(寧陵)은 예종 1년(1469) 3월 6일에 세종(世宗)544)의 능을 옮겨오면서, 청룡자락 북쪽에 있던 전 우의정 이인손(李仁孫)의 묏자리도 옮겨가도록 하였는데, 현재의 영릉(寧陵)이 영릉(英陵)의 청룡자락 뒷면에 있는 것으로 보아 이인손의 무덤이 있던 자리로 보인다.

---

542) 축시(丑時): 01:00∼03:00.

543) 신시(申時): 15:00∼17:00.

544) 세종(世宗): 조선 4대 왕, 현종과 원경왕후의 셋째 아들, 이름 도(裪), 1397∼1450.

27. 숭릉(崇陵)

숭릉(현종과 명성왕후)

현종(顯宗)545)은 1637년(인조 15) 1월에 일어난 병자호란 때 청나라에 볼모로 끌려갔던, 봉림대군(鳳林大君)546)과 장씨(張氏)547) 사이에서 1641년(인조 19) 2월 4일 축시(丑時)548)에 청나라 심양 질관(質館)에서 태어났다. 네 살이 되던 해인 1644년(인조 22)에 아버지 봉림대군보다 먼저 본국으로 돌아왔다. 1645년(인조 23) 2월 18일에

---

545) 현종(顯宗): 조선 18대 왕, 효종과 인선왕후의 외아들, 심양 출생, 이름 연(棩), 1641~1674.

546) 봉림대군(鳳林大君): 조선 17대 왕 효종, 인조와 인열왕후 한씨의 둘째 아들, 이름 호(淏), 1636년 병자호란 때 형 소현세자와 청나라에서 9년간 볼모 생활, 1619~1659.

547) 장씨(張氏): 조선 17대 왕 효종의 비 인선왕후, 본관 덕수(德水), 장유(張維)와 안동김씨의 딸, 1618~ 1674.

548) 축시(丑時): 01:00~03:00.

는 큰아버지인 소현세자(昭顯世子)[549]가 돌아왔으나, 그해 4월 26일 갑자기 승하하자 아버지 봉림대군이 왕세자에 책봉되었다. 현종은 1648년(인조 26) 7월 29일 원손(元孫)으로 봉작되었다가, 이듬해 2월 18일에 창덕궁 인정전에서 왕세손으로 책봉되었다. 효종(孝宗)이 1649년 5월 13일 조선 17대 왕으로 즉위하자, 왕세손은 1651년(효종 2) 8월 10일에 관례(冠禮)[550]를 행하고, 같은 달 28일에 왕세자로 책봉되었다.

관례를 행했던 그해 7월 27일에 세자익위사세마(世子翊衛司洗馬)[551] 김우명(金佑明)의 딸을 세자빈으로 간택하였다가, 그해 11월 21일에 세자빈으로 책봉하였다. 현종이 효종의 뒤를 이어 1659년 5월 9일 창덕궁 인정전에서 조선 18대 왕으로 즉위하고, 세자빈 김씨를 왕비로 봉하였다가 1661년(현종 2) 7월 29일에 왕비로 책봉하였으니 그녀가 명성왕후(明聖王后)[552]다. 훗날 김우명은 영돈령부사로 청풍부원군(淸風府院君)에, 부인 은진송씨(恩津宋氏)는 덕은부부인(德恩府夫人)에 봉해졌다. 명성왕후는 1624년(인조 20) 5월 17일 진시(辰時)[553]에 장통방(長通坊) 사저에서 태어났다.

현종이 즉위하자마자 아버지 효종이 둘째 아들이라는 이유로 효종의 국상 중에 인조계비 장열왕후(莊烈王后)[554]가 입어야 할 복제기

---

549) 소현세자(昭顯世子): 인조와 인열왕후 한씨의 큰아들, 빈은 우의정 강석기(姜碩期)의 딸 민회빈(愍懷嬪), 1636년 병자호란 때 동생 봉림대군(훗날 효종)과 청나라에서 9년간 볼모 생활, 이름 왕(山+汪). 1612~1645.

550) 관례(冠禮): 남자가 성년에 이르러 어른이 된다는 뜻으로 상투를 틀고 갓을 쓰게 하던 예식.

551) 세자익위사세마(世子翊衛司洗馬): 조선시대에 왕세자를 모시고 경호하는 일을 관아에 두었던 정9품의 벼슬로 좌우 각 한 명씩 두었다.

552) 명성왕후(明聖王后): 조선 18대 왕 현종의 비, 청풍부원군 김우명과 덕은부부인 은진송씨의 딸, 1642~1683.

553) 진시(辰時): 07:00~09:00.

숭릉(현종과 명성왕후)

간에 대한 예송(禮訟) 문제가 제기되었다. 서인과 남인 간의 예송논쟁이 인선왕후(仁宣王后)[555] 장례 때까지도 이어지다가 많은 사람의 희생을 가져온 뒤에야 비로소 매듭되었다.

현종은 재위기간 대부분을 당파 싸움만 지켜보다가 1674년(현종 15) 8월 18일 해시(亥時)[556]에 창덕궁 양심각(養心閣)에서 34세를 일기로 승하하였다.

같은 달 23일에 현종에 이어 조선 19대 왕으로 즉위한 숙종(肅宗)[557]은 수원에 있는 송시열(宋時烈)에게 능지(陵誌)를 찬술하라는

554) 장열왕후(莊烈王后): 조선 16대 왕 인조의 계비, 한원부원군 조창원과 완산부부인 최씨의 딸, 1624~1688.
555) 인선왕후(仁宣王后): 조선 17대 왕 효종의 비, 본관 덕수(德水), 장유(張維)와 안동김씨의 딸, 1618~1674.
556) 해시(亥時): 21:00~23:00.

명을 내렸으나, 송시열이 거절하는 상소를 올리자 "왕인 내가 어린 나이에 하늘에 죄를 지어 이루 말할 수 없는 큰 슬픔을 당하니, 스스로 통곡할 따름이다. 이제 경(卿)의 상소를 보고 내가 매우 놀랐다. 현종께서 경을 특별히 사랑하여 후하게 대우해 주었음을 생각하여 속히 올라와서 지어 올리라"라고 다시 명하였으나 끝내 거절하였다. 결국, 능지를 이조참판 김석주(金錫胄)가 찬술하였다.

장지를 찾아 나선 산릉도감제조 민정중(閔鼎重)이 추천한 후보지 다섯 곳 중에서, 숙종은 건원릉(健元陵)[558] 안의 혈처를 선호하였다. 총호사 김수항(金壽恒)이 "신은 본디 풍수에 어두우므로 사대부 중 풍수를 잘 아는 자와 여러 지사(地師)로 하여금 여러 후보지의 순서를 정하게 하였더니, 건원릉 안을 뛰어난 것으로 여기는 자가 많았습니다. 장지의 결정은 그 자체가 아주 중요하므로 마땅히 여러 대신과 다시 의논하여 정하겠습니다" 하니, 숙종이 승낙하였다.

다음 날 김수항이 "대부분의 대신이 건원릉 안으로 정하는 것이 좋다는 결론을 내렸습니다. 다만 이상진(李尙眞)만이 완전한 땅을 구하려고 합니다"라고 고하니, 허적(許積)이 "완전한 땅을 어찌 쉽게 얻을 수 있겠습니까? 우선 건원릉 안으로 정하고, 또한 다른 산을 구하는 것이 좋겠습니다" 하였다. 김수항이 "이미 조성공사를 시작하였는데, 다른 곳을 찾고 다닌다면 건원릉 안을 부족하게 여기는 것입니다" 하니, 숙종이 "명성왕후의 뜻이 이미 건원릉 안에 있고, 나의 뜻도 또한 이와 같으니, 달리 간산(看山)하지 않는 것이 좋겠다"고 하여, 비교적 쉽게 장지가 결정되었다.

---

557) 숙종(肅宗): 조선 19대 왕, 현종과 명성왕후의 외아들, 이름 순(焞), 1661~1720.
558) 건원릉(健元陵): 태조 이성계의 능으로 동구릉 내에 있다.

숭릉(현종과 명성왕후)

장지 조성은 명성왕후 사후에 쌍릉(雙陵)으로 조성될 수 있도록 미리 준비하되, 현종의 무덤을 정혈(正穴)에 쓰고 남은 공간이 부족하면 흙을 채워서 조성하도록 지시하였다. 또 명성왕후는 고갈된 국고와 민력(民力)을 염려하여 구 영릉(寧陵)에 묻힌 석물을 새 능에 쓰도록 하였다. 구 영릉이란 1659년에 조성되었던 효종의 무덤이 채 1년도 되기 전에 지대석(地臺石)을 비롯한 석물에 틈이 생기기 시작하여, 여러 차례 보수하였지만 문제가 계속 반복되자, 영림부령 이익수(李翼秀)가 천장을 하는 것이 좋겠다는 상소문을 올려 1673년(현종 14)에 현재의 위치인 여주로 이장하였다. 이때 석물은 옮겨가지 않고 주변에 묻어 두었는데, 이 석물을 현종의 무덤에 재활용하도록 한 것이다. 또 숙종은 장지에 도착한 현종의 관(棺)을 장사를 지낼 때까지 정자각에 모셔두고, 관을 임시로 보관하는 영악전(靈幄殿)을 짓지 못하도록 하였다.

석물의 재활용과 정자각을 임시 영악전으로 사용하도록 하는 파격적인 장례절차를 거쳐, 그해 12월 13일 진시(辰時)[559]에 건원릉 우측 능선 끝 부근에 유좌묘향(酉坐卯向)[560]으로 장사를 지내고, 능호를 숭릉(崇陵)이라 하였다.

명성왕후는 어머니 은진송씨가 어떤 새가 옥(玉)을 물고 날아와 침방(寢房)을 지나다가 떨어뜨리는 꿈을 꾼 다음 날 태어났는데, 어진 사람이 될 조짐이 꿈에 나타난 것처럼 왕비가 되었다.

명성왕후는 "초상에서부터 발인하여 현궁에 관을 내리고 반우(返虞)[561]하는 데 이르기까지 사용되는 여러 기구는, 옛날에 사용했던 물건 중에서 다시 사용할 수 있는 것이 있다면, 다시 만들지 말고 재활용하도록 하라"는 유서를 남기고, 1683년(숙종 9) 12월 5일 미시(未時)[562]에 창경궁 저승전(儲承殿)에서 42세를 일기로 승하하였다. 현종을 장사 지낼 때 그 왼쪽을 비워 두었는데, 그곳에 다음 해 4월 5일 인시(寅時)[563]에 장사를 지냈다. 명성왕후가 승하하자 현종의 묘지문 짓기를 거부하였던 송시열이 조문을 하였으며 묘지문도 지었다.

숭릉은 동구릉으로 진입하다 보면 왼쪽 끝 깊숙한 곳에 자리하고 있다. 선조의 무덤인 목릉(穆陵)과 같이 상당히 외진 곳에 위치한 연유로 일반인에게 제한적으로 공개되는 능이다. 정자각이 팔작지붕으

---

559) 진시(辰時): 07:00~09:00.

560) 유좌묘향(酉坐卯向): 18시 방향에서 06시 방향을 바라보는 방위. 정동향.

561) 반우(返虞): 장사를 지낸 후에 신주를 모시고 집으로 돌아오는 일.

562) 미시(未時): 13:00~15:00.

563) 인시(寅時): 03:00~05:00.

로 만들어져 특이한 모습을 하고 있고, 현종의 무덤에 사용된 석물이 효종의 옛 무덤인 구 영릉의 석물이었다는 것을 알고 답사를 하면 더욱 흥미롭다.

28. 명릉(明陵)

명릉(숙종과 인현왕후, 인원왕후)

숙종(肅宗)564)은 현종(顯宗)565)과 명성왕후(明聖王后)566) 김씨(金氏) 사이에서 1661년(현종 2) 8월 15일 경덕궁567) 회상전에서 태어났다. 1667년(현종 7) 1월 22일 창덕궁 인정전에서 왕세자로 책봉되었고, 1671년(현종 11) 12월 16일에 사계 김장생(金長生)의 증손 김만기와 청주한씨의 딸을 간택하여, 이듬해 3월 22일에 왕세자빈으로 책봉

---

564) 숙종(肅宗): 조선 19대 왕, 현종과 명성왕후의 외아들, 이름 순(焞), 1661～1720.

565) 현종(顯宗): 조선 18대 왕, 효종과 인선왕후의 외아들, 심양 출생, 이름 연(棩), 1641～1674.

566) 명성왕후(明聖王后): 조선 18대 왕 현종의 비, 청풍부원군 김우명과 덕은부부인 은진송씨의 딸, 1642～1683.

567) 경덕궁(慶德宮): 현 경희궁(慶熙宮).

하고 4월 3일에 결혼식을 올렸다. 부왕 현종이 승하하자 1674년 8월 23일 창덕궁 인정전에서 조선 19대 왕으로 즉위하였다.

숙종 대에는 커다란 일이 세 차례나 있었다. 1680년 남인이 실각하고 서인이 집권하는 경신환국(庚申換局), 1689년에는 남인이 집권하고 서인이 실각하는 기사환국(己巳換局), 1694년에는 남인이 실각하고 서인이 재집권했던 갑술환국(甲戌換局)이다. 숙종 즉위 초기에는 남인들이 실권을 장악하고 있었다. 1674년(현종 15)에 효종(孝宗)568) 비 인선왕후(仁宣王后)569)가 승하하자, 인조(仁祖)570)의 계비 장렬왕후(莊烈王后)571)의 복제문제로 남인과 서인의 다툼이 벌어졌던 갑인예송(甲寅禮訟)에서 남인의 주장이 받아들여져 실권을 장악하기에 이르렀던 것이다.

1680년(숙종 6) 4월 5일 정원로(鄭元老)와 강만철(姜萬鐵)이 허견(許堅)과 인평대군(麟坪大君)572)의 아들 복선군(福善君)이 역모를 꾀한다는 상언을 하였다. 이 일로 같은 달 12일에 복선군은 교수형에 처하고, 허견은 능지처참하였다. 또 26일에는 복선군의 형 복창군(福昌君)을 사사하고, 동생 복평군(福平君)은 유배하였다. 다음 달 5일에는 허견의 아버지 허적(許積)을 사사하였다. 남인의 대표적인 인물들이 대부분 제거되었고, 반면에 서인의 영수 송시열(宋時烈)이

---

568) 효종(孝宗): 조선 17대 왕, 인조와 인열왕후 한씨의 둘째 아들, 이름 호(淏), 1636년 병자호란 때 형 소현세자와 청나라에서 9년간 볼모 생활, 1619~1659.

569) 인선왕후(仁宣王后): 조선 17대 왕 효종 비, 신풍부원군 장유와 안동김씨의 딸, 1618~1674.

570) 인조(仁祖): 조선 16대 왕, 선조와 인빈김씨의 손자, 정원군(추존 원종)의 큰아들, 이름 종(倧), 1595~1649.

571) 장렬왕후(莊烈王后): 조선 16대 왕 인조의 계비, 한원부원군 조창원과 완산부부인 최씨의 딸, 1624~1688.

572) 인평대군(麟坪大君): 인조와 인열왕후 한씨의 셋째 아들, 이름 요(㴭), 1622~1658.

도성에 입성하여 숙종의 극진한 환대를 받았다. 송시열은 1674년에 현종의 능지(陵誌)를 찬술하라는 명을 내렸으나 거절한 일이 있었다. 이듬해인 1675년(숙종 1) 윤5월 21일에 멀리 유배되었다가 돌아온 것이다.

이 정국의 대변환이 바로 경신환국으로 서인의 시대가 열리게 되었다. 우연한 일치로 1680년(숙종 6) 10월 26일에는 인경왕후(仁敬王后)[573]가 갑자기 승하하자, 이듬해 5월 2일에 서인 가문이었던 민유중(閔維重)의 딸을 왕비로 책봉하니 서인에게 더욱 힘이 실리게 되었다.

1689년(숙종 15)에는 기사환국이 일어난다. 아들이 없었던 숙종은 후궁 소의장씨(昭儀張氏)[574]가 1688년(숙종 14) 10월 27일에 아들을 낳자, 그 아들을 1689년 1월 10일에 원자(元子)[575]로 삼고, 같은 달 15일에 장씨를 희빈(禧嬪)으로 책봉하였다. 송시열이 희빈장씨의 아들을 원자로 삼은 일이 잘못되었다는 상소를 같은 해 2월 1일 올리자, 숙종은 송시열의 관직을 삭탈하고 제주도로 유배를 보냈다. 그리고 도승지 이세백(李世白)·좌승지 김재현(金載顯)·좌부승지 서문유(徐文裕)·우부승지 조의징(趙儀徵) 모두를 파직하였다. 송시열에 대한 명을 빨리 이행하지 않았다는 이유다. 2월 10일에는 주요관직에 남인을 등용하는 인사를 단행한 다음, 3월 11일에는 이광한(李光漢)·이회·김환(金煥)·김중하(金重夏) 등 서인 출신들을 처형하고

---

573) 인경왕후(仁敬王后): 조선 19대 왕 숙종의 비, 본관 광산(光山), 광성부원군 김만기(金萬基)와 서원부부인 한씨의 딸, 1661~1680.

574) 소의장씨(昭儀張氏): 조선 19대 왕 숙종의 후궁, 경종의 어머니, 희빈장씨, 본관 인동(仁同), 장형(張炯), ?~ 1701.

575) 원자(元子): 훗날 조선 20대 왕 경종, 숙종과 후궁 희빈장씨의 아들, 이름 윤(昀), 1688~ 1724.

재산을 몰수하였으며, 김익훈(金益勳)은 사사하였다. 3월 18일에는 이이(李珥)와 성혼(成渾)을 문묘종향(文廟從享)576)에서 축출하고, 윤3월 28일에는 송시열이 가장 아꼈던 영의정을 지낸 김수항(金壽恒)을 사사하였다. 5월 2일에 인현왕후 민씨(仁顯王后 閔氏)577)를 폐출하고, 5월 13일에 희빈장씨를 왕비로 삼았다. 6월 3일에는 제주도 유배지에서 압송 중이던 송시열을 정읍에서 사사하고, 1690년(숙종 16) 10월 22일에 희빈장씨를 왕비로 책봉하면서, 왕실과 조정은 완벽하게 남인이 장악하는 기사환국이 마무리되었다.

권력을 장악했던 남인은 확실한 구심점이 없는 상황이 전개되었다. 그러다가 왕실에 상황의 변화가 서서히 일어났다. 1693년(숙종 19) 4월 26일 숙원최씨(淑媛崔氏)가 책봉되어 숙종의 총애를 받기 시작하자 장씨의 입지가 좁아지고 있었다. 이 상황에서 이듬해 3월 29일 김인(金寅)·박귀근(朴貴根)·박의길(朴義吉)이 장씨의 오빠 장희재(張希載)가 숙원최씨를 독살하려는 음모를 꾸민다는 상소를 올렸던 게 갑술환국의 시작이 되었다. 서인 출신 김석주·김익훈·송시열 등이 복관되었고, 4월 11일에 장희재는 귀양을 보냈다. 12일에는 장씨가 희빈으로 강등되고, 인현왕후를 다시 왕비로 책봉하였다. 이이·성혼은 다시 문묘에 종사되었고, 남인은 조정에서 모두 내쫓기거나 처벌을 받았다. 다시 서인이 조정을 장악하는 갑술환국이 일어났던 것이다.

그러나 숙종 대에 환국만 있었던 것은 아니다. 단종(端宗)578)·사육신(死六臣)579)·소현세자빈(昭顯世子嬪)580)의 복위가 이루어졌다.

---

576) 문묘종향(文廟從享): 공자의 신위를 모신 사당에 위패를 모시는 일.

577) 인현왕후 민씨(仁顯王后 閔氏): 조선 19대 왕 숙종의 계비, 본관 여흥(驪興), 여양부원군 민유중(閔維重)과 은진송씨의 딸, 1667~1701.

578) 단종(端宗): 조선 6대 왕, 이름 홍위(弘暐), 문종과 현덕왕후의 장남, 1441~1457.

명릉(숙종과 인현왕후)의 주작

　이처럼 집권 초기부터 중반을 넘길 때까지 큰일을 많이 처리하였던 숙종이 1720년(숙종 46) 6월 8일 경덕궁 융복전에서 60세를 일기로 세상을 떠나니 재위기간은 46년이었다. 숙종의 계비 인원왕후(仁元王后)581)가 연잉군(延礽君)582)을 시켜 "국상의 모든 일을 인원왕후가 주관하라는 임금의 유교가 있었다. 그래서 유교에 따라 시행

---

579) 사육신(死六臣): 세조 때 단종 복위를 꾀하다 실패하여 처형당한 성삼문(成三問)·박팽년(朴彭年)·이개(李塏)·하위지(河緯地)·유성원(柳誠源)·유응부(俞應孚) 등 여섯 명의 충신을 말한다.

580) 소현세자빈(昭顯世子嬪): 조선 16대 왕 인조의 장남 소현세자 빈 강씨, 본관 금천(衿川), 강석기(姜碩期)의 딸, 1646년 3월 15일 역모죄로 사사, ?～1646.

581) 인원왕후(仁元王后): 조선 19대 왕 숙종의 계비, 본관 경주(慶州), 경은부원군 김주신(金柱臣)과 가림부부인 조씨(趙氏)의 딸, 1687～1757.

582) 연잉군(延礽君): 조선 21대 왕 영조, 숙종과 후궁 숙빈최씨의 아들, 이름 금(昑), 1694～1776.

할 것이니 대신들은 이 뜻을 알아야 할 것이다"라고 전교하였다. 임금의 유교에 따라 장지는 1701년(숙종 27)에 인현왕후를 장사 지낼 때 우측을 비워두었는데, 그곳에 같은 해 10월 21일에 갑좌경향(甲坐庚向)[583]으로 장사를 지냈다.

인현왕후는 영돈령부사 여양부원군 민유중(閔維重)과 의정부좌참찬 송준길(宋浚吉)의 딸인 은성부부인 송씨(宋氏) 사이에서 1667년(현종 8년) 4월 23일에 태어났다. 1681년(숙종 7) 5월 2일에 왕비로 책봉되었다가, 같은 달 13일에 결혼식을 거행하였다. 그러나 후궁이었던 희빈장씨는 아들(경종)을 낳았으나 인현왕후는 후사가 없었다. 희빈장씨의 아들을 원자로 책봉하면서 일어난 기사환국 때 인현왕후는 폐출되어 사가로 물러났고, 희빈장씨는 왕비로 책봉되었다.

숙종은 희빈장씨의 오빠가 숙원최씨를 독살하려 한다는 상소를 받고, 1694년(숙종 20) 4월 12일 "내가 일찍이 공평한 마음으로 차근차근 따져보고 환히 깨닫게 되어, 크게 회한을 느낀 나머지 몸을 뒤척이며 잠들지 못한 지 여러 해가 되었다"고 자신이 하였던 일을 반성하고 후회하며, 장씨를 폐하고 인현왕후를 다시 왕비로 복위하도록 하였다. 아울러 폐출 당시에 목숨을 걸고 반대하였던 오두인(吳斗寅)과 박태보(朴泰輔) 등에게는 관작을 추증하였다.

인현왕후는 사제에 있을 때 항상 죄인으로 자처하여 아름다운 옷을 입지 않았고, 찬방에서 잠자기를 피하지 않았으며, 무더운 여름에도 점심을 먹지 않으며 지냈다. 다시 왕비의 자리로 돌아온 인현왕후가 1701년(숙종 27) 8월 14일 창경궁 경춘전에서 35세의 나이

---

583) 갑좌경향(甲坐庚向): 05시 방향에서 17시 방향을 바라보는 방위.

로 승하하였다.

숙종은 원비 인경왕후를 장사 지낼 때 보아두었던 경릉(敬陵)[584] 왼쪽 "봉황이 날고 용이 오르는 형국"이라는 응봉(鷹峰) 기슭에 인현왕후의 장지를 정하고, 능호를 명릉(明陵)이라 하였다. 같은 해 12월 9일에 장사를 지내면서 오른쪽 정혈 처는 비워두고, 곡장을 치우치지 않도록 쌓고, 정자각도 중간에 위치하도록 하여 인현왕후 옆자리에 숙종 자신이 묻힐 수 있도록 미리 준비해 두도록 하였다.

한편 숙종은 인현왕후 국상 중인 1701년(숙종 27) 10월 8일 "희빈장씨가 인현왕후를 질투하고 원망하여 몰래 모해하려고 도모하여, 신당(神堂)을 궁궐의 안팎에 설치하고 밤낮으로 기도하며, 흉악하고 더러운 물건을 두 대궐에다 묻은 것이 낭자할 뿐만 아니라, 많은 죄가 드러났으니 신과 사람이 함께 분개하는 바이다. 이 일을 그대로

명릉(인원왕후)

---

584) 경릉(敬陵): 덕종(의경세자)과 소혜왕후의 능.

둔다면 후일에 뜻을 얻게 되었을 때, 국가의 근심이 실로 형언하기가 어려울 것이다. 전대 역사에 보더라도 어찌 두려워하지 않을 수 있으랴? 지금 나는 나라를 위하고 세자를 위하여 이처럼 부득이한 일을 하니, 어찌 즐겨 하는 일이겠는가? 장씨는 전의 비망기(備忘記)대로 자진하게 하라. 아! 세자의 사정을 내가 어찌 생각하지 아니하였겠는가?"라고 사사를 명하였다. 제주도에 유배 중인 장씨의 오빠 장희재는 처형하였다. 갑술환국이 마무리되는 순간이다.

인현왕후의 뒤를 이어 왕비에 책봉된 인원왕후는 경은부원군 김주신(金柱臣)과 가림부부인 조씨(趙氏) 사이에서 1687년(숙종 13) 9월 29일 축시(丑時)[585]에 태어났다. 1702년(숙종 28) 10월 13일에 결혼식을 거행하고, 다음 날 왕비로 책봉하였다. 인원왕후는 후사가 없이 1757년(영조 33년) 3월 26일 사시(巳時)[586]에 창덕궁 영모당에서 71세를 일기로 승하하였다.

인원왕후가 명릉 가까이에 묻히고 싶어 미리 남서향 언덕을 점지하여 산도(山圖)를 영조에게 맡겼었는데, 그 언덕은 명릉과의 거리가 4백여 보(步)나 되므로, 임금이 정자각을 따로 짓는 일과 소나무를 많이 베어야 할 것을 염려하여 명릉 곁의 오른쪽 산등성이에 새로운 자리를 정하였다. 영조(英祖)[587]는 인원왕후의 명정(銘旌)과 재궁(梓宮) 그리고 표석의 글씨를 직접 써서, 새로 정한 자리에 같은 해 7월 12일 묘시(卯時)에 을좌신향(乙坐辛向)으로 장사 지내고, 능호는 따로 정하지 않고 명릉이라 하였다.

---

585) 축시(丑時): 01:00~03:00.

586) 사시(巳時): 09:00~11:00.

587) 영조(英祖): 조선 21대 왕, 숙종과 후궁 숙빈최씨의 아들, 이름 금(昑), 1694~1776.

대빈묘(희빈장씨)

　인원왕후는 자신의 뜻보다 숙종의 무덤과 더 가까운 곳에서 잠들
게 된 것이다. 응봉 아래에 자리 잡은 명릉에는 숙종과 인현왕후를
쌍릉으로 조성하고, 오른쪽 언덕에는 인원왕후가 동원이강릉 형식으
로 자리를 잡았다. 인원왕후의 오른쪽 능선 너머에는 숙종의 원비
인경왕후의 무덤인 익릉이 있다.

　한편 인현왕후 국상 중에 사약을 받은 희빈장씨는 1702년(숙종
28) 1월 30일에 양주 인장리(茵匠里)에 장사를 지냈다가, 1719년(숙
종 45) 4월 7일에 경기도 광주 진해촌(眞海村)으로 이장하였다. 1969
년에는 명릉이 있는 서오릉 국내로 이장이 되어 숙종과 같은 지역에
잠들게 되었는데, 묘호는 대빈묘(大嬪墓)로 불린다.

29. 익릉(翼陵)

익릉(인경왕후)

숙종(肅宗)[588] 비 인경왕후 김씨(仁敬王后 金氏)[589]는 1661년(현종 2) 9월 3일 인시(寅時)[590]에 광성부원군 김만기(金萬基)와 서원부부인 한씨(韓氏) 사이에서 태어났다. 1670년(현종 11년) 12월 26일 세자빈으로 간택되었다가 이듬해 3월 22일에 세자빈으로 책봉되었다. 같은 해 4월 3일에 결혼식을 거행하였다.

현종(顯宗)[591]은 세자빈에 대한 교서에 "왕세자빈 김씨는 하늘로

---

588) 숙종(肅宗): 조선 19대 왕, 현종과 명성왕후의 외아들, 이름 순(焞), 1661∼1720.

589) 인경왕후 김씨(仁敬王后 金氏): 조선 19대 왕 숙종의 비, 본관 광산(光山), 광성부원군 김만기(金萬基)와 서원부부인 한씨의 딸, 1661∼1680.

590) 인시(寅時): 03:00∼05:00.

591) 현종(顯宗): 조선 18대 왕, 효종과 인선왕후의 외아들, 심양 출생, 이름 연(棩), 1641∼1674.

부터 아름다운 자질을 부여받았고, 훌륭한 가정에서 성장하였다. 유순한 법도와 아름다운 계책은 세자의 짝이 되기에 충분하였고, 부드러운 음성과 법도 있는 자태는 이미 육궁(六宮)에서 칭찬이 자자하였다. 이에 융성한 단면(端冕)592)의 예로 맞아들이고, 상복(象服)593)의 의식을 갖추어 명하였다. 닭 우는 새벽에 문안을 오는 부부의 아름다운 모습을 보겠고, 자손을 위해 내는 계책에서 자손들이 번성하리라는 것을 알 수가 있다. 어찌 다만 나 한 사람만의 기쁨이겠는가. 너희 온 백성들과 함께 기뻐해야 할 일이다"라고 하였다.

인경왕후는 조선시대에 정승도 부럽지 않다는 대제학을 7명이나 배출한 광산김씨(光山金氏) 집안에서 태어났다. 벼슬의 꽃이라고 일컬어지는 대제학은 관계와 학계를 대표하는 직위여서 학자 최고의 명예로 인정받는다. 광산김씨 족보에 수록된 "증 정경부인 양천허씨(陽川許氏) 약기"와 남원양씨(南原楊氏) 족보에 수록된 "열부 숙인 이씨 전"을 보면, 양천허씨가 임신 중이던 17세 되던 해에 남편 김문(金問)이 죽자 당시의 사회 풍습대로 허씨의 친정 부모님께서 재혼을 시키려고 하였다. 허씨는 이를 피하여 비슷한 처지에 있던 남원양씨인 양수생(楊首生)의 처 이씨(李氏), 은진송씨(恩津宋氏)인 송극기(宋克己)의 처 고흥류씨(高興柳氏)와 함께 개성을 탈출하였다.

류씨는 회덕에 자리를 잡았는데 우암 송시열 선생의 9대 조모이시며, 허씨는 논산에 자리를 잡았는데 사계 김장생 선생의 7대 조모이시고, 이씨는 순창에 자리를 잡았는데 함평현감 양사보(楊思輔) 선생의 어머니이시다.

---

592) 단면(端冕): 현단복(玄端服)과 면관(冕冠)으로 예복을 말함. 임금을 가리키기도 함.
593) 상복(象服): 법도에 맞게 갖춰 입은 의복. 지위가 높은 부인이나 왕후의 옷을 말함.

양천허씨가 바로 인경왕후의 11대 조모이신데, 손자인 김국광(金國光)이 광산김씨 가문에서 처음으로 좌의정에 올라 광산부원군(光山府院君)에 봉해졌다. 그 아들 김극뉴(金克忸)는 대사간을 지냈는데, 그 무덤이 조선의 8대 명당이라고 하는 순창군 인계면에 있는 말명당이다. 김극뉴의 증손 김계휘(金繼輝)는 대사헌을 지냈고, 그 아들 김장생(金長生)은 학문과 도덕으로써 세상의 유종(儒宗)이 되어 벼슬이 참판이었는데도 영의정에 추증되었는데, 그분이 바로 인경왕후의 고조부이시다. 김장생의 아들 김반(金槃)은 일찍이 대사헌을 지냈다. 김반의 아들 김익겸(金益兼)은 생원시에 장원급제하였으나, 병자호란 때 구차하게 살아남기를 부끄럽게 생각하여 목숨을 버렸는데, 이분이 김만기(金萬基)를 낳으셨다. 김만기는 일찍이 병조판서와 대제학이 되었고, 군수 한유량(韓有良)의 딸과 결혼하여 인경왕후를 낳으셨다.

익릉(인경왕후)

인경왕후는 전라북도 임실군 삼계면 어은리에 있는 외가인 청주
한씨(淸州韓氏) 집에서 태어났다는 말이 전해져 온다. 숙종과의 사이
에서 두 딸을 낳았는데 모두 일찍 죽었다. 인경왕후가 1680년(숙종
6) 10월 18일에 천연두의 증세가 있어 숙종은 창경궁으로 옮겨갔다.
그러나 인경왕후의 증세는 호전되지 않아 10월 26일 경덕궁 회상전
에서 승하하였다.

장지를 서오릉 국내 축좌미향(丑坐未向)594) 언덕에 정하여, 이듬해
인 1681년(숙종 7) 2월 22일 묘시(卯時)595)에 장사를 지내고, 능호를
익릉(翼陵)이라 하였다.

인경왕후의 뒤를 이어 계비로 간택된 인현왕후(仁顯王后)596) 역시
후사가 없었는데, 후궁인 희빈장씨(嬉嬪張氏)597)가 1688년(숙종 14)
에 아들을 낳았다. 숙종은 오두인(吳斗寅)과 박태보(朴泰輔) 등이 목
숨을 걸고 간언했지만, 인현왕후를 1689년(숙종 15) 5월 2일 사가로
내보냈다. 1694년 4월 12일에서야 인현왕후가 좋은 배필이었음을
깨닫고는 희빈장씨를 폐하고, 인현왕후를 왕비의 자리로 다시 돌아
오도록 하교하였다. 아울러 후궁은 후비(后妃)에 오르지 못한다는 규
정을 만들기도 하였다.

---

594) 축좌미향(丑坐未向): 02시 방향에서 14시 방향을 바라보는 방위.

595) 묘시(卯時): 05:00~07:00.

596) 인현왕후(仁顯王后): 조선 19대 왕 숙종의 계비, 본관 여흥(驪興), 여양부원군 민유중(閔維重)
과 은진송씨의 딸, 1667~1701.

597) 희빈장씨(嬉嬪張氏): 조선 19대 왕 숙종의 후궁, 경종의 어머니, 본관 인동(仁同), 장형(張炯)
의 딸, ?~ 1701.

익릉의 주작

한편 숙종은 1701년(숙종 27) 인현왕후가 승하한 뒤, 희빈장씨가 인현왕후를 심하게 질투하여 모해하려고 신당(神堂)을 궁궐의 안밖에 설치하고 밤낮으로 기도하며, 흉악하고 더러운 물건을 대궐에다 묻었던 일들이 밝혀지자 국상 중임에도 희빈장씨가 자진하도록 사약을 내리고, 제주도에 유배 중인 희빈장씨의 오빠 장희재는 처형하였다.

인경왕후 무덤 뒤에는 기운이 강하게 뭉쳐있다는 바위가 있어 무엇인가 일을 낼 것만 같다. 부군인 숙종과 계비인 인현왕후와 인원왕후(仁元王后),[598] 1969년도에 익릉 국내 오른쪽으로 이장된 희빈장씨를 어떤 말로 위로했고, 또한 나무랐는지 궁금하다.

---

598) 인원왕후(仁元王后): 조선 19대 왕 숙종의 제2계비, 본관 경주(慶州), 경은부원군 김주신(金柱臣)과 가림부부인 조씨(趙氏)의 딸, 1687~1757.

30. 의릉(懿陵)

의릉(경종과 선의왕후)

의릉(懿陵)은 조선 20대왕 경종(景宗)[599]과 계비 선의왕후 어씨(宣懿王后 魚氏)[600]의 능이다. 경종은 숙종(肅宗)[601]과 후궁 소의장씨(昭儀張氏)[602] 사이에서 1688년(숙종 14) 10월 27일에 태어났다. 그간 아들이 없었던 숙종은 소의장씨가 아들을 낳자 그 아들을 1689년(숙종 15) 1월 10일에 원자(元子)로 삼고, 닷새 후인 1월 15일에 장

---

599) 경종(景宗): 조선 20대 왕, 숙종과 후궁 희빈장씨의 아들, 이름 윤(昀), 1688~1724.

600) 선의왕후 어씨(宣懿王后 魚氏): 조선 20대 왕 경종의 계비, 본관 함종(咸從), 영돈령부사 함원부원군 어유구(魚有龜)와 완릉부부인 전주이씨의 딸, 1705~1730.

601) 숙종(肅宗): 조선 19대 왕, 현종과 명성왕후의 외아들, 이름 순(焞), 1661~1720.

602) 소의장씨(昭儀張氏): 조선 19대 왕 숙종의 후궁, 경종의 어머니, 희빈장씨, 본관 인동(仁同), 장형(張炯)의 딸, ?~ 1701.

씨를 희빈(禧嬪)으로 책봉하였다.

왕위에 오른 지 14년 만에 아들을 얻은 숙종은 나라의 근본이 정해지지 않아서 인심이 매인 곳이 없었는데, 그 문제가 해결되었다며 매우 기뻐하였다. 서인의 영수 송시열은 정비인 인현왕후(仁顯王后)[603]가 아직 젊은데, 후궁의 소생을 원자로 삼는 것은 시기상조라고 강력하게 반대하였으나, 숙종은 경종이 태어난 지 두 달 만에 원자로 삼았다. 결국, 경종을 원자로 삼은 일과 장씨의 희빈 책봉이 문제가 되어, 서인이 장악했던 권력이 남인으로 넘어가는 기사환국(己巳換局)의 원인이 되었다.

경종은 1690년(숙종 16) 6월 16일에 왕세자로 책봉되었고, 1695년(숙종 21) 4월 18일에 관례를 행하고, 1969년(숙종 22) 5월 19일에 첨정 심호(沈浩)와 고령박씨(高靈朴氏) 사이에서 태어난 심씨와 결혼하였다. 그러나 세자빈 심씨는 1718년(숙종 44) 2월 7일에 병환으로 승하하였는데, 심씨가 단의왕후(端懿王后)[604]다.

세자빈 심씨가 승하하던 해 윤8월 1일에 영돈령부사 함원부원군 어유구(魚有龜)와 완릉부부인 전주이씨(全州李氏)의 딸을 간택하여, 같은 해 9월 13일에 세자빈으로 책봉하고, 3일 후인 16일에 결혼식을 거행하였다. 어씨는 1705년(숙종 31) 10월 29일에 한양 숭교방(崇教坊) 사저에서 태어났다.

1720년 6월 13일 경덕궁에서 경종이 즉위하자, 어씨는 왕비의 자리에 올랐다가, 1722년(경종 2) 9월 4일에 왕비로 정식 책봉되었으

---

603) 인현왕후(仁顯王后): 조선 19대 왕 숙종의 계비, 본관 여흥(驪興), 여양부원군 민유중(閔維重)과 은진송씨의 딸, 1667~1701.

604) 단의왕후(端懿王后): 조선 20대 왕 경종의 비, 본관 청송(青松), 청은부원군 심호(沈浩)와 고령박씨(高靈朴氏)의 딸, 1686~1718.

니, 어씨가 선의왕후다. 왕위에 오른 경종은 병약하여 후사가 없었으니, 이듬해인 1721년에 이복동생인 연잉군(延仍君)[605]을 왕세제(王世弟)로 책봉하였다.

경종은 즉위한 지 4년여 만인 1724년 8월 25일 창경궁 환취정에서 37세를 일기로 승하하였다. 총호사 영의정 이광좌(李光佐)가 상지관(相地官)[606] 11명을 거느리고 장지를 구하다가, 구 영릉(舊寧陵)[607]·중량포(中梁浦)·용인(龍仁)·교하(交河)·왕십리(往十里) 등 다섯 곳을 후보지로 선정하였다.

이광좌는 "구 영릉은 건원릉(健元陵)[608]의 좌측에 있는데, 예부터 대신들과 상지관들에게 대단한 땅으로 일컬어졌으며, 영릉을 옮길 때에도 병풍석 등 석물에 틈이 벌어졌으나 풍수적으로 나쁘다고는 말을 하지 아니하였으니, 구 영릉이 좋을 것 같습니다. 그러나 다른 대신들은 우리나라에서는 천릉(遷陵)한 장소는 다시 쓰는 전례가 없다고 하니, 오직 임금께서 결정하실 뿐입니다" 하였다. 한편 김일경(金一鏡)은 "비록 사대부의 집안이라 하더라도 옮겨간 장소에다가 그 어버이를 장사 지내려고 하지 않는데, 하물며 왕릉을 조성할 수는 없습니다. 모든 신하는 중량포를 장지로 정할 것을 주장합니다"라고 하였다. 용인과 교하 땅은 선조 임금을 장사 지낼 때 후보지로 거론되었으나, 이항복(李恒福)이 반대하여 쓰지 않았다는 이유로 제외하였다.

---

605) 연잉군(延仍君): 조선 21대 왕 영조, 숙종과 후궁 숙빈최씨의 아들, 이름 금(昑), 1694~1776.

606) 상지관(相地官): 조선시대에 대궐과 왕릉 자리 등을 살펴 정하는 일을 담당하는 관직.

607) 구 영릉(舊寧陵): 조선 17대 왕 효종을 처음 장사 지냈던 곳으로 현재는 영조와 계비 정순왕후의 무덤인 원릉(元陵)이 있다. 효종의 무덤은 1673년(현종 14)에 여주로 천장하였다. 경종 때에는 그 자리가 비어 있었다.

608) 건원릉(健元陵): 태조 이성계의 능으로 동구릉 내에 있다.

의릉(경종과 선의왕후)

영조(英祖)의 명으로 중량포를 다시 살펴보게 하였는데 모두 아름
답다고 하니, 선의왕후에게 아뢰고 마침내 중량포 천장산(天藏山)을
장지로 결정하였다. 그해 12월 16일 신시(申時)[609]에 경종을 신좌인
향(申坐寅向)[610]으로 장사 지내고, 능호를 의릉이라 하였다.

구 영릉을 옮길 때 상지관 반호의(潘好義)가 "지금은 비록 천릉을
하나, 훗날 반드시 이 자리를 다시 쓸 것이다"라고 하였는데, 이 말
을 근거로 이명언(李明彦)이 다시 구 영릉을 장지로 정할 것을 주장
하니, 영조는 "산릉의 일은 매우 중요하여, 총호사나 나도 함부로 결
정하지 못하였다. 더구나 조선 3백 년 동안 천릉한 곳에 다시 쓴 전
례가 없었을 뿐만 아니라, 새 능 자리를 번복하여 다시 정하는 것은

---

609) 신시(申時): 15:00~17:00.
610) 신좌인향(申坐寅向): 04시 방향에서 16시 방향을 바라보는 방위.

매우 중대하다. 그런데 이를 다시 상언하는 것은 아주 경솔한 행동이다"면서 이명헌을 추고할 것을 명하였으나, 다른 대신들의 반대로 철회하였다. 이명헌은 김일경의 오른팔이었으나, 산릉의 일을 가지고는 다른 논리로 나왔었다. 그러나 구 영릉은 52여 년 후에 영조의 능인 원릉(元陵)611)이 되어, 반호의의 말이 현실로 되었다.

경종을 장사 지낸 지 6년 뒤인 1730년(영조 6) 6월 29일 인시(寅時)612)에 선의왕후 어씨가 경덕궁에서 26세를 일기로 승하하였다. 총호사 우의정 이집(李㙫) 등의 추천으로 장지를 의릉의 아래에 정하여, 그해 10월 19일에 경종과 같이 신좌인향으로 장사를 지냈다.

의릉(선의왕후)

---

611) 원릉(元陵): 조선 21대 왕 영조와 계비 정순왕후의 무덤.
612) 인시(寅時): 03:00∼05:00.

이 자리는 경종을 장사 지낼 때 그 왼편에 무덤을 쓸 만한 자리가 있다는 소문을 듣고, 자신의 친정아버지인 함원부원군에게 "나는 반드시 그곳을 돌아갈 터로 삼겠습니다"라고 하였는데, 영조가 선의왕후의 뜻을 저버릴 수 없어 영릉(寧陵)[613]을 모방하여 경종의 무덤과 상하(上下)로 장사를 지냈다.

의릉은 경종을 위쪽에 계비 선의왕후를 아래쪽에 장사를 지낸 동원상하봉릉(同原上下峰陵)의 형식으로, 효종(孝宗)[614]의 무덤에 이어 조선시대 두 번째로 조성된 왕릉의 양식이다.

---

613) 영릉(寧陵): 조선 17대 왕 효종과 인선왕후의 무덤.

614) 효종(孝宗): 조선 17대 왕, 인조와 인열왕후 한씨의 둘째 아들, 이름 호(淏), 1636년 병자호란 때 형 소현세자와 청나라에서 9년간 볼모 생활, 1619~1659.

31. 혜릉(惠陵)

혜릉(단의왕후)

혜릉(惠陵)은 경종(景宗)[615) 비 단의왕후 심씨(端懿王后 沈氏)[616)의 능으로 동구릉 내에 있다.

단의왕후는 청은부원군 심호(沈浩)와 고령박씨(高靈朴氏) 사이에서 1686년(숙종 12) 5월 21일 경기도 양근(楊根)[617)에 있는 사저에서 태어났다. 이 사저에서는 증조부인 관찰사 심권(沈權)이 선영 아래에 터를 잡으면서부터 살게 되었다.

---

615) 경종(景宗): 조선 20대 왕, 숙종과 후궁 희빈장씨의 아들, 이름 윤(昀), 1688~1724.

616) 단의왕후 심씨(端懿王后 沈氏): 조선 20대 왕 경종의 비, 본관 청송(靑松), 청은부원군 심호 (沈浩)와 고령박씨(高靈朴氏)의 딸, 1686~1718.

617) 양근(楊根): 현 경기도 양평군. 심열의 무덤은 양평군 강상면 세월리에 있다.

어느 날부터 5대 조부로 영의정을 지낸 심열(沈悅)의 무덤이 있는 곳에서부터 십리 정도 떨어진 동리 밖까지, 밤마다 연달아 빛이 뻗쳐 동네가 대낮처럼 밝아 주변 산에 있는 새와 짐승들이 보일 정도였다. 용문산(龍文山)에서 내려온 스님이 말하기를, "이곳에 며칠 동안 연달아 서기(瑞氣)가 있으니, 아주 좋은 일이 있을 것이다"라고 하였다. 그 시기에 박씨 부인은 임신을 하였다. 또 달빛이 환하게 비추고 오색의 상서로운 구름이 현란하여 마치 비단과 같이 고운 하늘로 여러 마리의 봉황새가 쌍쌍이 날아오르는 꿈을 연달아 꾸었다. 그 뒤 단의왕후가 태어났는데 어려서부터 빼어나게 슬기롭고 의젓하고 유순하였다.

심씨는 1696년(숙종 22) 4월 8일에 세자빈으로 간택되어, 그해 5월 19일에 결혼식을 거행하고, 1703년(숙종 29) 11월 19일에 세자빈으로 관례를 치렀다. 그러나 경종이 즉위하기 전인 1718년(숙종 44) 2월 7일에 승하하였다.

11살 어린 나이에 대궐로 들어간 심씨는 인현왕후(仁顯王后),[618] 인원왕후(仁元王后),[619] 숙빈최씨(淑嬪崔氏),[620] 명빈박씨(禖嬪朴氏),[621] 그리고 시어머니인 희빈장씨(禧嬪張氏)[622]를 극진히 모시면서 병약한 남편도 잘 섬겼다. 그러나 인현왕후의 폐출과 복위, 희빈장씨의 사사 등을 지켜보는 생활이 편안할 리가 없었다. 병약하였던 남편은

---

618) 인현왕후(仁顯王后): 조선 19대 왕 숙종의 계비, 본관 여흥(驪興), 여양부원군 민유중(閔維重) 과 은진송씨의 딸, 1667~1701.

619) 인원왕후(仁元王后): 조선 19대 숙종의 제2계비, 본관 경주(慶州), 경은부원군 김주신(金柱臣) 과 가림부부인 조씨(趙氏)의 딸, 1687~1757.

620) 숙빈최씨(淑嬪崔氏): 조선 19대 왕 숙종의 후궁, 영조의 어머니, 본관 해주(海州), 최효원(崔孝元)의 딸, 1670~1718.

621) 명빈박씨(禖嬪朴氏): 조선 19대 왕 숙종의 후궁, 본관 밀양(密陽), 연령군(延齡君)의 어머니, ?~1703.

622) 희빈장씨(禧嬪張氏): 조선 19대 왕 숙종 후궁, 경종의 어머니, 본관 인동(仁同), 장형(張炯)의 딸, ?~ 1701.

어머니가 사사된 뒤 병환에 줄곧 시달렸으며, 후사 또한 없었다. 그런 와중에 심씨는 갑자기 병을 얻어 남편이 세자 시절에 승하하였다. 시부모와 남편에게 정성을 다한 며느리를 매우 아끼고 소중하게 여겼던 숙종은 뜻하지 않은 상을 당하자 통곡하고 매우 애통해했다.

훗날 사신이 논하기를 "세자빈은 가계(家系)가 청송심씨 청성백 심덕부(沈德符)의 후손으로 우의정에 증직된 심호의 따님이었다. 어려서부터 매우 슬기로우며 예쁘고 온순하여, 나이 11세에 간택되어 책례를 행하였다. 숙종과 왕비를 받들어 섬기는 데에는 정성과 효도가 돈독하고 지극하였으며, 남편인 세자를 섬기는 데에는 반드시 공경하고 삼가서 곡진하게 예절을 갖추었다. 임금이 매우 아끼고 중하게 여겼는데, 이때에 이르러 뜻하지도 않게 상을 당하니 임금이 통곡하고 애도하여 마지않았다"라 하였다.

혜릉(단의왕후)

숙종이 세자빈 심씨의 시호를 처음에는 온의(溫懿)라고 정하였
는데, 영의정 김창집(金昌集)이 "온(溫)자는 빈궁의 선조 이름을 범
하였으니, 마땅히 개정하여야 합니다"라고 상언을 하자, 이를 받
아들여 단의(端懿)라 다시 고쳐 내렸다. 온(溫)은 세자빈의 12대조
이신 영의정 안효공 청천부원군 심온(沈溫)623)의 이름과 같았기
때문이다.

묘소도감에서 "명릉(明陵)624)과 익릉(翼陵)625) 사이의 남서향 언
덕, 숭릉(崇陵)626) 왼쪽의 동향의 언덕, 다른 한 곳" 등 세 곳을 후보
지로 추천하면서 도형을 그려 함께 올렸다. 숙종은 동구릉 내 숭릉
의 왼쪽 언덕을 며느리의 장지로 선택하였다. 또한, 묘소도감의 건
의로 각도의 승군(僧軍) 1천 명으로 하여금 식량 1개월분을 각자 준
비하게 하여, 무덤을 조성하는 일에 동원하였다. 이렇게 조성된 곳
에 1718년(숙종 44) 4월 18일에 단의빈을 유좌묘향(酉坐卯向)627)으
로 장사 지냈다.

심씨는 세자빈 시설에 승하하였기 때문에 무덤이 원(園)의 형식으
로 조성되었고, 석물은 명릉의 제도를 따랐기 때문에 문인석과 무인
석이 사람과 비슷한 크기로 만들어진 것이 특징이다. 1720년 6월 13
일에 즉위한 경종은 이틀 후인 6월 15일에 단의빈을 추봉하여 단의
왕후로, 능호는 혜릉이라 교서를 반포하고 사면령을 내렸다. 그러나

---

623) 심온(沈溫): 조선 4대 왕 세종의 비 소헌왕후 심씨의 아버지.
624) 명릉(明陵): 조선 19대 왕 숙종과 계비 인현왕후, 그리고 제2계비 인원왕후의 능. 당시에는
  인현왕후 능만 있었다.
625) 익릉(翼陵): 조선 19대 왕 숙종의 비 인경왕후의 능.
626) 숭릉(崇陵): 조선 18대 왕 현종과 명성왕후의 능.
627) 유좌묘향(酉坐卯向): 18시 방향에서 06시 방향을 바라보는 방위. 정동향.

혜릉(단의왕후)

원의 형식으로 조성된 혜릉은 왕릉의 규모로 정비하였을 법도 한데도 병약하고 정치적으로 힘이 없었던 경종은 원래대로 두었다. 그래서 혜릉은 동구릉 내에서 가장 작고 좁은 규모의 능이다. 터 또한 낮고 작아 힘이 없어 보인다.

왕족의 무덤을 칭하는 능호(陵號)는 '왕과 왕비의 무덤 또는 추존된 왕과 왕비의 무덤'은 능(陵), '왕세자와 왕세자빈, 왕세손, 왕의 생부(生父)와 생모(生母)의 무덤'은 원(園), 그밖에 '왕자, 공주, 옹주, 후궁, 그리고 일반 왕족의 무덤'은 묘(墓)라고 한다.

32. 원릉(元陵)

원릉(영조와 정순왕후)

　조선 21대 왕이었던 영조(英祖)628)는 숙종(肅宗)629)과 육상궁(毓祥宮) 숙빈최씨(淑嬪崔氏)630) 사이에서, 1694년(숙종 20) 9월 13일 창덕궁 보경당에서 출생하였다. 1699년(숙종 25) 12월 24일에 연잉군(延礽君)에 봉해졌고, 1704년(숙종 30) 2월 21에 서종제(徐宗悌)의 딸 달성서씨(達城徐氏)와 결혼하였다. 1721년(경종 1) 9월 26일에 연잉군은 왕세제로, 달성서씨는 왕세제빈으로 책봉되었는데, 경종(景

---

628) 영조(英祖): 조선 21대 왕, 숙종과 후궁 숙빈최씨의 아들, 이름 금(昑), 1694～1776.
629) 숙종(肅宗): 조선 19대 왕, 현종과 명성왕후의 외아들, 이름 순(焞), 1661～1720.
630) 숙빈최씨(淑嬪崔氏): 조선 19대 왕 숙종의 후궁, 영조의 어머니, 본관 해주(海州), 최효원(崔孝元)의 딸, 1670～1718.

宗)631)이 병약한데다가 후사가 없었기 때문이다. 아버지인 숙종이 승하하였을 때도 국장의 주도권이 사실상 연잉군에 있었기에 예상할 수 있었던 수순이다.

경종이 결국 재위 4년여 만에 승하하자, 연잉군이 왕위를 물려받아 자신이 태어난 창덕궁에서 1724년 8월 30일에 즉위하였다. 그로부터 52년 동안 왕위에 있었던 영조는 1776년(영조 52) 3월 5일 경희궁 집경당에서 83세의 일기로 승하하였다.

조선시대 27명의 왕 중에서 가장 오래 살았고, 재위기간도 제일 길었지만 자기 아들이 아닌 손자에게 왕위를 물려주었다. 영조는 2남 12녀를 두었는데, 정작 원비인 정성왕후(貞聖王后)632)와 계비인 정순왕후(貞純王后)633) 사이에서는 후사가 없었고, 후궁인 정빈이씨(靖嬪李氏)634)에서 1남 2녀, 영빈이씨(暎嬪李氏)635)에서 1남 6녀, 귀인조씨(貴人趙氏)636)에서 2녀, 폐출된 숙의문씨(淑儀文氏)637)에서 2녀를 두었다. 정빈이씨가 낳은 아들이 효장세자(孝章世子)638)인데, 세자에 책봉된 지 2년 만인 1728년(영조 4)에 병으로 승하하고 말았

---

631) 경종(景宗): 조선 20대 왕, 숙종과 후궁 희빈장씨의 아들, 이름 윤(昀), 1688~1724.

632) 정성왕후(貞聖王后): 조선 21대 왕 영조의 비, 본관 달성(達城), 달성부원군 서종제(徐宗悌)와 잠성부부인 우봉이씨의 딸, 1692~ 1757.

633) 정순왕후(貞純王后): 조선 21대 왕 영조의 계비, 본관 경주(慶州), 오흥부원군 김한구(金漢耉)와 원풍부부인 원주원씨의 딸, 1745~1805.

634) 정빈이씨(靖嬪李氏): 조선 21대 왕 영조의 후궁, 효장세자(孝章世子, 추존 진종)의 어머니, 이준철(李竣哲)의 딸, ?~1721.

635) 영빈이씨(暎嬪李氏): 조선 21대 왕 영조의 후궁, 사도세자(思悼世子, 莊獻世子, 추존 장조)의 어머니, 본관 전의(全義), ?~1764.

636) 귀인조씨(貴人趙氏): 조선 21대 왕 영조의 후궁, 본관 풍양(豊壤), 조태징(趙台徵)과 밀양박씨(密陽朴氏)의 딸, 1707~1780.

637) 숙의문씨(淑儀文氏): 조선 21대 왕 영조의 후궁, ?~1776.

638) 효장세자(孝章世子): 조선 21대 왕 영조와 정빈이씨의 아들, 정조의 양아버지로 진종으로 추존, 이름 행(緈), 1719~1728.

다. 그 뒤 정빈이씨가 낳은 아들을 세자에 책봉하였으나 사도세자
(思悼世子)639) 역시 당파싸움에 희생을 시키고 말았다. 그래서 손자
인 정조(正祖)640)에게 왕위를 물려주게 되었던 것이다.

　1776년(정조 1) 4월 11일 영조의 장지를 건원릉(健元陵)641) 오른
쪽 능선에 정하고, 능호를 원릉(元陵)이라 하였다. 1757년(영조 33)
에 정성왕후를 장사 지낼 때 그 오른쪽을 비워두어 장차 영조를 장
사 지내려 했는데, 영조 사후에 장지가 바뀌게 된 것이다. 영조 승하
후인 3월 12일까지만 해도 장지를 홍릉(弘陵)642)의 오른쪽으로 정하
여 능호도 홍릉이라 정하였다가 변화가 생긴 것이다.

원릉(영조와 정순왕후)

---

639) 사도세자(思悼世子): 조선 21대 왕 영조와 영빈이씨의 아들, 정조의 아버지, 장헌세자, 추존
　　장조, 이름 선(愃), 1735~1762.

640) 정조(正祖): 조선 22대 왕, 사도세자와 혜경궁 홍씨의 아들, 이름 산(祘), 1752~1800.

641) 건원릉(健元陵): 태조 이성계의 능.

642) 홍릉(弘陵): 조선 21대 왕 영조의 비 정성왕후 능.

당시에 『조선왕조실록』에 기록된 장지 선정과정을 살펴보면, 산릉을 처음에는 홍릉으로 정했다가, 다시 소령원(昭寧園)[643]의 국내를 살펴보았는데 의논이 일치되지 않으므로, 여러 차례 대신과 예조당상을 보내어 여러 곳을 두루 살펴 찾아보게 하였다.

이때에 이르러 옛 영릉(寧陵)[644]이 완전한 길지인 것으로 말하는 사람이 있으므로, 여러 대신과 상지관(相地官)[645] 등을 불러 모아놓고 각자의 의견을 물었다. 영의정 김양택(金陽澤)과 판중추부사 이은(李溵)이 "이미 증험해 본 땅이 마치 기다리고 있었던 듯합니다"라고 말하고, 상지관 김기량(金基良)은 "옛 영릉 자리의 생김새가 건원릉과 차이가 없습니다. 또한, 주변 산의 줄기가 모두 이곳을 향하고 있으니, 진실로 완전한 큰 명당입니다" 하였으며, 상지관 김상현(金尙鉉)은 "건원릉 주변의 모든 기운이 이곳에 모여 있습니다. 산을 보아 온 지 50년이지만 이와 같은 길지는 보지 못했습니다. 옛 능자리라 하더라도 또한 꺼릴 것이 없습니다"라고 하였다. 이날에 이어서 대신과 비국 당상들을 소견하여 두루 물었는데, 여러 신하가 이의가 없으므로 능지를 결정하고 능호를 정한 것이었다.

그해 7월 27일 유시(酉時)[646]에 해좌사향(亥坐巳向)[647]으로 장사를 지냈다. 효종은 건좌손향(乾坐巽向)[648]으로 장사를 지냈었기 때문에, 원릉과는 15°의 차이가 있다. 그런데 이 자리는 1724년에 경종을 장

---

643) 소령원(昭寧園): 조선 21대 왕 영조의 후궁 숙빈최씨의 무덤, 영조의 어머니 무덤.
644) 옛 영릉(寧陵): 조선 17대 왕 효종을 처음 장사를 지냈던 곳으로 1673년(현종 14)에 여주로 천장하여 영조 승하 시에는 빈자리로 남아 있었다.
645) 상지관(相地官): 조선시대에 대궐과 왕릉 자리 등을 살펴 정하는 일을 담당하는 관직.
646) 유시(酉時): 17:00~19:00.
647) 해좌사향(亥坐巳向): 22시 방향에서 10시 방향을 바라보는 방위.
648) 건좌손향(乾坐巽向): 21시 방향에서 09시 방향을 바라보는 방위. 남동향.

원릉(영조와 정순왕후)

사 지낼 때 후보지로 거론되었으나, 한번 왕릉으로 사용했던 자리에 다시 왕릉을 조성할 수 없다는 이유로 영조가 강하게 반대하여 다른 곳에 장사를 지냈었다.

　1757년(영조 33)에 정성왕후가 승하하자 중전의 자리를 비워둘 수 없다는 이유로 1757년(영조 35) 6월 9일에 간택을 하고, 같은 달 20일에 왕비로 책봉한 다음, 22일에 결혼식을 거행하여 15세 소녀를 왕비로 맞아들였다. 그 소녀는 영돈령부사 오흥부원군 김한구(金漢耉)와 원풍부부인 원주원씨(原州元氏) 사이에서 1745년(영조 21) 11월 10일 축시(丑時)[649]에 여주읍 사저에서 맏딸로 태어나 왕비가 된 정순왕후이다. 정순왕후는 실제 충청남도 서산시 음암면 유계리

───────

649) 축시(丑時): 01:00～03:00.

464에서 태어났다고 알려져 있다.

정순왕후는 정조의 뒤를 이어 어린 나이에 왕위에 오른 순조(純祖)650) 때 4년 동안 수렴청정을 하다가 물러난 뒤, 1805년(순조 5) 1월 12일 오시(午時)651)에 창덕궁에서 61세를 일기로 승하하였다.

장지로 원릉의 좌측과 구 목릉(舊穆陵)652) 등이 거론되었다. 상지 관들이 "원릉은 혈의 모양과 안산이 아름답고 결점이 없으며, 혈토 는 오색(五色)653)이 구비되어 매우 아름다운 방석의 문양과 같다"고 아뢰자, 장지를 원릉의 왼쪽으로 결정하여 그해 6월 20일 해시(亥時)654)에 영조와 같은 해좌사향으로 장사를 지냈다.

영조는 원비였던 정성왕후의 옆자리에 자신의 자리를 마련해 두 었는데, 결국 본인의 뜻과는 달리 계비인 정순왕후와 나란히 잠들게 되었다. 정성왕후가 잠든 홍릉은 서오릉의 주산인 응봉(鷹峰)의 뒷면 (背)이고, 원릉은 산의 앞면(面)이다. 따라서 정조의 판단으로 풍수적 으로 좋지 않은 자리를 피하고, 좋은 자리에 잠들게 되었다. 정조의 풍수 실력에 의한 능지 선정이다.

---

650) 순조(純祖): 조선 23대 왕, 정조와 수빈박씨의 아들, 이름 공(玜), 1790~1834.

651) 오시(午時): 11:00~13:00.

652) 구 목릉(舊穆陵): 조선 14대 왕 선조의 옛 무덤으로 1608년 6월 21일에 장사를 지냈다가, 현 재의 위치로 1630년(인조 8) 11월 21일에 이장하여, 정순왕후 승하 시에는 빈자리로 남아 있 었다.

653) 오색(五色): 청색·적색·백색·흑색·황색 등 다섯 가지의 색상을 말한다. 무덤에서 여러 가 지의 색상을 가진 흙이 나오면 사방의 기가 모였다 하여 좋은 자리로 판단한다. 그러나 꼭 오 색을 갖추어야 하는 것은 아니다.

654) 해시(亥時): 21:00~23:00.

33. 홍릉(弘陵)

홍릉(정성왕후)

홍릉(弘陵)655)은 조선 21대 왕 영조(英祖)656) 비 정성왕후 서씨(貞聖王后 徐氏)657)의 능이다. 정성왕후는 달성부원군 서종제(徐宗齊)와 잠성부부인 우봉이씨(牛峰李氏) 사이에서 1692년(숙종 18) 12월 7일 술시(戌時)658)에 가회방 사저에서 태어났다. 숙종(肅宗)659)과 숙빈최씨(淑嬪崔氏)660) 사이에서 태어난 연잉군(延礽君)과 1704년(숙종 30)

---

655) 홍릉(弘陵): 조선 21대 왕 영조의 비 정성왕후 능으로 서오릉 국내에 있다.

656) 영조(英祖): 조선 21대 왕, 숙종과 후궁 숙빈최씨의 아들, 이름 금(昑), 1694~1776.

657) 정성왕후 서씨(貞聖王后 徐氏): 조선 21대 왕 영조의 비, 본관 달성(達城), 달성부원군 서종제(徐宗悌)와 잠성부부인 우봉이씨의 딸, 1692~ 1757.

658) 술시(戌時): 19:00~21:00.

659) 숙종(肅宗): 조선 19대 왕, 현종과 명성왕후의 외아들, 이름 순(焞), 1661~1720.

2월 21일 결혼하여 달성군부인(達城郡夫人)에 봉해졌다.

시아버지인 숙종의 뒤를 이어 1720년에 왕위에 오른 시아주버니 경종(景宗)[661]이 후사가 없자, 숙종의 계비인 인원왕후(仁元王后)[662]의 명으로 1721년(경종 1) 9월 26일 남편인 연잉군은 왕세제(王世弟)로, 달성군부인인 자신은 왕세제빈으로 책봉되었다. 1724년(경종 4)에 경종이 승하하자 연잉군이 그해 8월 30일 왕으로 즉위하니, 왕세제빈을 왕비로 삼았다가 1726년(영조 2) 10월 29일 책봉하였다. 왕비의 자리를 33년간 지키고 난 1757년(영조 33) 2월 15일 신시(申時)[663]에 창덕궁에서 66세를 일기로 승하하였다. 영조는 시호를 정성왕후라 올렸다.

영조와 정빈이씨(靖嬪李氏)[664]가 낳은 효장세자(孝章世子)[665]를 양자로 삼아 경의군(敬義君)으로 봉하였다가 세자로 책봉하였으나 1728년(영조 4)에 요절하였다. 그 뒤 후사가 없었던 정성왕후는 영빈이씨(暎嬪李氏)[666]가 낳은 사도세자(思悼世子)[667]를 데려다 다시 아들로 삼고 원자로 봉하였다. 이듬해인 1736년(영조 12)에 원자를 세자로 책

---

660) 숙빈최씨(淑嬪崔氏): 조선 19대 왕 숙종의 후궁, 영조의 어머니, 본관 해주(海州), 최효원(崔孝元)의 딸, 1670~1718.

661) 경종(景宗): 조선 20대 왕, 숙종과 후궁 희빈장씨의 아들, 이름 윤(昀), 1688~1724.

662) 인원왕후(仁元王后): 조선 19대 왕 숙종의 계비, 본관 경주(慶州), 경은부원군 김주신(金柱臣)과 가림부부인 조씨(趙氏)의 딸, 1687~1757.

663) 신시(申時): 15:00~17:00.

664) 정빈이씨(靖嬪李氏): 조선 21대 왕 영조의 후궁, 효장세자(孝章世子, 추존 진종)의 어머니, 이준철(李竣哲)의 딸, ?~1721.

665) 효장세자(孝章世子): 조선 21대 왕 영조와 정빈이씨의 아들, 정조의 양아버지로 진종으로 추존, 이름 행(緈), 1719~1728.

666) 영빈이씨(暎嬪李氏): 조선 21대 왕 영조의 후궁, 사도세자(思悼世子, 莊獻世子, 추존 장조)의 어머니, 본관 전의(全義), ?~1764.

667) 사도세자(思悼世子): 조선 21대 왕 영조와 영빈이씨의 아들, 정조의 아버지, 장헌세자, 추존 장조, 이름 선(愃), 1735~1762.

봉하였으나 1762년(영조 38)에 당파 싸움이 원인이 되어 희생되고 말았다. 사도세자는 두 아들을 두었으나 큰아들 의소세손(懿昭世孫)668)은 일찍 죽었고, 둘째 아들이 훗날 정조(正祖)669) 임금이다.

정성왕후의 장지를 처음에는 장릉(長陵)670) 근처에서 찾았으나, 영조의 본뜻은 아버지가 묻힌 명릉(明陵)671)과 어머니인 숙빈최씨의 무덤인 소녕원(昭寧園)672) 근처를 선호하였기 때문에, 서오릉 근처에서 다시 찾아보도록 지시하였다.

장지를 찾아 나선 총호사와 상지관, 남원군 이설은 창릉(昌陵)673) 왼쪽 언덕 응봉(鷹峰) 아래 간좌(艮坐)674) 기슭을 추천하니, 영조는 "나의 뜻은 서도에 있었으니, 비록 주먹만 한 곳을 얻더라도 오히려 다행으로 여길만하다"고 흡족해하였다. 영조의 뜻이 부모 옆으로 자리를 정하고 싶었는데, 명릉이 있는 서오릉 내에서 장지를 찾았기 때문에 매우 마음에 들어 했다.

---

668) 의소세손(懿昭世孫): 사도세자와 혜빈홍씨(惠嬪洪氏)의 큰아들, 조선 21대 왕 영조의 세손, 이름 정(琔), 1750.8.27~1752.3.4.

669) 정조(正祖): 조선 22대 왕, 사도세자와 혜경궁 홍씨의 아들, 이름 산(祘), 1752~1800.

670) 장릉(長陵): 조선 16대 왕 인조와 인열왕후의 능.

671) 명릉(明陵): 조선 19대 왕 숙종과 계비 인현왕후, 제2계비 인원왕후의 능.

672) 소령원(昭寧園): 조선 21대 왕 영조의 후궁 숙빈최씨의 무덤. 영조의 어머니 무덤.

673) 창릉(昌陵): 조선 8대 왕 예종과 계비 안순왕후의 능.

674) 간좌(艮坐): 북동쪽.

오른쪽 빈자리가 영조의 수릉지

　장지를 조성하면서 훗날 자신이 묻힐 자리를 숭릉(崇陵)[675]과 명릉의 예에 따라, 정성왕후의 오른쪽을 비워두는 우허제(右虛制)를 명하면서, 산릉도감에게 오른쪽 비어 있는 곳에 십자(十字) 모형을 새겨 정혈(正穴)에 묻어 표시를 해두도록 하였다.

　이때 자신의 수릉 자리를 파보았던 낭청 김인대(金仁大)를 만나서 흙의 빛깔이 어떠했는지를 묻자, 그는 "돌 같으면서도 돌은 아니었고, 단단하면서도 윤기가 있는 것이 정성왕후의 무덤 흙과 같았는데, 그 이유는 같은 산줄기라서 그런 것입니다" 하였다. 영조는 "그대가 판결사 김태연(金泰衍)의 아들인데, 일찍이 좌의정 송인명(宋寅明)이 김태연을 추천하였었으나, 미처 헤아려서 기용하지 못하여 마음에

675) 숭릉(崇陵): 조선 18대 왕 현종과 명성왕후의 능.

늘 애석하게 여겼었다. 지금 그의 아들을 보니 그의 아비와 비슷하다"
하면서, 김인대를 다른 자리에 중용하도록 해조(該曹)에 지시하였다.

한편 영조는 정성왕후 무덤에는 사방석(四方石)을 사용하지 못하
도록 하고, 내광은 석회만을 사용하도록 하였다. 그런데 정성왕후 국
상 중에 인원왕후가 승하(1757년 3월 26일)하였는데, 인원왕후의 무
덤의 석실 덮개돌은 태종(太宗)의 명을 받들어 전석(全石)을 쓰지 말고
둘로 나누어진 돌로 덮도록 하여 백성들의 고생을 덜어주고자 했다.

이렇게 조성된 장지에 그해 6월 4일 정성왕후를 을좌신향(乙坐辛
向)676)으로 장사 지내고, 능호는 홍릉이라 하였다.

홍릉(정성왕후)

676) 을좌신향(乙坐辛向): 07시 방향에서 19시 방향을 바라보는 방위.

영조의 명으로 홍릉의 우측을 비워두었던 것이 현재까지도 공간으로 남아 있다. 할아버지의 뒤를 이어 왕위에 오른 정조는 영조를 홍릉의 우측이 아닌, 구 영릉(舊寧陵)677) 자리에 장사를 지냈기 때문이다. 자신의 아버지인 사도세자를 죽게 해서 영조가 손수 마련해 놓은 자리인 홍릉에 장사 지내지 않고 구 영릉 자리에 장사를 지냈다는 말이 있다. 그러나 홍릉은 산의 앞면이 아닌 뒷면이다. 좋은 터를 고를 때 가장 우선시하는 논리가 산의 앞과 뒤를 구분하는 일이고, 좋은 터는 반드시 산의 앞쪽에 있는 이치를 생각해 본다면, 정조는 할아버지를 나쁜 땅에 장사 지내고 싶지 않은 마음에서 홍릉을 피했던 것이다.

---

677) 구 영릉(舊寧陵): 조선 17대 왕 효종을 처음 장사 지냈던 곳으로 1673년(현종 14)에 여주로 천장을 하여 영조 승하 시에는 빈자리로 남아 있었다.

34. 영릉(永陵)

영릉(추존 진종과 효순왕후)

영릉(永陵)은 효장세자(孝章世子)[678]와 세자빈 풍양조씨(豊壤趙氏)의 무덤이다.

효장세자는 조선 21대 왕인 영조(英祖)[679]와 정빈이씨(靖嬪李氏)[680] 사이에서 1719년(숙종 45) 2월 15일 신시(申時)[681]에 순화방 창의궁(彰義宮)[682]에서 태어났다. 그의 나이 세 살 때인 1721년(경종 1년) 8월 20일 아버지 연잉군이 왕세제로 책봉되자 그해 가을 왕세제의

---

678) 효장세자(孝章世子): 조선 21대 왕 영조와 정빈이씨의 아들, 정조의 양아버지로 진종으로 추존, 이름 행(緈), 1719~1728.

679) 영조(英祖): 조선 21대 왕, 숙종과 후궁 숙빈최씨의 아들, 이름 금(昑), 1694~1776.

680) 정빈이씨(靖嬪李氏): 조선 21대 왕 영조의 후궁, 효장세자(孝章世子, 추존 진종)의 어머니, 이준철(李竣哲)의 딸, ?~1721.

681) 신시(申時): 15:00~17:00.

682) 창의궁(彰義宮): 조선 21대 왕 영조가 즉위 전에 살았던 집. 현 서울 종로구 통의동.

명으로 입궐하게 되어, 그때부터 정성왕후(貞聖王后)[683]와 인원왕후(仁元王后)[684]의 손에서 길러졌다.

1724년 8월 30일 아버지가 즉위하자 그해 11월 3일에 경의군(敬義君)에 봉해졌고, 일곱 살 때인 1725년(영조 1) 2월 25일에 왕세자로 삼았다가 3월 20일에 책봉례를 거행하였다.

1727년(영조 3)에는 이조참의 조문명(趙文命)의 딸과 결혼하였으나, 이듬해인 1728년(영조 4) 11월 16일 해시(亥時)[685]에 창경궁 진수당에서 10세의 나이로 승하하였다.

영릉(추존 진종과 효순왕후)

---

683) 정성왕후(貞聖王后): 조선 21대 왕 영조의 비, 본관 달성(達城), 달성부원군 서종제(徐宗悌)와 잠성부부인 우봉이씨의 딸, 1692～ 1757.

684) 인원왕후(仁元王后): 조선 19대 왕 숙종의 계비, 본관 경주(慶州), 경은부원군 김주신(金柱臣)과 가림부부인 조씨(趙氏)의 딸, 1687～1757.

685) 해시(亥時): 21:00～23:00.

영의정 이광좌(李光佐)를 빈궁(殯宮)·묘소(墓所)·예장(禮葬) 등 세 도감(都監)의 도제조로 삼아 장지를 찾도록 하였다. 명종(明宗)[686]의 아들 순회세자의 무덤인 순창원(順昌園)의 청룡 너머 능선, 현종(玄宗)[687]의 무덤인 숭릉(崇陵)의 오른쪽 능선, 성종(成宗)[688] 비 공혜왕후(恭惠王后)의 무덤인 순릉(順陵)의 왼쪽 언덕을 후보지로 압축하여 살폈다. 이광좌가 말하기를 "순릉의 왼쪽 언덕의 혈은 매우 좋아서 신들의 소견으로 말하더라도 조금도 미진한 데가 없습니다. 또 산세가 웅대하여 싸안은 정취가 있고 분명하게 맺힌 데가 있으니, 또한 쉽게 얻을 수 없는 곳입니다" 하니, 영조는 그곳을 효장세자의 장지로 정하도록 하였다.

효장세자가 승하하던 해인 1728년(영조 4) 12월 9일에 장지 조성 작업을 시작하였다. 땅의 깊이는 영조척으로 8척 9촌으로 정하여, 이듬해 1월 26일에 파주 조리동 을좌신향(乙坐辛向)[689] 언덕에 장사를 지냈다.

효장세자의 죽음으로 아들이 없었던 영조는 1735년(영조 11) 1월 25일 영빈이씨(暎嬪李氏)[690]가 아들을 낳자 "언제나 두려워하여 사방으로 돌아보면서 후사를 계승할 걱정을 깊이 품었다. 집안과 나라가 외롭고 위태로우니 여러 사람의 마음을 매어 둘 데가 없을까 봐 염려되었고, 내 나이 점점 늙어가니 선조의 대통을 전할 데가 없음

---

686) 명종(明宗): 조선 13대 왕, 중종과 문정왕후의 아들, 이름 환(峘), 1534~1567.

687) 현종(顯宗): 조선 18대 왕, 효종과 인선왕후의 외아들, 심양 출생, 이름 연(棩), 1641~1674.

688) 성종(成宗): 조선 9대 왕, 의경세자와 한씨의 둘째 아들, 이름 혈(娎), 1457~1494.

689) 을좌신향(乙坐辛向): 07시 방향에서 19시 방향을 바라보는 방위.

690) 영빈이씨(暎嬪李氏): 조선 21대 영조의 후궁, 사도세자(思悼世子, 莊獻世子, 추존 장조)의 어머니, 본관 전의(全義), ?~1764.

이 두려웠다. 세자궁의 문이 닫힌 지 거의 10년이 다 되어 가는데, 다행히 하루아침에 신이 아들을 점지해 주는 길사를 얻었다"는 교문(教文)을 선포하였다. 영빈이씨가 낳은 아들을 원자(元子)로 삼으니 그가 사도세자(思悼世子)[691]다.

이즈음 영조는 이제 원자가 탄생하였는데도 효장세자빈(孝章世子嬪)[692]을 빈궁(嬪宮)이라고 부르는 것은 옳지 못하다 하여, 빈궁의 작호(爵號)[693]를 1735년(영조 11) 3월 16일에 현빈(賢嬪)으로 내렸다. 이조판서 송인명(宋寅明)이 말하기를 "순회세자빈[694]은 덕빈(德嬪)이라고 칭하였는데 공회빈(恭懷嬪)은 그 시호이며, 소혜왕후(昭惠王后)[695]도 또한 수빈(粹嬪)에 봉해졌었습니다. 세자빈은 살았을 때에는 한 글자의 작호를 가지지만, 죽은 뒤에는 두 글자의 시호를 가지는 것이 나라의 전례입니다. 지금 빈궁에게도 마땅히 한 글자의 작호만을 더하여야 합니다" 하였다. 영조의 명으로『선원보략(璿源譜略)』[696]을 살펴 확인한 결과, 공회빈을 덕빈에 봉한 사실과 소혜왕후를 수빈에 봉한 사실은 모두 결혼 초기에 있었던 일이었다. 그 외에도 정안왕후(定安王后)[697]는 덕빈(德嬪), 원경왕후(元敬王后)[698]는 경빈

---

691) 사도세자(思悼世子): 조선 21대 왕 영조와 영빈이씨의 아들, 정조의 아버지, 장헌세자, 추존 장조, 이름 선(愃), 1735~1762.

692) 효장세자빈(孝章世子嬪): 조선 21대 왕 영조와 정빈이씨의 아들 효장세자의 빈, 정조의 양어머니로 효순왕후로 추존, 본관 풍양(豊壤), 조문명(趙文命)의 딸, 1715~1751.

693) 작호(爵號): 관직이나 작위의 칭호.

694) 소현세자빈(昭顯世子嬪): 인조와 인열왕후 한씨의 큰아들 소현세자의 빈, 우의정 강석기(姜碩期)의 딸 민회빈(愍懷嬪), 1611~1646.

695) 소혜왕후(昭惠王后): 의경세자의 부인, 조선 9대 왕 성종의 어머니, 성종이 왕위에 오르자 아버지 의경세자를 덕종으로 어머니 한씨를 소혜왕후로 추존, 훗날 인수대비(仁粹大妃), 본관 청주(淸州), 한확(韓確:1403~1456)의 딸, 1437~1504.

696) 선원보략(璿源譜略): 조선 왕실의 보첩인『선원보첩(璿源譜牒)』을 간략하게 적은 책.

697) 정안왕후(定安王后): 조선 2대 왕 정종의 비, 본관 경주(慶州). 월성부원군 김천서(金天瑞)의 딸, 1355~1412

영릉(추존 진종과 효순왕후)

(敬嬪), 문종(文宗)699)의 폐빈김씨(廢嬪金氏)와 폐빈봉씨(廢嬪奉氏)도 또
한 모두 작호가 있었는데, 예종(睿宗)700)과 인종(仁宗)701)이 동궁으로
있을 때부터 빈궁들이 비로소 작호가 없었음이 확인되었다.

어렸을 때 남편을 떠나보낸 현빈이 1751년(영조 27) 11월 14일
창덕궁의 의춘헌에서 승하하였다. 현빈은 1715년(숙종 41)에 태어
나, 1727년(영조 3) 8월 28일에 세자빈으로 간택되어 같은 해 9월
29일에 결혼하였다. 1735년(영조 11)에 현빈으로 봉하여졌다가, 양
아들인 정조(正祖)702)가 즉위하자 1776년 3월 19일에 영조의 뜻에

---

698) 원경왕후(元敬王后): 조선 태종의 비, 본관 여흥(驪興), 여흥부원군 민제(閔霽)의 딸, 1365~1420.
699) 문종(文宗): 조선 5대 왕, 세종과 소헌왕후 심씨의 맏아들, 이름 향(珦), 1414~1452.
700) 예종(睿宗): 조선 8대 왕, 세조와 정희왕후의 둘째 아들, 이름 황(晄), 1450~1469.
701) 인종(仁宗): 조선 12대 왕, 중종과 장경왕후의 아들, 이름 호(岵), 1515~1545.

따라 효장세자를 진종(眞宗)으로, 효순현빈을 효순왕후(孝純王后)로 추숭하고, 능호를 영릉(永陵)이라 하였다. 영조는 1764년(영조 40) 2월 24일에 사도세자의 아들을 효장세자의 후사로 삼아 종통을 이어받도록 하였다.

영조는 "내가 일찍이 삶은 밤을 좋아하였는데, 예전 밤중에 내가 갑자기 삶은 밤을 먹고 싶다고 하니, 현빈이 미처 신발을 신을 사이도 없이 곧바로 부엌에 들어가 친히 밤을 삶아 진상하였다. 이것이 효도가 아니고 무엇이겠는가?" 하면서 시호를 효순(孝純)이라 내렸다.

한편 효순현빈의 행록을 시아버지가 손수 지으면서 "불쌍한 나의 효부여! 내가 쓴 효장세자의 지문 글자 가운데 빠뜨려 놓았던 것도 보충하여 새기노라. 내가 이제 노쇠한 나이에 전후 아들과 며느리의 행록을 지었으니, 그 점에 대해서는 유감이 없다고 하겠으나, 옛 슬픔과 지금의 슬픔으로 아픈 마음을 어떻게 비유하여 말할 수 있겠는가? 눈물을 흘리고 오열하면서 쓰노라니, 밤은 어찌 그다지도 깊단 말인가? 이를 돌에 새겨 영구히 보관하여, 먼 후세에까지 전하게 하노라"라는 글을 적었다. 이듬해 1월 22일 효순현빈을 효장세자의 왼쪽에 을좌신향으로 장사 지냈다.

---

702) 정조(正祖): 조선 22대 왕, 사도세자와 혜경궁 홍씨의 아들, 이름 산(祘), 1752～1800.

35. 융릉(隆陵)

융릉(추존 장조와 헌경왕후)

융릉(隆陵)은 영조(英祖)703)와 영빈이씨(暎嬪李氏)704)가 낳은 이선
(李愃)705)의 능이다. 이선(李愃)은 1735년(영조 11) 1월 25일에 태어
났다. 정빈이씨(靖嬪李氏)706)가 낳은 효장세자(孝章世子)707)가 1728
년(영조 4)에 승하한 후, 한동안 후사가 없던 영조에게 더할 나위 없

---

703) 영조(英祖): 조선 21대 왕, 숙종과 후궁 숙빈최씨의 아들, 이름 금(昑), 1694~1776.

704) 영빈이씨(暎嬪李氏): 조선 21대 왕 영조의 후궁, 사도세자(思悼世子, 莊獻世子, 추존 장조)의
어머니, 본관 전의(全義), ?~1764.

705) 이선(李愃): 조선 21대 왕 영조와 영빈이씨의 아들, 정조의 아버지, 사도세자(思悼世子, 장헌
세자, 추존 장조, 이름 선(愃), 1735~1762.

706) 정빈이씨(靖嬪李氏): 조선 21대 왕 영조의 후궁, 효장세자(孝章世子, 추존 진종)의 어머니, 이
준철(李竣哲)의 딸, ?~1721.

707) 효장세자(孝章世子): 조선 21대 왕 영조와 정빈이씨의 아들, 정조의 양아버지로 진종으로 추
존, 이름 행(緈), 1719~1728.

는 기쁨을 안겨주었다.

영조 임금은 원자(元子)가 탄생하였음을 알리는 교문(敎文)에 "동궁(東宮)의 자리가 오랫동안 비어 있어서 바야흐로 만백성의 바라는 마음이 간절하였는데, 일월(日月)의 빛이 거듭 밝았으니 이에 넉넉함을 주는 아름다움을 기쁘게 여기노라. 이미 원자의 명호(名號)를 바로 하였으니 어찌 널리 이것을 알리는 의식을 늦추겠는가? 나같이 덕이 부족한 사람이 왕위를 받들었으니 언제나 두려워하여 사방으로 돌아보면서, 후사(後嗣)를 계승할 걱정을 깊이 품었다. 집안과 나라가 외롭고 위태로우니 여러 사람의 마음을 매어 둘 데가 없을까 봐 염려되었고, 내 나이 점점 늙어가니 선조들의 대를 이어갈 수 없을까 봐 두려웠다"라고 밝힐 정도로 아주 흐뭇해했다.

영조 임금은 원자가 태어난 다음 해 3월 15일에 왕세자로 책봉하였으며, 그다음 해 9월 9일에는 이광좌(李光佐)와 김재로(金在魯)를 사부(師傅)로 정하였고, 1743년(영조 19) 3월 17일에는 관례를 행하였는데 그가 사도세자(思悼世子)다. 1744년(영조 20) 1월 9일에 홍봉한(洪鳳漢)의 딸을 왕세자빈으로 책봉하여 이틀 후인 1월 11일에 결혼식을 거행하였다. 왕세자빈이 바로 훗날 헌경왕후(獻敬王后)[708]로 추존된 혜빈(惠嬪) 풍산홍씨(豊産洪氏)로 1735년(영조 11) 6월 18일에 태어났다.

혜빈이 1750년(영조 26) 8월 27일에 원손을 낳았다. 이 원손을 1751년(영조 27) 5월 13일에 왕세손으로 책봉하였으나, 1752년(영조 28) 3월 4일 갑자기 죽자 시호를 의소세손(懿昭世孫)[709]이라 내렸

---

708) 헌경왕후(獻敬王后): 조선 21대 왕 영조와 영빈이씨의 아들인 사도세자빈, 혜빈(惠嬪), 정조의 어머니, 본관 풍산(豊産), 홍봉한(洪鳳漢)의 딸, 1735~1815.

다. 5월 12일에 장사를 지내고 원호를 의령원(懿寧園)이라 하였다. 혜빈은 그해 9월 22일에 둘째 아들을 낳았는데 그 아들이 훗날 정조 (正祖)710) 임금이다.

정조 임금이 태어난 지 10년 후인 1762년(영조 38) 5월 22일에 나경언(羅景彦)이 왕세자의 허물 10여 가지를 영조에게 낱낱이 고하였다. 같은 달 24일에 영조 임금이 경희궁 흥화문(興化門)에서 시민들에게 말하기를 "내가 나경언의 상소문을 보고, 내사(內司)711)와 사궁(四宮)712)에서 시민들에게 빚이 많은 것을 알았다. 또 너희가 억울함을 품은 일이 있을 것이니, 숨기지 말고 모두 말을 하라"고 하였다. 세자의 본병(本病)이 날로 심해져 밤낮으로 궁중 잡부들과 어울려 유흥을 즐기는 정도가 법도를 잃었고, 돈의 씀씀이가 한정이 없어 내사가 모조리 비어 시민들의 물건을 거두어들였으며, 궁궐 잡부들은 위세를 빙자하여 시민들의 물건을 빼앗아버려 원망하는 말이 길에 가득하였다. 영조가 이때에 이르러서 비로소 바로 알고는 시민들에게 각기 빚으로 준 것을 말하도록 명해, 호조·혜청(惠廳)·기조(騎曹)로 하여금 갚아주도록 하였다.

1762년(영조 38) 윤5월 13일 임금이 세자에게 명하여 관(冠)과 신발을 벗고 맨발로 머리가 땅에 닿도록 엎드려 조아리게 한 후, 자결할 것을 전교하니 세자의 이마에서 피가 흘렀다. 세손이 들어와 관과 포를 벗고 세자의 뒤에 엎드리니, 임금이 안아다가 시강원으로

---

709) 의소세손(懿昭世孫): 사도세자와 혜빈홍씨(惠嬪洪氏)의 큰아들, 조선 21대 왕 영조의 세손, 이름 정(琔), 1750.8.27~1752.3.4.

710) 정조(正祖): 조선 22대 왕, 사도세자와 혜경궁 홍씨의 아들, 이름 산(祘), 1752~1800.

711) 내사(內司): 조선시대에 왕실 재정의 관리를 맡아보던 관아.

712) 사궁(四宮): 조선시대 때 명례궁(明禮宮)·어의궁(於義宮)·수진궁(壽進宮)·용동궁(龍洞宮)을 말함.

보내고 다시는 들어오지 못하게 하라고 명하였다. 임금이 칼을 들고 연달아 전교를 내려 세자의 자결을 재촉하니 세자가 자결하고자 하였는데, 춘방(春坊)의 여러 신하가 말렸다. 그러자 임금이 세자를 폐하여 서인으로 삼는다는 명을 내렸다. 그리고는 폐세자를 깊이 가두라고 명하였는데 세손이 황급히 들어왔다. 임금이 빈궁·세손 및 여러 왕손을 좌의정 홍봉한의 집으로 보내라고 명하였는데, 이때가 밤이 반이 지났었다.

1762년(영조 38) 윤5월 21일 폐세자가 승하하였다. 임금이 전교하기를 "어찌 30년에 가까운 부자간의 정과 도리를 생각하지 않겠는가? 세손의 마음을 생각하고 대신들의 뜻을 헤아려 단지 그 호(號)를 회복하고, 겸하여 시호를 사도세자라 한다"고 하였다. 빈궁에게는 혜빈(惠嬪)이란 호를 내렸다.

좌의정 홍봉한을 예장도감도제조로, 신회(申晦)·김상복(金相福)을 빈궁도감당상으로, 이이장(李彛章)·심수(沈鏽)를 묘소도감당상으로 삼고, 상지관(相地官)713) 안재경(安載經)에게 장지를 잘 선정하라고 명하였다. 또 홍봉한에게는 "오릉(五陵)714)에 들어가서는 안 된다"고 하였다.

같은 해 7월 23일 신시(申時)715)에 양주 배봉산(拜峰山) 자락에 사도세자를 갑좌경향(甲坐庚向)716)으로 장사를 지냈다. 사도세자의 장례에 영조 임금이 친히 참여하였는데, 그 이유를 "13일의 일은 나라

---

713) 상지관(相地官): 조선시대에 대궐과 왕릉 자리 등을 살펴 정하는 일을 담당하는 관직.

714) 오릉(五陵): 영조의 아버지이며 사도세자의 할아버지인 숙종의 무덤인 명릉이 있는 서오릉(西五陵)을 말한다.

715) 신시(申時): 15:00∼17:00.

716) 갑좌경향(甲坐庚向): 05시 방향에서 17시 방향을 바라보는 방위.

에 관계된 것이다. 그때에 비로소 아버지라 부르는 소리를 들었으니, 오늘은 아버지를 부르는 마음에 보답하려 한다. 또 하나는 내가 30년 부자지은(父子之恩)을 마치러 온 것이고, 다른 하나는 내가 친히 제주(題主)717)하고자 하는 것이다. 만약 내가 친히 제주하면 다른 날에 반드시 신주를 묻어버리자는 논의가 없을 것이다. 뒷일은 비록 경들이라 해도 어찌 알 수 있겠는가?"라고 하여, 사도세자에 대한 애틋한 마음과 훗날 또다시 폐세자되는 일이 없도록 미리 방지하기 위함이 묻어있는 말이다.

1776년(영조 52) 3월 5일 영조가 승하하자, 사도세자의 아들 정조임금이 엿새 만인 3월 10일에 즉위하였다. 즉위하던 날 빈전(殯殿)의 밖에서 대신들을 소견하였다. 윤음을 내리기를, "아! 과인은 사도세자의 아들이다. 선대왕께서 종통(宗統)의 중요함을 위하여 나에게 효장세자를 이어받도록 명하셨거니와, 아! 전일에 선대왕께 올린 글에서 '근본을 둘로 하지 않는 것[不貳本]'에 관한 나의 뜻을 크게 볼 수 있었을 것이다"라고 하여, 많은 의미를 가진 말을 남겼다. 3월 20일에는 사도세자의 시호를 장헌세자(莊獻世子)로 고치고, 원호를 영우원(永祐園)이라 하였다. "시호를 '사도'라고 한 것은 성스러운 뜻이 있으신 것인데, 지금 내가 오직 평생 슬프고 사모하는 마음을 나타내려고 한 것일 뿐이다"라고 시호를 고친 것에 대한 설명을 덧붙였다.

즉위 초부터 영우원을 이장하려고 하였으나, 시간만 끌어오던 차에 금성위 박명원(朴明源)이 상소하기를 "신하된 자로서 만세의 대계를 생각할 때, 마음을 끝까지 쓰지 않을 수가 없습니다. 의리로 보아

---

717) 제주(題主): 신주(神主)에 글자를 씀. 장례를 치른 뒤에 무덤에서 신주를 만들어 죽은 사람의 직함과 이름을 쓰는 일.

감히 스스로 숨길 수 없기에 죽음을 무릅쓰고 아룁니다. 영우원은 첫째 잔디가 말라죽고, 둘째 청룡이 뚫렸고, 셋째 뒤를 받치고 있는 곳에 물결이 심하게 부딪치고, 넷째 뒤쪽 낭떠러지의 석축이 천작(天作)이 아닌 것입니다. 이렇게 볼 때 풍기(風氣)가 순하지 못하고, 흙의 성질이 온전하지 못하고, 지세가 좋지 않다는 것을 미루어 짐작할 수 있습니다. 이 중에서 하나만 해당되어도 백성들이 지극히 애통해할 텐데, 더구나 뱀이 무덤 가까운 곳에 똬리를 틀고 무리를 이루고 있으며, 심지어 정자각 기와 속 틈새마다 서려 있는데, 더 말할 것이 있겠습니까"라고 하면서, 이장할 것을 요청하였다. "우리 성상께서 외로이 홀로 위에 계시며 해는 점점 서산으로 기울어 가는 데, 아직까지 뒤를 이을 자손이 더디어지고 있습니다"라는 말까지 첨언하였다.

영우원을 이장하기로 결정이 되어 후보지 물색에 나섰다. "나라 안에 능이나 원(園)으로 쓰기 위해 봉표를 해 둔 것 중에서 세 곳이 가장 길지라는 설이 예로부터 있었는데, 한 곳은 홍제동으로 바로 지금의 영릉(寧陵)718)이 그것이고, 한 곳은 건원릉(健元陵)719) 오른쪽 능선으로 바로 지금의 원릉(元陵)720)이 그것이고, 한 곳은 수원(水原)에 있는 것이 그것이다"라고 정조임금이 말한 것으로 보아 이미 수원의 땅에 뜻이 있었다.

이어서 "내가 수원에 뜻을 둔 것이 이미 오래여서 널리 상고하고 자세히 살핀 것이 몇 년인지 모른다. 옥룡자의 말이 그 속에 기록되어 있는데, 그의 말에 '반룡농주(盤龍弄珠)의 형국721)이다. 참으로 복룡대지

---

718) 영릉(寧陵): 조선 17대 왕 효종과 인선왕후의 능.
719) 건원릉(健元陵): 태조 이성계의 능으로 동구릉 내에 있다.
720) 원릉(元陵): 조선 21대 왕 영조와 계비 정순왕후의 능.

(福龍大地)로서 용(龍)과 혈(穴)과 토질과 물이 더없이 좋고 아름답다'고 하였고, 윤선도가 '참으로 천 리에 다시없는 자리고, 천 년에 한 번 만날까 말까 한 자리다' 하였다. 유두(乳頭) 아래 평탄한 곳에 재혈(裁穴)하고, 작은 언덕을 안대(案對)로 삼아서 좌향(坐向)을 정하면, 이른바 바로 구슬이 안대가 되는 것이다. 구슬을 안대로 하려면 두 봉우리 사이 빈 곳을 안(案)으로 정해야 하는데, 이것이 또 이른바 구슬을 안대하면 빈 곳으로 향(向)이 간다는 것이다"라고 자세히 설명하고 있으니, 정조 임금이 풍수공부를 얼마나 하였는지 짐작이 가는 대목이다. "나의 뜻은 이미 수원으로 결정하였다. 지금 경 등을 대하여 속에 쌓아 두었던 말을 하게 되었으니, 이것이 하늘의 뜻이 음으로 돕고 신명(神明)이 묵묵히 도운 것이 아니겠는가"라 하며, 수원으로 장지를 결정하였다.

융릉의 여의주

---

721) 반룡농주(盤龍弄珠)의 형국: 똬리를 튼 용이 여의주를 가지고 노는 형국.

총호사 김익(金熤)은 장지를 살피고 나서 "국세가 평온하고 청룡 백호가 서로 감싸 안은 듯 긴밀하며, 혈의 좌우는 매미가 날개를 펼쳐 감싼듯하며, 안계도 매우 조용했습니다. 눈앞에 작은 언덕이 혈과 일직선상에 놓여있는데, 이곳이 본래부터 칭송되어오는 서린 용[盤龍]의 형상이고, 이 언덕을 용이 희롱하는 구슬[弄珠]이라고 한 말이, 신의 범안(凡眼)으로 보아도 정확한 논평인 것 같았습니다. 안대로 말하면 두 개의 봉우리가 나란히 서 있는데, 만약 어느 한 봉우리로 향을 놓아 안산(案山)으로 삼으면 두 봉우리의 기세를 다 끌어들일 수 없을 것 같고, 두 봉우리 사이의 빈 곳으로 향을 놓으면 두 봉우리의 기운이 합쳐져 하나의 안(案)이 되니, 예로부터 이른바 구슬을 안대해 빈 곳으로 향을 놓는다[對珠向空]는 말이 이런 뜻에서인 듯합니다"라고 평하였다.

한편 임금은 "산소를 매만져 다듬는다는 것은 그 산의 형세를 그대로 따를 뿐이니, 보토(補土)를 너무 높고 크게 하는 것을 나는 옳지 않게 생각한다. 더구나 이 묏자리의 혈상은 유두(乳頭) 밑에 웅덩이가 파여 있어 음양이 서로 붙어 있는 데 그 신묘함이 있으니, 흙을 파낼 때 유두를 파지 마라. 혈 앞의 남은 기운이 생동해 구르고 있는데, 만약 지나치게 흙을 보충하면 천연으로 이루어진 정교함을 잃기 쉬우니 원형 그대로 잔디를 입히는 것이 좋을 것이다. 무덤의 깊이는 모름지기 옅게 파고 깊이 파지 말아서, 차라리 길한 기운이 밑으로 지나가게 할지언정 위로 지나가게 하지 말라는 뜻을 더욱 염두에 두어, 조심하고 또 조심해서 미리 더욱더 살펴 정하라"고 능을 조성하는 요령까지 세세하게 지시하였다. 결국, 현릉원의 광중 깊이는 주척(周尺)[722]으로 9척으로 결정되었다.

융릉(추존 장조와 헌경왕후)

이렇게 수원 화산(花山)에 장지를 조성하여, 사도세자를 1789년 (정조 13) 10월 7일 해시(亥時)723)에 계좌정향(癸坐丁向)724)으로 옮겨 모시고, 원호를 현륭원(顯隆園)이라 고쳤다. 현륭원을 옮겨 조성하는 비용은 "돈 18만 4천6백여 냥, 쌀 6천3백26석, 목면 2백79동 남짓, 베 14동"이 소요되었다.

1815년(순조 15) 12월 15일 신시(申時)725)에 혜빈홍씨가 창경궁 경춘전에서 승하하였다. 총호사 영의정 김재찬(金載瓚)이 아뢰기를,

---

722) 주척(周尺): 주례(周禮)에 규정된 자로서, 한 자가 곱자의 여섯 치 육 푼, 즉 23.1cm이다.

723) 해시(亥時): 21:00~23:00.

724) 계좌정향(癸坐丁向): 01시 방향에서 13시 방향을 바라보는 방위.

725) 신시(申時): 15:00~17:00.

"영우원을 옮길 때의 허좌제도(虛左制度)[726]를 쓴 것이 성교(聖敎)[727]에 분명하게 실려 있습니다. 그러므로 이번의 원소는 현륭원에 합장하는 것으로 하시지요"라고 고하여, 혜빈은 현륭원에 합장하는 것으로 결정되었다. 혜빈의 시호를 헌경(獻敬)으로 정하고 이듬해 3월 3일 해시(亥時)[728]에 장사를 지냈다.

1899년(고종 36) 7월 27일에 장헌세자를 장종(莊宗)으로, 헌경혜빈을 헌경왕후(獻敬王后)로 능호를 융릉(隆陵)으로 추존하였다. 그해 11월 5일에는 장종을 장조(莊祖) 황제로, 헌경왕후를 헌경황후(獻敬皇后)로 다시 추존하였다.

---

726) 허좌제도(虛左制度): 무덤의 왼쪽을 비워두는 제도. 사후에 왼쪽에다 왕후를 모시기 위하여 자리를 미리 만들어 놓는 방법.

727) 성교(聖敎): 왕비나 세자를 책봉할 때 임금이 내리는 가르침의 글.

728) 해시(亥時): 21:00∼23:00.

36. 건릉(健陵)

건릉(정조와 효의왕후)

정조(正祖)729)는 사도세자(思悼世子)730)와 혜빈홍씨(惠嬪洪氏)731) 사이에서 1752년(영조 28) 9월 22일 축시(丑時)732)에 창경궁 경춘전에서 태어났다. 할아버지인 영조(英祖)733)가 자신을 너무 닮았다고 좋아하면서 출생 당일에 원손으로 삼았고, 1759년(영조 35) 2월 12일에 왕세손으로 책립(冊立)734)하였다가 그해 윤6월 22일에 책봉 의식을 거행하였

---

729) 정조(正祖): 조선 22대 왕, 사도세자와 혜경궁 홍씨의 아들, 이름 산(祠), 1752~1800.

730) 사도세자(思悼世子): 조선 21대 왕 영조와 영빈이씨의 아들, 정조의 아버지, 장헌세자, 추존 장조, 이름 선(愃), 1735~1762.

731) 혜빈홍씨(惠嬪洪氏): 조선 21대 왕 영조와 영빈이씨의 아들인 사도세자빈, 추존 헌경왕후(獻敬王后), 정조의 어머니, 본관 풍산(豊産), 홍봉한(洪鳳漢)의 딸, 1735~1815.

732) 축시(丑時): 01:00~03:00.

733) 영조(英祖): 조선 21대 왕, 숙종과 후궁 숙빈최씨의 아들, 이름 금(昑), 1694~1776.

다. 1762년(영조 38) 2월 2일에 청풍부원군 김시묵(金時默)의 딸과 결혼하였다. 결혼하던 해 윤5월 21일에 아버지가 승하하자 7월에 세손궁을 동궁(東宮)으로 칭하니, 사실상 왕세자의 위치에 서게 되었다.

1764년(영조 40) 2월 24일 왕명으로 효장세자(孝章世子)735)의 후사로 삼아 종통을 이어받게 하여, 1776년 3월 10일에 경희궁 숭정문에서 조선 22대 왕으로 즉위하였다. 큰아버지인 효장세자의 승하로 아버지가 왕세자가 되었고, 형인 의소세손(懿昭世孫)736)이 일찍 죽어 자신이 왕세손이 되었는데, 아버지 또한 일찍 승하하는 바람에 영조의 뒤를 이어 왕위에 오르게 되었다. 즉위 24년 만인 1800년(정조 24) 6월 28일 유시(酉時)737)에 창경궁 영춘헌에서 승하하였다.

그해 7월 15일에 장지를 현륭원(顯隆園)738) 국내 옛 강무당 터로 정하였다. 당시에 예조판서 이만수(李晩秀)가 아뢰기를 "신 등이 현륭원에 나아가 옛 강무당의 터를 살펴보았는데, 상지관(相地官)739) 6명의 의견이 하나같이 똑같았습니다. 용혈사수(龍穴砂水)가 더할 나위 없이 아름답고 좋은 대명당 입니다. 이는 선왕의 영령들께서 도와주시고, 효성에 감동된 소치입니다"라 하였다. 『상례보편(喪禮補篇)』740)에 예조 당상관과 관상감제조가 지리학관을 데리고 가서 장

---

734) 책립(冊立): 황제의 명령에 의해 황태자나 황후를 봉하여 세우는 일을 이르던 말.

735) 효장세자(孝章世子): 조선 21대 왕 영조와 정빈이씨의 아들, 정조의 양아버지로 진종으로 추존, 이름 행(緈), 1719~1728.

736) 의소세손(懿昭世孫): 사도세자와 혜빈홍씨(惠嬪洪氏)의 큰아들, 조선 21대 왕 영조의 세손, 이름 정(琔), 1750.8.27~1752.3.4.

737) 유시(酉時): 17:00~19:00.

738) 현륭원(顯隆園): 사도세자와 혜빈홍씨의 무덤, 현 융릉(隆陵).

739) 상지관(相地官): 조선시대에 대궐과 왕릉 자리 등을 살펴 정하는 일을 담당하는 관직.

740) 상례보편(喪禮補篇): 홍계희(洪啓禧)가 『국조오례의』 중에서 상례 부분을 수정·증보하여 1758년(영조 34)에 완성 간행.

지를 선택하면, 의정부 당상관이 다시 살펴보고, 임금에게 글로서 보고한 다음에 장지로 최종 결정을 하는 것이다. 이만수는 이 규정을 상고하여, 예전에 왕릉을 정할 때 여러 번 장지를 살펴보았던 것은 곧바로 장지를 정하지 못했기 때문이라며, 이번에는 첫 간심에서 완전한 길지를 얻었으니, 여러 차례 장지를 살필 필요가 없다고까지 하였다. 마지막으로 여러 대신으로 하여금 한 번만 더 장지를 살피게 한 다음에 결정하면 될 것 같다고 하니, 나이 어린 순조(純祖)[741]는 그대로 따랐다.

이들이 사흘 후에 다시 아뢰기를 "상지관 김양직(金養直)·김응일(金應一)·최익(崔翼)·윤수구(尹守九)·정지선(丁志璿)·강필제(姜必濟)를 데리고, 옛 강무당 터를 주산에서부터 혈처까지 다시 상세히 살폈습니다. 또 안산(案山)과 청룡백호 등을 두루 살펴보았는데, 상지관 모두가 더없이 좋고 아름답다고 했습니다. 신이 범안임에도 완전한 대명당임을 알 수 있었습니다" 하여, 그곳이 장지로 결정되었다. 그해 11월 6일 자시(子時)[742]에 해좌사향(亥坐巳向)[743]으로 정조를 장사 지냈다.

1821년(순조 21) 3월 9일 오시(午時)[744]에 정조 비 효의왕후(孝懿王后)[745]가 승하하였다. 효의왕후는 1753년(영조 29) 12월 13일 해시(亥時)[746]에 가회방 사저에서 태어났다. 1761년(영조 37) 10월 29일 세손빈으로 간택되었다가, 1762년(영조 38)에 결혼식을 거행하고, 정조의 즉위와 함께 왕비가 되었다.

---

741) 순조(純祖): 조선 23대 왕, 정조와 수빈박씨의 아들, 이름 공(玜), 1790~1834.

742) 자시(子時): 23:00~01:00.

743) 해좌사향(亥坐巳向): 22시 방향에서 10시 방향을 바라보는 방위.

744) 오시(午時): 11:00~13:00.

745) 효의왕후(孝懿王后): 조선 22대 왕 정조의 비, 본적 청풍(淸風), 청원부원군 김시묵(金時默)의 딸, 1753~1821.

746) 해시(亥時): 21:00~23:00.

건릉(정조와 효의왕후)

효의왕후가 승하하자 순조의 장인 영돈령부사 김조순(金祖淳)이 건릉(健陵)747)은 문제가 많다는 상소를 올렸다. 당시에 김조순은 송나라 효종(孝宗)이 승하한 지 몇 년이 지나도록 무덤 자리를 정하지 못하자 주자(朱子)가 이에 따른 문제를 지적해 영종(英宗)에게『산릉의장(山陵議狀)』이라는 글을 써서 올렸다. 여기에 나오는 풍수적인 내용을 인용하여 건릉을 분석한 상소문을 올렸다. "주산과 내룡의 힘이 강한지 약한지, 바람에 의하여 기가 모이는 지 흩어지는지, 물과 흙의 깊이가 얕은지 깊은지, 혈이 바른지 비틀어졌는지, 역량이 온전한지 그렇지 못한지"748)를 살펴 장지를 정해야 하는데, 건릉은

747) 건릉(健陵): 조선 22대 왕 정조의 능. 이장 전의 능을 말한다.

748)『산릉의장(山陵議狀)』에 나오는 '土勢之强弱, 風氣之聚散, 水土之淺深, 穴道之偏正, 力量之全

그렇지를 못하니 근심이 많다고 하였다.

건릉은 "산기슭이 약하여 웅장하게 꿈틀거리는 것이 없으니 주세의 강약은 논할 것조차도 없고, 묘역이 높은 것은 오로지 보충해 쌓은 것이므로 질고 습하여 사철 내내 마르지 않으니 수토의 깊고 얕음은 논할 것조차도 없고, 가로로 떨어진 줄기가 도움이 없이 고단하게 내려가 오른쪽은 닿아서 높고 왼쪽은 기울어져서 푹 꺼졌으니 혈도의 바르고 치우침은 논할 것조차도 없고, 청룡과 백호가 갖추어지지 않고 안산(案山)이 참되지 않는가 하면, 독성(禿城)이 높이 솟아서 바위가 쫑긋쫑긋 서 있고, 넓은 들판이 바로 연하고 큰 시내가 바로 흘러 달아나니 역량의 온전하고 온전하지 않은 것은 논할 것조차도 없습니다. 잔디가 항상 무너져 줄어드는 것과 습한 곳에서 벌레가 생기어 서식하는 것은 다만 미세한 근심입니다"라 하였다. 장지를 처음 정할 때 이만수를 비롯한 대신들이 아뢰었던 내용과는 너무 다른 내용이다. 그러나 순조 역시 건릉의 문제점에 대해 평소에 효의왕후로부터 들어서 알고 있었음을 내비쳤다.

김조순이 "신이 또 명백히 진달할 것이 있는데, 바로 건릉의 자리를 잡은 것에 대한 경위입니다. 세상에 모르는 사람은 정조 임금께서 직접 정하신 땅이라고 알고 계실 겁니다. 그러나 사실은 그렇지 않습니다"라고 덧붙였다. 사실은 정조 임금이 현릉원에 참배를 다니면서 자신의 수릉(壽陵) 자리를 살폈었다. 그러다가 1800년(정조 24) 봄에 수원에 사는 어떤 풍수가가 말하여, 옛 군기고의 터를 살핀 일이 있었다. 그러나 나무가 너무 **빽빽**하게 들어서서 주변을 제대로

좀'를 인용한 말이다.

분변할 수 없자, 그 자리에 푯말을 세워두었다가 나중에 다시 살펴보겠다고 하였는데, 그곳을 다시 오지 못하고 승하하고 말았다. 결국은 간사한 사람들이 정조 임금께서 손수 정하신 자리라고 억지를 부려 그 자리에 장사를 지내게 된 것이다.

임금이 관상감제조 김조순, 예조판서 김노경(金魯敬), 산릉도감 당상 이상황(李相璜)을 불러 모았다. 이 자리에서 김조순이 말하기를, "신 등이 다시 수원의 옛날 향교 터에 가서 나무를 베고 자세히 살펴보니, 풍수가의 여러 의논이 모두 좋다 하였고, 비록 신 등의 보통 안목으로 말하더라도 지리는 진실로 알 수가 없지만, 산세가 밝고 아름다우며 앞이 멀리 툭 틔어 있으니 참으로 좋다고 말할 만합니다"라고, 옛 수원 향교 터를 천장지로 추천하였다.

건릉의 주작

상지관 남양진(南陽進)·김경인(金景寅)·최상일(崔相一), 신희(申熙), 방경국(方慶國) 등이 "수원의 옛 향교 터는 산맥의 형세가 웅장하고 존엄하면서 아름답습니다. 또 바람이 잘 막아지면서 볕이 잘 들고, 거기다 혈성(穴星)이 뚜렷하며, 수구(水口)가 막히고 조회하는 산과 안산이 모여들었습니다. 좋은 기운이 가득 차 있으니 최고의 길지입니다"라고 아뢰었다. 대신과 상지관의 말을 듣고, 순조 임금은 옛 수원 향교 터를 건릉 터로 정하였다.

하나의 능침에 광중을 둘로 조성하여 1821년(순조 21) 9월 13일 축시(丑時)[749]에 정조 임금과 효의왕후를 동시에 장사 지내니, 좌향은 자좌오향(子坐午向)[750]이다.

정조 임금을 천장하려고 개장을 하여 보니, 광중에 물이 가득하여 관이 오른쪽으로 약간 틀어져 있을 정도였다. 이 말을 전해 들은 순조가 "재궁을 받들어 낼 때에 물이 매우 많았다고 하니, 너무나도 놀랍고 너무나도 가슴 아프다. 몇 년 동안 이런 곳에다 모셔 두고 전혀 모르고 있었으니, 이 일을 생각하면 망극할 뿐이다"라고 탄식하였다.

749) 축시(丑時): 01:00~03:00.
750) 자좌오향(子坐午向): 24시 방향에서 12시 방향을 바라보는 방위. 정남향.

37. 인릉(仁陵)

인릉(순조와 순원왕후)

정조(正祖)751) 임금이 즉위한 지 6년이 넘도록 아들이 없었는데,
1782년(정조 6) 9월 7일에 궁녀 성씨(成氏)752)가 아들을 낳았다. 정
조는 그녀를 내명부 정3품의 벼슬인 소용(昭容)으로 삼았고, 이듬해
2월 19일에는 소용성씨에게 의빈(宜嬪)이란 칭호를 내리고, 의빈이
낳은 아들을 1784년(정조 8) 7월 2일 왕세자로 삼았다.

왕세자가 1786년(정조 10) 5월 3일 홍역에 걸리자 정조는 의약청
을 설치하였다. 치료에 전념한 결과 병이 호전되어 5월 6일 종묘에
고하고 사면령을 반포하였다. 홍역이 완쾌된 며칠 뒤인 5월 10일 왕세

---

751) 정조(正祖): 조선 22대 왕, 사도세자와 혜경궁 홍씨의 아들, 이름 산(祘), 1752~1800.

752) 성씨(成氏): 조선 22대 왕 정조의 후궁, 문효세자의 어머니, 의빈성씨(宜嬪成氏), 본관 창녕(昌
寧) 성윤우(成胤祐)의 딸, 1753~1786.

자가 갑자기 또 다른 심각한 증세를 보였다. 임금은 약원에 알리지 못하게 하고 본인이 직접 치료와 간병을 하였다. 이때 "내가 몸소 모두 점검하는 것은 대체로 지극한 정이 있기 때문이지만, 또한 다른 뜻이 있어서이다"라는 말을 남겼다. 임금의 지극 정성에도 불구하고, 왕세자는 이튿날 승하하고 말았다. 임금은 왕세자의 시호를 문효(文孝),[753] 묘호를 효창(孝昌)이라 하고, 그해 윤7월 19일에 장사를 지냈다.

그런데 그해 9월 14일에는 의빈성씨가 임신 중에 갑자기 승하하자, 당시에 사람들이 무슨 빌미가 있지 않은가 의심하였다. 정조는 "병이 이상하더니 결국 죽고 말았다. 이제부터 국사를 의탁할 데가 더욱 없게 되었다"며 죽음의 원인에 대해 의구심을 가졌다. 다른 대신들도 의빈의 병 증세가 심상치 않았기 때문에 어떤 빌미가 있지 않았는지 의심하였다. 같은 해 11월 20일에 의빈성씨를 문효세자의 무덤 효창원(孝昌園) 왼쪽 언덕에 장사를 지냈다.

그 뒤 한동안 아들이 없었던 정조는 1789년(정조 13) 10월 7일에 사도세자(思悼世子)[754]의 무덤을 수원으로 옮겼다. 우연인지 필연인지 그다음 해인 1790년(정조 14) 6월 18일에 수빈박씨(綏嬪朴氏)[755]가 창경궁에서 아들을 낳았다. 그러자 임금은 "나라의 형세를 유지해 나아갈 기쁨이 있게 되었고, 전궁(殿宮)[756]은 손자를 안는 경사가 났으니, 그 기쁨을 어찌 말로 다할 수 있겠는가?"라고 하면서, 당일에 원자(元子)로 삼아 종묘(宗廟)에 고하고, 대사면을 단행하여 1천1

---

753) 문효(文孝): 조선 22대 왕 정조와 의빈성씨의 아들, 문효세자(文孝世子), 이름 순(㳂), 1782~1786.

754) 사도세자(思悼世子): 조선 21대 왕 영조와 영빈이씨의 아들, 정조의 아버지, 장헌세자(莊獻世子), 추존 장조(莊祖), 이름 선(愃), 1735~1762.

755) 수빈박씨(綏嬪朴氏): 조선 22대 왕 정조의 후궁, 순조의 어머니, 본관 반남(潘南), 박준원(朴準源)의 딸, 1770~1822.

756) 전궁(殿宮): 조선 22대 왕 정조의 어머니 헌경왕후(獻敬王后) 풍산홍씨(豊山洪氏), 1735~1815.

백54명이 풀려났다.

그 후 1800년(정조 14) 1월 1일에 원자를 왕세자로 삼았다가, 다음 달 2일에 책봉의식을 거행하였다. 그해 정조 임금이 승하하자 왕세자가 조선 23대 왕으로 즉위를 하니, 그가 순조(純祖)757) 임금이다. 11살의 어린 나이에 즉위를 하니, 영조의 계비 정순왕후(貞純王后)758)가 1803년(순조 3) 12월 28일까지 수렴청정하였다. 1802년(순조 2) 10월 13일 영안부원군 김조순(金祖淳)의 딸을 왕비로 책봉하여 같은 달 16일에 결혼식을 거행하였는데, 김씨가 순원왕후(純元王后)759)다. 순원왕후는 2남 3녀를 두었는데, 장남이 효명세자(孝明世子)760)이고 차남은 일찍 죽었다. 불행하게도 효명세자가 1830년(순조 30) 5월 6일 승하하자 원손을 왕세손(王世孫)으로 책봉하였다. 장녀와 차녀는 출가하였으나 일찍 죽었다.

순조 임금이 1834년(순조 34) 11월 13일 해시(亥時)761)에 경희궁 회상전에서 승하하자, 장지를 파주 옛 장릉(長陵)762) 왼쪽 언덕에 정하였다. 순원왕후가 장지의 흙 빛깔이 흡족하지 못하고, 뇌석(腦石)이 깨져 불안하니 다른 곳에서 다시 장지를 찾을 것을 지시하였다. 덧붙여 상지관(相地官)763) 이시복(李時復)은 풍수지리로 입신출세한

---

757) 순조(純祖): 조선 23대 왕, 정조와 수빈박씨의 아들, 이름 공(玜), 1790~1834.

758) 정순왕후(貞純王后): 조선 21대 왕 영조의 계비, 본관 경주(慶州), 오흥부원군 김한구(金漢耉)와 원풍부부인 원주원씨의 딸, 1745~1805.

759) 순원왕후(純元王后): 조선 23대 왕 순조의 비, 본관 안동(安東), 영안부원군 김조순(金祖淳)과 청송심씨(靑松沈氏)의 딸, 1789~1857.

760) 효명세자(孝明世子): 조선 23대 왕 순조와 순원왕후의 아들, 추존 문조(文祖)·익종(翼宗), 이름 영(旲), 1809~1830

761) 해시(亥時): 21:00~23:00.

762) 옛 장릉(長陵): 조선 16대 왕 인조와 인열왕후의 능으로 1731년(영조 7)에 교하로 이장을 했다.

763) 상지관(相地官): 조선시대에 대궐과 왕릉 자리 등을 살펴 정하는 일을 담당하는 관직.

양덕현감(陽德縣監)이었는데, 장지의 일을 독단하면서 흙빛이 좋지 않자 천광의 위치를 위아래로 옮겨 다니면서, 도처에 구멍을 뚫고 헐면서 속이고 감추기를 일삼은 죄를 물어 처형하였다.

장지를 교하 장릉 국내로 다시 정하여, 1835년 4월 9일 을좌신향(乙坐辛向)으로 장사를 지내고, 능호를 인릉(仁陵)이라 하였다.

1855년(철종 6년)에 인릉은 청룡이 낮고, 혈의 전순(氈脣)이 길어 좋지 않다는 이유로 이장이 결정되었다. 이장 후보지 중 하나였던 후릉(厚陵)764) 양쪽 언덕은 무학대사가 점지한 자리라는 증언에도 불구하고 철종(哲宗)765)은 헌릉의 오른쪽 언덕을 이장지로 정하여, 1856년(철종 7) 10월 11일 자좌오향(子坐午向)766)으로 천장하였다.

인릉의 주산

---

764) 후릉(厚陵): 조선 2대 왕 정종과 정안왕후의 능.

765) 철종(哲宗): 조선 25대 왕, 사도세자와 후궁 임씨의 아들인 은언군의 손자, 전계대원군과 용성부대부인의 아들, 아명 원범(元範), 이름 변(昪), 1831~1863.

766) 자좌오향(子坐午向): 24시 방향에서 12시 방향을 바라보는 방위. 정남향.

이듬해인 1857년(철종 8) 8월 4일 술시(戌時)[767]에 창덕궁 양심합 (養心閣)에서 순원왕후가 승하하였다. 인릉을 살피고 돌아온 호조판서 김병기(金炳冀)가 "순조 임금의 능 왼쪽이 풍만하게 뭉쳐 모두가 아주 좋다고 하였습니다"라고 하였다. 또 상지관 최상관(崔相絹)·김정곤(金貞坤)·박경수(朴京壽)·양종화(梁鍾華) 등은 "인릉의 왼쪽이 아주 안전하여 크게 쓸 만한 곳이니, 합봉을 하면 더욱 좋을 것 같습니다" 하니, 철종은 순원왕후를 인릉에 같이 모시기로 결정하였다. 그해 12월 17일에 순조 왼쪽 옆자리에 순원왕후를 장사 지냈다.

인릉(순조와 순원왕후)

---

767) 술시(戌時): 19:00∼21:00.

인릉의 자리는 원래 세종(世宗)768)과 소헌왕후(昭憲王后)769)의 영릉(英陵)이 있었던 곳이다. 세종 임금이 1444년(세종 26)에 수릉 지를 정할 때 상지관 최양선(崔揚善)이 그 자리는 맏아들을 잃고 손이 끊어질 자리라 하여 문제가 되었던 곳이다. 1446년(세종 28)에 소헌왕후를 장사 지내려 하자 풍수가들이 그 자리는 불길하다고 또다시 주장하자, 세종은 "다른 곳에다가 좋은 자리를 얻는 것이 어찌 부모 옆에 묻히는 것보다 좋겠는가?"라고 하면서, 그 자리에 소헌왕후를 장사 지내게 하고, 자신도 사후에 합장하도록 유교를 남겼다. 1450년(세종 32)에 세종을 장사 지내고, 2년 후에 장남 문종(文宗)770)이 승하를 하는 등 풍수가들의 말대로 좋지 않은 일이 연이어 발생하였다. 세조(世祖)771)가 이장을 추진하다가 뜻을 이루지 못하였는데, 예종(睿宗)772)이 1469년(예종 1)에 경기도 여주로 이장하였다. 세종을 경기도 여주로 옮겨 모시고, 387년 동안 빈자리로 남아 있었던 곳에 순조와 순원왕후를 모시게 된 것이다.

---

768) 세종(世宗): 조선 4대 왕, 태종과 원경왕후 민씨의 셋째 아들, 충녕대군, 이름 도(祹), 1397~1450.

769) 소헌왕후(昭憲王后): 조선 4대 왕 세종 비, 본관 청송(靑松), 청천부원군 심온(沈溫)의 딸, 1395~1446,

770) 문종(文宗): 조선 5대 왕, 세종과 소헌왕후의 큰아들, 단종의 아버지, 이름 향(珦), 1414~1452.

771) 세조(世祖): 조선 7대 왕, 세종과 소헌왕후 심씨의 둘째 아들, 수양대군, 이름 유(瑈), 1417~1468.

772) 예종(睿宗): 조선 8대 왕, 세조와 정희왕후의 둘째 아들, 이름 황(晄), 해양대군, 1450~1469.

38. 수릉(綏陵)

수릉(추존 문조와 신정왕후)

순조(純祖)773)와 순원왕후(純元王后)774)가 결혼한 지 7년이 다 되어 가던 1809년(순조 9) 8월 9일 신시(申時)775)에 창덕궁 대조전에서 아들을 낳았다. 순조는 그 아들을 1812년(순조 12) 7월 6일에 왕세자로 책봉하고, 1819년(순조 19) 3월 20일에 관례를 행하고, 1819년 10월 13일에는 풍양조씨(豊壤趙氏)인 판서 만영(萬永)의 딸에게 장가를 들게 하였다. 1827년(순조 27) 2월 18일 묘시(卯時)776)부터

---

773) 순조(純祖): 조선 23대 왕, 정조와 수빈박씨의 아들, 이름 공(玜), 1790~1834.

774) 순원왕후(純元王后): 조선 23대 왕 순조의 비, 본관 안동(安東), 영안부원군 김조순(金祖淳)과 청송심씨(靑松沈氏)의 딸, 1789~1857.

775) 신시(申時): 15:00~17:00.

순조의 명으로 대리청정을 하던 왕세자가 1830년(순조 30) 5월 6일 묘시에 창덕궁 희정당에서 병으로 승하하였다. 순조는 시호를 효명(孝明)[777]으로 묘호는 연경(延慶)으로 내렸다.

임금은 장지로 추천된 곳을 대신과 상지관(相地官)[778]으로 하여금 세 번씩 살펴보도록 한 후에 매번 직접 보고를 받아 최종결정하였다. 처음 장지로 결정된 곳은 능동의 도장곡(道莊谷)이다. 이곳에서 산릉 조성작업 중에 혈처 주변에서 5기의 옛 무덤의 흔적과 유골이 발굴되었다. 그러나 순조는 땅을 더 깊이 파서 진토(眞土)가 나오면 장사를 지내도 된다고 하명할 정도로 긍정적인 면을 보였다. 묘소도감에서 "옛날의 무덤으로 파내어 간 것이 그 숫자가 이미 많아 끝내 애당초에 정결한 곳과는 차이가 있으니, 십분 공경하고 신중히 해야 하는 도리에 있어서 결단코 이곳으로 결정하여 쓸 수는 없습니다. 그러니 장지를 찾는 임무를 부여받은 자들로 하여금 다시 길지를 찾아보도록 하는 것이 당연합니다" 하니, 다른 곳에서 장지를 다시 찾도록 하였다.

양주 천장산(天藏山)에 "삼각산에서부터 나누어진 내룡이 논밭을 뚫고 골짜기를 지나 별도로 아름다운 봉우리 하나를 솟아오르게 하였습니다. 기세는 마치 말이 달리는 것 같고, 모양은 용이 내려오는 것같이 더욱 벗겨지고 더욱 바뀌면서 천장산을 솟아오르게 하였습니다. 마치 하늘의 가장 높은 곳으로 호랑이가 날아가는 모습을 연상하게 합니다. 뒤쪽에 배치된 겹겹의 산세는 혈처로 좋은 기운을

---

776) 묘시(卯時): 05:00~07:00.

777) 효명(孝明): 조선 23대 왕 순조와 순원왕후의 아들, 추존 문조(文祖)·익종(翼宗), 이름 영(旲), 1809~1830.

778) 상지관(相地官): 조선시대에 대궐과 왕릉 자리 등을 살펴 정하는 일을 담당하는 관직.

보내주는 것이 분명하고, 혈성은 풍만하고 후덕하며, 청룡과 백호는 겹으로 감싸고 있고, 혈판은 평평하고 반듯하며, 명당수가 가로로 흐르고, 안산과 조산(朝山)은 손을 마주 잡고 조회하는 듯하니, 실로 크게 쓸 곳입니다"라고 아뢰었다. 순조는 천장산을 장지로 정하여, 같은 해 8월 4일 자시(子時)[779]에 유좌묘향(酉坐卯向)[780]으로 효명세자를 장사 지냈다. 1835년 헌종(憲宗)[781]이 즉위한 뒤 아버지 효명세자를 익종(翼宗)으로 추존하고, 묘호를 연경묘에서 수릉(綏陵)으로 올렸다.

1846년(헌종 12)에 임금은 "수릉을 옮겨 봉안하는 일에 대하여 늘 마음속에 품고는 있었지만, 결정을 하지 못하고 있었다. 그러나 주변 국세가 산만하여 마음이 늘 불안하고, 바깥의 물의도 있어서 순원왕후와 신정왕후(神貞王后)[782]에게 말씀드려서 승낙을 받았다. 그러니 이장하도록 하라"고 명하였다. 천장지를 용마봉(龍馬峰) 아래에 정하여 1846년(헌종 12) 윤5월 20일에 계좌정향(癸坐丁向)[783]으로 옮겨 모셨다. 헌종이 친히 천장지를 살펴 정하고 광중을 조성할 때 몸소 관리 감독하였다.

---

779) 자시(子時): 23:00~01:00.

780) 유좌묘향(酉坐卯向): 18시 방향에서 06시 방향을 바라보는 방위. 정동향.

781) 헌종(憲宗): 조선 24대 왕, 순조의 손자, 효명세자(추존 문조, 익종)와 신정왕후의 아들, 이름 환(奐), 1827~1849.

782) 신정왕후(神貞王后): 효명세자의 빈, 추존 문조(익종) 비, 조선 24대 왕 헌종의 어머니, 조대비, 본관 풍양(豊壤), 풍은부원군 조만영(趙萬永)의 딸, 1808~1890.

783) 계좌정향(癸坐丁向): 01시 방향에서 13시 방향을 바라보는 방위.

수릉(추존 문조와 신정왕후)

1855년(철종 6년)에 또다시 수릉 천장이 거론되었다. 건원릉(健元陵)784) 재실 뒷산의 형세가 양쪽으로 싸안고 있어, 형국이 맑고 아름답다는 보고로 그곳을 2차 천장지로 결정하여, 그해 8월 26일에 천장을 행하였다. 국조보감에 천장산에 있는 수릉은 "큰비를 만날 때마다 실전(室前)이 범람한다"로 기록되어 있는 것으로 보아, 우기 때에 문제가 있었던 것으로 보인다.

한편 철종(哲宗)785)은 "새로 정한 터가 진실로 아름다운 곳이어서, 이에 여덟 능의 영혼이 달빛 아래 노니는 자리이니, 신리(神理)와 인정에 거의 유감이 없게 되었습니다. 이는 또 황형의 효성에 감동된

784) 건원릉(健元陵): 태조 이성계의 능.

785) 철종(哲宗): 조선 25대 왕, 사도세자와 후궁 임씨의 아들인 은언군의 손자, 전계대원군과 용성부대부인의 아들, 아명 원범(元範), 이름 변(昪), 1831~1863.

수릉의 주작

소치이니, 황형께서 보이지 않는 가운데 도와준 것입니다"라고, 수릉의 진향문(進香文)에 새 장지의 분위기와 철종 자신의 마음을 표현하였다.

1890년(고종 27) 4월 27일 미시(未時)786)에 신정왕후가 흥복전에서 승하하였다. 신정왕후는 1808년(순조 8)에 조만영과 은진송씨(恩津宋氏) 사이에서 태어났다. 1819년(순조 19) 8월 11일에 왕세자빈으로 간택되어, 그해 10월 11일에 책봉되었고, 이틀 후인 10월 13일에 결혼식을 거행하였다.

고종은 총호사 김병시(金炳始)의 추천으로 이희규(李熙奎), 주운환(朱雲煥), 제갈형(諸葛馨), 조득원(趙得元), 김중빈(金重彬)을 상지관으로 삼아, 신정왕후의 뜻에 따라 수릉을 간심하도록 하였다.

---

786) 미시(未時): 13:00~15:00.

수릉을 살펴본 상지관 이희규는 "주산에서 뻗어 나온 산줄기가 수려하고 개장하여 부축해서 옹호하고 있으며, 용맥이 입수한 자리가 분명하고 국내의 묘혈이 단아하며, 묏자리의 좌우 형세가 서로 양보하고, 물이 휘감아 흘러드는 형세이며, 둘레의 모양새가 아름다우니, 이는 실로 크게 길한 자리입니다" 하였고, 주운환은 "주산에서 뻗어 나온 산줄기가 특이하고 줄기와 모서리가 무성하며, 지세가 높아졌다 낮아졌다 하면서 맞이하고 마중하는 형세로 개장하고 있고, 산마루는 선명하고 수혈(首穴)은 융결하고, 묏자리는 넓고 평평하며 물이 감돌아 흐르고 있으며, 잘 닫힌 형세로서 차곡차곡 겹쳐져 있으니, 이는 실로 최고의 길지입니다" 하고, 제갈형은 "주산에서 뻗어온 줄기는 단정하고 앞은 막히고 뒤로는 옹위하고 있으며, 산마루는 수려하고 기맥이 흐르는 혈은 원만하며 명당은 평탄하고, 물이 감돌아 흘러 둘레 모양새가 아름다우며, 주산과 안산이 보필하여 버티고 있는 형세를 갖추었으니, 이는 실로 상격의 자리입니다" 하고, 조득원은 "주산에서 흘러온 원줄기의 혈이 조산(祖山)을 돌아보고, 조산은 혈을 돌아보면서 지세가 높아졌다 낮아졌다 하여 화기롭고 수려하며, 앞은 휘장이 쳐진 듯하고 뒤로는 병풍이 드리워진 듯한데, 무덤의 뇌(腦) 부분은 혈판을 잘 보호하는 형세이고, 혈은 둥글고 입술 부위로는 물이 감돌아 흐르고, 용맥은 뻗어 있고 좌측의 맥은 물러나 있으며, 앞산과 둘레의 형세는 서로 마주하여 읍을 하는 듯하니, 진실로 이는 대격의 자리입니다" 하고, 전중빈은 "주산은 수려하고 연이은 줄기는 빈틈이 없으며, 뇌와 머리 부분은 우뚝 솟고 입술과 혈은 풍성하고 두터우며, 둘레는 물이 감돌고 주위가 보듬어 읍을 하는 형세이며, 주산의 줄기를 좌우에서 감싸고 있고 주산과 안산이 서로 호응하고 있으니, 이야말로 평범한 자리가 아닙니다" 하였다.

이를 요약해 보면 주산에서 뻗어 나온 내룡은 변화무쌍하며, 청룡과 백호는 주인을 호종하듯 잘 감싸고, 혈판은 토층이 두터우며 앞이 둥글어 아름답고, 혈판 앞 명당은 평탄하고, 안산은 주인을 맞이하는 듯하고, 명당수가 혈판을 잘 감싸 도는 길지라는 내용이다.

수릉이 대체로 문제가 없는 곳임을 확인한 고종은 신정왕후를 수릉에 합장하도록 하였다. 그해 8월 30일 인시(寅時)[787]에 임좌병향(壬坐丙向)[788]으로 신정왕후를 안장하였다. 고종은 1899년(고종 36) 11월 21일에 익종은 문조익황제(文祖翼皇帝)로, 신정왕후는 신정익황후(神貞翼皇后)로 추존하였다.

수릉은 동구릉을 들어서면서 재실을 지나 첫 번째로 만나는 능이다. 마치 어린아이가 외출한 부모님을 동구 밖으로 마중 나와 기다리는 느낌을 주는 바로 그 능이다. 동구릉의 왼쪽 산줄기에서 뻗어 나온 내룡은 현릉(顯陵)[789]의 내청룡을 겸하고 있다. 내룡이 과협을 만들면서 변화를 거쳐, 방향을 왼쪽으로 돌려 혈장을 형성하였다. 과협이 다소 긴 영향으로 혈을 형성하기 직전부터 다소 넓어지는 아쉬움이 있다. 그러나 순한 새끼용의 성격을 간직하고 있어, 왕위에 등극하지 못한 효명세자의 아쉬운 마음을 잘 표현해주고 있다. 효명세자의 마음을 헤아리지 못한 사람들 때문에, 2번의 이장 끝에 주인의 성격에 맞는 곳을 찾을 수 있었기에 그나마 다행이다.

---

787) 인시(寅時): 03:00~05:00.

788) 임좌병향(壬坐丙向): 23시 방향에서 11시 방향을 바라보는 방위.

789) 현릉(顯陵): 조선 5대 왕 문종과 현덕왕후의 능.

39. 경릉(景陵)

경릉(헌종과 효현왕후와 효정왕후)

1827년(순조 27) 7월 18일 신시(申時)[790]에 효명세자(孝明世子)[791]와 세자빈 풍양조씨(豊壤趙氏)[792]가 창경궁 경춘전에서 원손(元孫)[793]을 낳았다. 순조(純祖)[794] 임금은 "어린 나이에 보위에 올라 내 몸의 막막함을 두려워하였고, 순서를 계승해 대통의 소중함을 생

---

790) 신시(申時): 15:00~17:00.

791) 효명세자(孝明世子): 조선 23대 왕 순조와 순원왕후의 아들, 추존 문조(文祖)·익종(翼宗), 이름 영(旲), 1809~1830.

792) 풍양조씨(豊壤趙氏): 효명세자의 빈, 추존 문조(익종) 비 신정왕후(神貞王后), 조대비, 조선 24대 왕 헌종의 어머니, 본관 풍양(豊壤), 풍은부원군 조만영(趙萬永)의 딸, 1808~1890.

793) 원손(元孫): 조선 24대 왕 헌종, 순조의 손자, 효명세자(추존 문조, 익종)와 신정왕후의 아들, 이름 환(奐), 1827~1849.

794) 순조(純祖): 조선 23대 왕, 정조와 수빈박씨의 아들, 이름 공(玜), 1790~1834.

각하여 후손들이 이어지기를 빌었다. 다행히 하늘의 보살핌을 받아, 일찍 왕자를 보았다. 어질고 효성스러우며 총명함이 드러나 이미 세자로 봉하고, 크고 작은 정무를 나누어 맡아 대리하도록 명을 내렸다. 아들이 내 뒤를 이어 기뻤는데 다시 손자의 탄생을 보게 되었다. 아기의 울음소리는 집안과 임금의 경사이고, 뛰어난 그 바탕은 진실로 군왕의 기상과 용과 봉황의 기이함이다. 나이 40도 못되어 손자를 안았으니, 내 기쁨을 어찌 금할 수 있는가? 백세토록 영원히 후손이 번성하리니 지금부터 좋은 일만 있으리로다"라고 교문을 발표하며 사면령도 내렸다.

그런데 원손이 태어난 지 채 3년이 되기도 전인 1830년 5월 6일에 효명세자가 병으로 승하하자, 원손을 그해 9월 15일에 왕세손으로 책봉하였다. 왕세손이 1834년 11월 18일에 할아버지인 순조의 뒤를 이어 조선 24대 왕으로 즉위하였는데, 바로 헌종(憲宗) 임금이다. 즉위 당시에 임금의 나이가 어려서 할머니 순원왕후(純元王后)[795]가 6년 남짓한 1840년(헌종 6) 12월 25일까지 수렴청정하였다.

1843년(헌종 9) 8월 25일 헌종 비 효현왕후(孝顯王后)[796]가 창덕궁 대조전에서 16세의 나이에 승하하였다. 효현왕후는 영돈령부사 영흥부원군 김조근(金祖根)의 딸로 1828년(순조 28) 3월 14일 출생하여, 1837년(헌종 3) 3월 18일 왕비로 책봉된 이틀 뒤인 3월 20일에 결혼식을 거행하였다.

헌종은 효현왕후의 장지로 옛 목릉(穆陵)[797]의 자리를 대신들로

---

795) 순원왕후(純元王后): 조선 23대 왕 순조의 비, 본관 안동(安東), 영안부원군 김조순(金祖淳)과 청송심씨(靑松沈氏)의 딸, 1789~1857.

796) 효현왕후(孝顯王后): 조선 24대 왕 헌종의 비, 본관 안동(安東), 영흥부원군 김조근(金祖根)의 딸, 1828~1843.

하여금 살피게 하였다. 이 자리를 살펴본 영부사 조인영(趙寅永)이 "이미 증험한 길지이고, 또 원릉(元陵)798)의 전례가 있어 문제가 없습니다. 풍수가들 모두가 4척(尺)쯤 뒤로 물려 정하면 아주 좋다고 합니다"라고 아뢰었다. 그러자 헌종은 약간 왼쪽으로 옮겨 자리를 정하고, 오른쪽을 비워두라고 지시하였다. 효현왕후를 그해 12월 2일에 경좌갑향(庚坐甲向)799)으로 장사 지내고, 능호를 경릉(景陵)이라 하였다.

경릉(헌종과 효현왕후와 효정왕후)

---

797) 옛 목릉(穆陵): 조선 14대 왕 선조를 1608년 6월 12일에 장사를 지냈다가, 1630년(인조 8) 11월 21일에 현재의 위치로 이장하고 빈자리로 남아 있었다.
798) 원릉(元陵): 조선 21대 왕 영조와 계비 정순왕후의 능. 조선 17대 왕 효종을 1659년 10월 29일에 장사를 지냈다가, 1673년 10월 7일에 현재의 영릉(寧陵)으로 이장하고, 빈자리로 남아 있던 곳에 영조를 1776년 7월 27일에 장사를 지냈다.
799) 경좌갑향(庚坐甲向): 17시 방향에서 05시 방향을 바라보는 방위.

수렴청정을 끝내고 1841년(헌종 7)부터 혼자서 왕권을 수행하던 헌종이 1849년(헌종 15) 6월 6일 오시(午時)800)에 창덕궁 중희당에서 승하하니, 재위기간은 15년이었지만 나이는 23세에 불과하였다. 2명의 왕비와 1명의 후궁이 있었지만 후사는 없었고, 궁녀김씨가 딸 하나를 낳았는데 그 딸마저 일찍 죽었다. 그러자 순원왕후는 영조(英祖)801)의 핏줄로는 강화도에 사는 사도세자(思悼世子)802)의 증손 이원범(李元範)803)뿐이므로, 그에게 종사를 부탁하고 모셔다가 군호를 덕완군(德完君)으로 봉하고 관례를 행하였는데, 그가 철종(哲宗)이다.

헌종의 뒤를 이을 후사를 결정한 순원왕후는 장지를 찾아 나선 대신들을 접견하여 보고를 받았다. 도감당상 조학년(趙鶴年)이 "경릉의 능상을 살펴보니 십전대길(十全大吉)804)의 땅이었고, 숭릉(崇陵)805)의 오른쪽 언덕 역시 좋은 곳이나 경릉의 다음이 되겠습니다" 하였다. 상지관(相地官)806) 양종화(梁鍾華)와 박대희(朴大熙)도 "경릉은 용세나 혈판이 풍후하여 십전대길의 땅이라 하겠고, 숭릉도 용혈의 법도가 역시 대길하나 경릉에 비하면 조금 못합니다"라고 아뢰자, 순원왕후는 경릉으로 장지를 정하였다. 헌종을 효현왕후 오른쪽에다 1849년 10월 28일에 유좌묘향(酉坐卯向)807)으로 장사를 지냈다.

---

800) 오시(午時): 11:00~13:00.

801) 영조(英祖): 조선 21대 왕, 숙종과 후궁 숙빈최씨의 아들, 이름 금(昑), 1694~1776.

802) 사도세자(思悼世子): 조선 21대 왕 영조와 영빈이씨의 아들, 정조의 아버지, 장헌세자, 추존 장조, 이름 선(愃), 1735~1762.

803) 이원범(李元範): 조선 25대 왕 철종, 사도세자와 후궁 임씨의 아들인 은언군의 손자, 전계대원군과 용성부대부인의 아들, 아명 원범(元範), 이름 변(昪), 1831~1863.

804) 십전대길(十全大吉): 아주 완전하여 대단히 좋음.

805) 숭릉(崇陵): 조선 18대 왕 현종과 명성왕후의 능.

806) 상지관(相地官): 조선시대에 대궐과 왕릉 자리 등을 살펴 정하는 일을 담당하는 관직.

807) 유좌묘향(酉坐卯向): 18시 방향에서 06시 방향을 바라보는 방위.

헌릉에서 바라다 보이는 수릉

　1843년(헌종 9)에 효현왕후가 승하하자, 익풍부원군 홍재룡(洪在
龍)과 연창부부인 죽산안씨(竹山安氏)의 딸을 1844년(헌종 10) 10월
18일에 왕비로 책봉하여, 사흘 뒤인 10월 21일에 결혼식을 거행하
였다. 새로운 왕비가 효정왕후(孝定王后)[808]이신데, 1903년(고종 40)
11월 15일 덕수궁 수인당에서 73세를 일기로 승하하였다.

　고종은 효정왕후의 장지로 경릉의 국내를 먼저 살피게 하였다. 1차
로 장지를 살펴본 산릉도감제조 김세기(金世基)는 "경릉의 왼쪽이 둥
그렇고 풍만하여 보통 사람의 눈에도 길한 자리라는 것을 알 수 있
었습니다"라 하였고, 상지관 최헌규(崔獻圭)와 제갈형(諸葛炯)이 "경

---

808) 효정왕후(孝定王后): 조선 24대 왕 헌종의 계비, 익풍부원군 홍재룡(洪在龍)과 연창부부인 죽
　　산안씨(竹山安氏)의 딸, 본관 남양(南陽), 1831~1904.

릉은 내룡의 지맥이 머리에 와서 지혈을 이루었으니 길한 자리라는 것은 더 말할 것이 없습니다만, 능의 왼쪽도 역시 기가 모여드는 크게 길한 땅입니다"라고 아뢰었다.

2차 간심을 다녀온 총호사 윤용선(尹容善)이 "용혈이 넓게 감싸 안고 구획이 둥글고 원만해서 보통 사람의 눈에도 좋은 자리라는 것을 알 수 있었습니다"라 하였고, 상지관 최헌규 등이 "경릉의 왼쪽은 아주 좋은 자리라고 이를 만합니다. 청룡과 백호가 격에 맞고 명당(明堂)이 확 트였으며, 기복이 음양에 맞고, 둘레와 넓이가 척도(尺度)에 맞아 한 가지도 흠이 될 것이 없습니다. 첫 번째 간심하여 아뢴 것과 다름이 없습니다"라 하였다.

3차 간심을 다녀온 윤용선이 "세 번째로 간심한 후 왼쪽의 자리에 산릉 자리 표식을 하는 예식을 가졌는데, 다시 자세히 살펴보니 구역과 혈(穴)이 넓고 윤택하게 감싸 안은 것이 보통 사람의 눈으로 보기에도 아주 좋은 자리라는 것을 알 수 있었습니다. 여러 상지관도 모두 좋은 자리라고 칭찬하니, 이것이야말로 천만다행입니다" 하니, 고종은 경릉의 왼쪽을 효정왕후의 장지로 결정하였다.

장지 조성 중에 현장을 다녀온 윤용선은 광중에서 채취한 흙을 고종에게 바치면서, 흙이 지황색으로 밝고 윤기가 있는 흙이라고 설명을 덧붙였다. 효정왕후를 효현왕후 왼쪽에 경좌갑향으로 1904년(고종 41) 1월 29일에 장사를 지내니, 조선왕릉 중 유일하게 삼연릉(三連陵)809)으로 조성되었다.

경릉은 1608년(선조 41) 6월 12일에 선조(宣祖)810)를 장사 지냈던

---

809) 삼연릉(三連陵): 같은 언덕에 왕과 왕비(정비와 계비)를 각기 모셔서 능침 3개인 능.
810) 선조(宣祖): 조선 14대 왕, 중종과 창빈안씨 손자, 덕흥군의 셋째 아들, 이름 연(昖), 1552~1608.

곳인데, 1630년(인조 8)에 원주목사 심명세(沈命世)가 "목릉은 혈도 (穴道)가 우뚝 드러나고, 지형이 비탈지고 험준하며, 안쪽에 가려주는 산이 없어 큰 들과 평평히 맞닿아 물이 흘러나가는 곳이 곧바로 보이니, 이것은 모두가 장법에서 크게 꺼리는 것들일뿐더러, 사대석 (莎臺石) 한 모퉁이가 떨어져 나갔고, 발라 놓은 유회(油灰)가 떨어져 나간 것은 무덤 속에 물이 찼다는 근거입니다"라고 상소문을 올리자, 1630년(인조 8) 11월 21일에 천장하여, 213년 동안 빈자리로 남아 있던 곳이다. 그러나 이장 시에 무덤 속은 이상이 없어, 헌종과 효현왕후 그리고 효정왕후가 묻히게 되었다.

40. 예릉(睿陵)

예릉(철종과 철인왕후)

    1849년(헌종 15) 6월 6일 헌종(憲宗)[811]이 후사가 없이 승하하자, 순조 비 순원왕후(純元王后)[812]는 영조(英祖)[813]의 유일한 핏줄로 강화도에서 살고 있던 사도세자(思悼世子)[814]의 증손 이원범(李元範)을 데려다가 순조(純祖)[815]의 후사로 삼았다. 1849년 6월 8일에 덕완군(德完君)으로 봉하는 봉작교지를 좌승지 남성교(南性敎)로 하여금 받

---

811) 헌종(憲宗): 조선 24대 왕, 순조의 손자, 효명세자(추존 문조, 익종)와 신정왕후의 아들, 이름 환(奐), 1827~1849.

812) 순원왕후(純元王后): 조선 23대 왕 순조의 비, 본관 안동(安東), 영안부원군 김조순(金祖淳)과 청송심씨(靑松沈氏)의 딸, 1789~1857.

813) 영조(英祖): 조선 21대 왕, 숙종과 후궁 숙빈최씨의 아들, 이름 금(昑), 1694~1776.

814) 사도세자(思悼世子): 조선 21대 왕 영조와 영빈이씨의 아들, 정조의 아버지, 장헌세자, 추존 장조, 이름 선(愃), 1735~1762.

815) 순조(純祖): 조선 23대 왕, 정조와 수빈박씨의 아들, 이름 공(玜), 1790~1834.

들고 가서 전하도록 하였다. 덕완군은 다음 날 입궐하여 관례를 행하고, 당일인 1849년 6월 9일에 창덕궁 인정문에서 조선 25대 왕으로 즉위를 하니 그가 철종(哲宗)816)이다.

철종은 사도세자와 숙빈임씨(肅嬪林氏)의 아들인 은언군(恩彦君)817)의 둘째 부인 전주이씨(全州李氏)가 낳은 전계대원군(全溪大院君)818)의 셋째 아들이다. 어머니 용성부대부인 용담염씨(龍潭廉氏)가 1831년(순조 31) 6월 17일에 낳았다. 큰아버지 상계군(常溪君)819)이 1786년(정조 10)에 꾀한 반역에 은언군이 연루되었으나, 정조(正祖)820)의 비호로 목숨을 부지한 채 은언군은 강화도로 가족과 함께 유배되었다. 그러나 1801년(순조 1년) 신유박해 때 은언군의 부인 진천송씨(鎭川宋氏)와 큰며느리 평산신씨(平山申氏)가 천주교 세례를 받아 죽임을 당하고, 은언군은 끝내 사사되었다. 이렇게 철종의 가족들이 강화도와 첫 번째 인연을 맺은 뒤, 1844년(헌종 10)에는 이복형 회평군(懷平君)821)이 반역에 연루되어 사사되고, 철종은 강화도로 유배되어 농사를 지으면서 살던 중에 순원왕후의 부름을 받은 것이다.

순원왕후는 즉위 당일 철종에게 "이렇게 망극한 일을 당한 속에서도 5백 년 종사(宗社)를 부탁할 사람을 얻게 되어 다행스럽소. 주상은 영조의 혈손으로서 지난날 고생도 많았고, 시골에서 오랫동안

---

816) 철종(哲宗): 조선 25대 왕, 사도세자와 후궁 임씨의 아들인 은언군의 손자, 전계대원군과 용성부대부인의 아들, 순조의 양아들, 아명 원범(元範), 이름 변(昪), 1831~1863.

817) 은언군(恩彦君): 사도세자와 숙빈임씨의 아들, 정조의 이복동생, 이름 인(䄄), 1754~1801.

818) 전계대원군(全溪大院君): 조선 25대 왕 철종의 아버지, 은언군(恩彦君)과 전산군부인 전주이씨(全州李氏)의 아들, 이름 광(壙), 1785~1841.

819) 상계군(常溪君): 은언군과 상산군부인 진천송씨(鎭川宋氏)의 아들, 이름 담(湛), 1769~1786.

820) 정조(正祖): 조선 22대 왕, 사도세자와 혜경궁 홍씨의 아들, 이름 산(祘), 1752~1800.

821) 회평군(懷平君): 전계대원군과 완양부대부인 전주최씨(全州崔氏)의 아들, 철종의 이복형, 이름 명(明), 1827~1844.

살았지만 백성들의 실상을 익히 잘 알고 있을 것이오. 백성을 사랑하는 도리는 근검절약입니다. 모름지기 일념으로 가다듬어 '애민(愛民)'이라는 두 글자를 잊지 마오. 또 지난날의 공부가 어떠한지는 비록 알 수 없지만, 사람이 배우지 아니하면 옛일에 어둡고 옛일에 어두우면 나라를 다스릴 수 없으니, 아무리 슬프고 경황없는 중일지라도 수시로 유신(儒臣)을 접견하고 경사(經史)를 토론하여 성현의 심법(心法)과 제왕의 치모(治謨)를 점차 익히시길 당부하오"라고 하였다.

순원왕후의 수렴청정하에 있던 1851년(철종 2) 윤8월 24일 영은부원군 김문근(金汶根)의 딸을 간택하여 그해 9월 25일에 왕비로 책봉하였다.

왕비 안동김씨(安東金氏)가 철인왕후(哲仁王后)[822]다. 철인왕후는 1837년(헌종 3) 3월 13일 신시(申時)[823]에 순화방 사저에서 연안이씨(延安李氏)가 낳았다.

철종은 철인왕후 외에 후궁 4명과 궁인 3명 사이에서 5남 6녀를 두었으나 모두 요절하고, 숙의범씨(淑儀范氏)가 낳은 영혜옹주(永惠翁主)만 박영효(朴泳孝)에게 출가하였으나 역시 3개월 만에 죽어 후사는 없다. 철종은 재위기간 동안 헌종의 장례, 수릉(綏陵)[824] 천장, 인릉(仁陵)[825] 전상, 순원왕후 장례, 휘경원(徽慶園)[826] 2회 천장, 전계대원군과 큰어머니 완양부대부인 전주최씨의 무덤 이장 등 8번의 국장을 치

---

822) 철인왕후(哲仁王后): 조선 25대 왕 철종의 비, 영은부원군 김문근(金汶根)과 연안이씨의 딸, 본관 안동(安東), 1837~1878.

823) 신시(申時): 15:00~17:00.

824) 수릉(綏陵): 조선 23대 왕 순조와 순원왕후의 아들인 효명세자의 능, 추존 문조(文祖)의 능.

825) 인릉(仁陵): 조선 23대 왕 순조와 순원왕후의 능.

826) 휘경원(徽慶園): 조선 22대 왕 정조의 후궁 수빈박씨(綏嬪朴氏)의 무덤, 순조의 어머니 무덤.

렀다. 그러나 여러 번의 국장 때 현장을 직접 살펴 장지를 정하는 데 관여하였지만, 정작 본인이 젊은 나이에 죽을 줄 몰랐기 때문에 자신이 묻힐 자리를 마련해 두지는 못한 채, 1863년(철종 14) 12월 8일 묘시(卯時)[827])에 창덕궁 대조전에서 33세를 일기로 승하하였다.

신정왕후(神貞王后)[828])는 시어머니 순원왕후와 며느리 효현왕후, 그리고 철인왕후까지 안동김씨 가문 출신이었기에 세도정치에 염증을 느꼈다. 그래서 철종의 왕위를 이어갈 사람으로 흥선대원군(興宣大院君)의 둘째 아들 명복(命福)을 택했다. 명복의 작호를 익성군(翼成君)으로 내리고, 익성군을 자기 아들로 삼아 왕위에 오르게 한 후 수렴청정하였다.

예릉(철종과 철인왕후)

---

827) 묘시(卯時): 05:00~07:00.

828) 신정왕후(神貞王后): 효명세자 빈, 추존 문조(익종)의 비, 조대비, 조선 24대 왕 헌종의 어머니, 본관 풍양(豊壤), 풍은부원군 조만영(趙萬永)의 딸, 1808~1890.

후사를 정한 신정왕후는 철종의 장지로 "주산에서 혈로 내려오는 산줄기와 혈 주변의 산들이 지극히 귀하여 아주 좋은 자리다"라고 추천된 희릉(禧陵)[829]의 오른쪽 산등성이를 정하였다. 이듬해인 1864년 4월 7일에 자좌오향(子坐午向)[830]으로 철종을 장사 지내고 능호를 예릉(睿陵)이라 하였다. 철종의 장지가 중종(中宗)[831]의 옛 무덤 자리인지라, 광중에서 중종의 애책문(哀册文) 옥 60편(片)과 증옥백(贈玉帛)이 나오자 정릉(靖陵)[832]의 곡장 밖에 옮겨 묻게 하였다.

광중의 "흙 색깔이 누렇고 윤기가 있어서 아주 길하고, 산세가 수려하고 국면(局面)이 안온하여 보통 사람의 눈으로 보기에도 모두

예릉의 주작

---

829) 희릉(禧陵): 조선 11대 왕 중종의 계비 장경왕후의 능.

830) 자좌오향(子坐午向): 24시 방향에서 12시 방향을 바라보는 방위. 정남향.

831) 중종(中宗): 조선 11대 왕, 성종과 정현왕후의 아들, 이름 역(懌), 1488~1544.

832) 정릉(靖陵): 조선 11대 왕 중종의 능.

극히 아름답다는 것을 알 수 있으니, 참으로 아주 다행입니다"라고 대신들이 말하니, 신정왕후는 매우 흡족해했다.

한편 "예전의 석물을 갈아서 썼는데, 돌의 품질이 모두 너무나 좋습니다"와 "문무석(文武石)이 근래의 제도에 비해 약간 컸다"는 기록으로 보아 장지와 더불어 석물도 중종의 옛 무덤에 설치되었던 것을 다시 사용하였다.

순원왕후가 친정 집안에서 간택한 철인왕후가 1878년(고종 15) 5월 12일 인시(寅時)833)에 창경궁 양화당에서 승하하였다. 고종의 지시로 예릉을 살펴보았던 대신과 상지관이 철종의 왼쪽에 쌍분으로 조성하는 데 문제가 없음을 고하자, 그곳을 장지로 정하여 그해 9월 18일 인시에 장사를 지냈다.

조선왕릉 중에서 왕릉을 천장하고 빈자리로 남아 있던 곳을 다시 활용한 능은 영조와 계비 정순왕후를 모신 원릉(元陵), 순조와 순원왕후를 모신 인릉, 헌종과 효현왕후 그리고 계비 효정왕후를 모신 경릉(景陵), 철종과 철인왕후를 모신 예릉 등 4곳이다. 원릉은 효종(孝宗)834)을 모신 영릉(寧陵)을 천장한 지 103년, 인릉은 세종(世宗)835)과 소헌왕후를 모신 영릉(英陵)을 천장한지 387년, 경릉은 선조(宣祖)836)를 모신 목릉(穆陵)을 천장한 지 213년, 예릉은 중종을 모신 정릉(靖陵)을 천장한 지 302년 후에 다시 그 자리에 조성되었다.

---

833) 인시(寅時): 03:00~05:00.

834) 효종(孝宗): 조선 17대 왕, 인조와 인열왕후 한씨의 둘째 아들, 이름 호(淏), 1619~1659.

835) 세종(世宗): 조선 4대 왕, 태종과 원경왕후 민씨의 셋째 아들, 충녕대군, 이름 도(祹), 1397~1450.

836) 선조(宣祖): 조선 14대 왕, 중종과 창빈안씨의 손자, 덕흥군의 셋째 아들, 이름 연(昖), 1552~1608.

41. 홍릉(洪陵)

홍릉(고종과 명성황후)

손자 대에서 후사가 끊긴 순조(純祖)[837] 임금의 양자가 된 철종(哲宗)[838] 역시 후사 없이 1863년(철종 14) 12월 8일 승하하였다. 안동 김씨의 세도정치를 자단하려는 조대비(趙大妃)[839]는 아들을 왕으로 만들려는 흥선군(興宣君)[840]과 뜻이 맞아떨어져, 흥선군의 둘째 아들

---

837) 순조(純祖): 조선 23대 왕, 정조와 수빈박씨의 아들, 이름 공(玜), 1790~1834.

838) 철종(哲宗): 조선 25대 왕, 사도세자와 후궁 임씨의 아들인 은언군의 손자, 전계대원군과 용성부대부인의 아들, 순조의 양아들, 아명 원범(元範), 이름 변(昪), 1831~1863.

839) 조대비(趙大妃): 효명세자 빈, 추존 문조(익종)의 비, 신정왕후(神貞王后), 조선 24대 왕 헌종의 어머니, 본관 풍양(豊壤), 풍은부원군 조만영(趙萬永)의 딸, 1808~1890.

840) 흥선군(興宣君): 흥선대원군(興宣大院君), 남연군과 여흥민씨의 넷째 아들, 고종의 아버지, 이름 하응(昰應), 1820~1898.

명복(命福)을 자신의 양아들로 삼았다. 명복을 익성군(翼成君)으로 봉하여 12월 8일에 입궐을 시켜 12월 12일에 관례를 행하고, 다음 날 조선 26대 왕위에 오르게 하였으니, 명복이 고종(高宗)841) 임금이다. 조대비는 이날부터 1866년(고종 3) 2월 13일까지 수렴청정을 하면서, "정치로 인도하는 것이 덕으로 인도하는 것만 못하고, 형벌로 통제하는 것이 예로 다잡는 것만 못하다"라는 명언을 남기기도 하였다.

고종은 인조(仁祖)842)의 셋째 아들인 인평대군(麟坪大君)843)의 9세손844)으로 할아버지는 남연군(南延君)845)이다. 남연군은 1815년(순조 15)에 순조의 지시로 사도세자(思悼世子)846)의 아들인 은신군(恩信君)847)의 후사로 들어가 남연군이란 작호를 받았다. 남연군의 넷째 아들 흥선군은 2대에 걸쳐 왕이 나올 자리라는 충남 예산군 덕산면 가야산 자락으로 남연군의 무덤을 경기도 연천에서 1846년(헌종 12)에 이장하였다. 1868년(고종 5)에 독일 상인 오페르트가 도굴을 시도했던 바로 그 묘다. 그로부터 6년 후인 1852년(철종 3) 7월 25일 흥선군과 여흥민씨(驪興閔氏)의 둘째 아들이 태어났는데, 그 아들이 1863년 12월 13일에 왕위에 등극한 것이다.

---

841) 고종(高宗): 조선 26대 왕, 흥선대원군 이하응과 여흥부대부인 민씨의 둘째 아들, 아명 명복(命福)·재황(載晃), 이름 희(熙), 1852∼1918.

842) 인조(仁祖): 조선 16대 왕, 선조와 인빈김씨의 손자, 정원군(추존 원종)의 큰아들, 이름 종(倧), 1595∼1649.

843) 인평대군(麟坪大君): 인조와 인열왕후 한씨의 셋째 아들, 이름 이요(李㴭), 1622∼1658.

844) 인평대군(麟坪大君)의 9세손: 인평대군→복녕군→의원군→안흥군→이진익→이병원→남연군→흥선대원군→고종.

845) 남연군(南延君): 인평대군의 5세손 이병원(李秉源)의 둘째 아들, 은신군의 양자, 고종의 할아버지, 이름 구(球), 1788∼1836.

846) 사도세자(思悼世子): 조선 21대 왕 영조와 영빈이씨의 아들, 정조의 아버지, 장헌세자, 추존 장조, 이름 선(愃), 1735∼1762.

847) 은신군(恩信君): 사도세자와 숙빈임씨의 둘째 아들, 정조의 이복동생, 은언군의 친동생, 이름 진(禛), 1755∼1771.

한편 1600년(선조 33)에 선조 비 의인왕후 박씨가 승하하자 장지를 경기도 포천 신평에 정하여, 조성이 끝나갈 무렵 전 참봉 박자우의 상소로 오랫동안 논란을 벌이다가 의인왕후는 건원릉 왼쪽 언덕에 장사를 지냈다. 왕릉으로 조성했지만, 오랫동안 비어있던 신평 땅에는 1658년(효종 9)에 인평대군이 묻히게 되었는데, 고종과 순종(純宗)[848]이 인평대군의 후손이다.

홍선대원군은 자신의 처가 먼 친척인 여성부원군 민치록(閔致祿)과 한창부부인 전주이씨(全州李氏)의 딸을 1866년(고종 3) 3월 6일 고종 비로 간택하여, 3월 20일에 왕비로 책봉하고 다음 날 결혼식을 거행하였다. 민씨가 명성황후(明成皇后)[849]이며, 민비(閔妃)로 불리는 왕비다. 명성황후는 1851년(철종 2) 9월 25일 경기도 여주군 근동면 섬락리에서 태어났다가, 1895년(고종 32) 8월 20일 경복궁 건청궁에서 일본인에 의해 시해되었다.

고종이 1895년(고종 32) 10월 15일에 "지난번 변란 때에 왕후의 소재를 알지 못하였으나, 날이 점차 오래되니 그날에 세상을 떠난 증거가 정확하였다. 지난 8월 20일 묘시(卯時)[850]에 왕후가 건청궁 곤녕합에서 승하하였다"고 반포하였다. 민비의 승하 여부를 판단했던 일 못지않게 상시 문제도 혼란을 기듭하였다.

장지를 처음에는 숭릉(崇陵)[851] 오른쪽에 정하여 석물과 목재, 기와까지 준비가 다 된 상태에서 다른 장지를 찾게 된다. 27곳의 후보

---

848) 순종(純宗): 조선 27대 왕, 고종과 명성황후의 둘째 아들, 이름 척(坧), 1874~1926.

849) 명성황후(明成皇后): 조선 26대 왕 고종의 비, 민비, 민치록과 한창부부인 전주이씨의 딸, 순종의 어머니, 1851~1895.

850) 묘시(卯時): 05:00~07:00.

851) 숭릉(崇陵): 조선 18대 왕 현종과 명성왕후의 능.

지 중에서 7곳으로 압축하여 간산까지 마친 상태였으나, 이번에는 7곳 모두가 연운에 맞지 않는다는 이유로 다른 곳을 살피게 되었다. 최종후보지 중에서 연희궁은 길이 번창할 땅이고, 청량리는 더없이 편안한 땅이라는 간심결과를 고종은 보고받았다. 동구릉과 비교적 거리가 가까워 행차에 편리하겠다는 생각이 작용하여 청량리 천장산(天藏山) 자락을 장지로 정하고, 1897년(고종 34) 10월 28일 진시(辰時)[852]에 명성황후를 간좌곤향(艮坐坤向)[853]으로 장사 지냈다.

구 홍릉(청량리 홍릉)의 자리

---

852) 진시(辰時): 07:00~09:00.

853) 간좌곤향(艮坐坤向): 03시 방향에서 15시 방향을 바라보는 방위. 남서향.

명성왕후를 장사 지내기 전인 1897년(고종 34) 9월 18일 고종은
국호를 대한(大韓)으로 하고, 임금을 황제로 칭한다고 선포하였기
때문에 민비의 시호를 명성황후로 정하고, 능호는 홍릉(洪陵)이라
하였다.

1900년(고종 37) 5월 25일에 왕실에 관한 일을 담당하던 특진
관 이재순(李載純)이 "지금의 홍릉은 아마도 완전무결한 좋은 자
리가 아닌 듯합니다"라는 상소문을 올리자 대신과 상지관(相地
官)854)을 시켜 간산을 해본 결과 "왼쪽 산줄기가 멋없이 뻗었고,
무덤 자리가 휑하니 비어 있다"라고 보고하자 고종은 천장을 결
정한다.

이번에는 천장 후보지를 5곳으로 압축하여 살펴 금곡 묘적산(妙積
山) 아래 언덕으로 정하고, 주산인 묘적산의 이름도 천수산(天秀山)
으로 정하였다. 그러나 천장지를 두고 연운이 맞지 않는다는 문제
등으로 또다시 혼란이 일어 천장지를 군장리로 변경하였다가, 다시
금곡으로 정하는 등 갈팡질팡하다 급기야는 천장을 철회하도록 지
시를 한다. 철회 지시 후에 다시 용마산(龍馬山)으로 정하였으나 끝
내 천장을 하지 못하였다.

---

854) 상지관(相地官): 조선시대에 대궐과 왕릉 자리 등을 살펴 정하는 일을 담당하는 관직.

홍릉(고종과 명성황후)

1907년(고종 44) 7월 19일 황태자에게 황제의 자리를 넘겨 준 고
종은 1918년(순종 11) 12월 20일 묘시(卯時)855)에 덕수궁 함녕전에
서 승하하였다. 장지는 명성황후의 천장지로 거론되었던 금곡 묘적
산(천수산) 아래 언덕에 정하여 명성황후를 먼저 1919년(순종 12) 1
월 16일 오후 2시에 옮겨 모시고, 그 오른쪽에 자리를 미리 준비해
두었다. 같은 해 2월 3일 해시(亥時)856)에 을좌신향(乙坐辛向)으로 고
종을 장사 지내고, 능호는 홍릉으로 그대로 두었다. 홍릉은 황제의
무덤 양식으로 다른 왕릉과는 사뭇 다르다. 정자각(丁字閣) 대신 침
전이 있고, 석물은 침전 앞에 설치되어 있다.

---

855) 묘시(卯時): 05:00~07:00.

856) 해시(亥時): 21:00~23:00.

홍릉의 석상

　고종을 양아들로 맞아 왕위를 계승하게 하고 조대비가 수렴청정을 하였는데, 조선시대 27명의 왕 중에서 수렴청정하였던 왕은 공식적으로 7명이다. 맨 처음은 성종(成宗)857) 때로 할머니 정희왕후(貞熹王后)858)가 1469년 11월 28일부터 1476년(성종 7) 1월 13일까지 6년 2개월간 수렴청정하였다. 다음으로는 명종(明宗)859) 때에 어머니 문정왕후(文定王后)860)가 1545년 7월 6일부터 1553년(명종 8) 7월 12일까지 8년간, 선조(宣祖)861) 때에 명종 비 인순왕후(仁順王后)862)가

---

857) 성종(成宗): 조선 9대 왕, 의경세자와 한씨의 둘째 아들, 이름 혈(娎), 1457～1494.

858) 정희왕후(貞熹王后): 조선 7대 왕 세조의 비, 본관 파평(坡平), 판중추부사 윤번(尹璠)의 딸, 1418～1483.

859) 명종(明宗): 조선 13대 왕, 중종과 문정왕후의 아들, 이름은 환(峘), 1534～1567.

860) 문정왕후(文定王后): 조선 11대 왕 중종의 계비, 명종의 어머니, 본관 파평(坡平), 윤지임(尹之任)의 딸, 1501～1565.

861) 선조(宣祖): 조선 14대 왕, 중종과 창빈안씨의 손자, 덕흥군의 셋째 아들, 이름 연(昖), 1552～1608.

1567년 7월 3일부터 1568년(선조 1) 2월 25일까지 8개월간, 순조 (純祖)[863] 때에 영조의 계비 정순왕후(貞純王后)[864]가 1800년 7월 4 일부터 1803년(순조 3) 12월 28일까지 3년 6개월간, 헌종(憲宗)[865] 때 할머니 순원왕후(純元王后)[866]가 1834년 11월 18일부터 1840년 (헌종 6) 12월 25일까지 6년 2개월간, 철종 때 양어머니인 순원왕후 가 1849년 6월 9일부터 1851년(철종 2) 12월 28일까지 2년 7개월간, 고종 때 양어머니 조대비가 1863년 12월 13일부터 1866년(고종 3) 2월 13일까지 2년 2개월간 수렴청정하였다. 수렴청정이란 양날의 칼처럼 좋은 점과 문제점이 있었다.

---

862) 인순왕후(仁順王后): 조선 13대 왕 명종의 비, 본관 청송(靑松), 청릉부원군 심강(沈鋼)과 전 주이씨의 딸, 1532~1575.

863) 순조(純祖): 조선 23대 왕, 정조와 수빈박씨의 아들, 이름 공(玜), 1790~1834.

864) 정순왕후(貞純王后): 조선 21대 왕 영조의 계비, 본관 경주(慶州), 오흥부원군 김한구(金漢耇) 와 원풍부부인 원주원씨의 딸, 1745~1805.

865) 헌종(憲宗): 조선 24대 왕, 순조의 손자, 효명세자(추존 문조, 익종)와 신정왕후의 아들, 이름 환(奐), 1827~1849.

866) 순원왕후(純元王后): 조선 23대 왕 순조의 비, 본관 안동(安東), 영안부원군 김조순(金祖淳)과 청송심씨(靑松沈氏)의 딸, 1789~1857.

42. 유릉(裕陵)

유릉(순종과 순명황후와 순정황후)

유릉은 조선시대 마지막 임금이었던 순종(純宗)[867]과 비 순명황후
(純明皇后),[868] 계비 순정황후(純貞皇后)[869]의 능이다. 순종은 1874년
(고종 11) 2월 8일 묘시(卯時)[870]에 창덕궁 관물헌(觀物軒)에서 고종
(高宗)[871]과 명성황후 민씨(明成皇后 閔氏)[872] 사이의 둘째 아들로 태

---

867) 순종(純宗): 조선 27대 왕, 고종과 명성황후의 둘째 아들, 이름 척(坧), 1874~1926.

868) 순명황후(純明皇后): 조선 27대 왕 순종의 비, 여은부원군 민태호(閔台鎬)의 딸, 본관 여흥(驪
興), 1872~1904.

869) 순정왕후(純貞皇后): 조선 27대 왕 순종의 계후, 해풍부원군 윤택영(尹澤榮)의 딸, 본관 해평
(海平), 1894~1965.

870) 묘시(卯時): 05:00~07:00.

871) 고종(高宗): 조선 26대 왕, 흥선대원군 이하응과 여흥부대부인 민씨의 둘째 아들, 아명 명복
(命福)·재황(載晃), 이름 희(熙), 1852~1918.

872) 명성황후(明成皇后): 조선 26대 왕 고종의 비, 민비, 민치록과 한창부부인 전주이씨의 딸, 순

어났다. 1868년에 후궁인 영보당 귀인이씨(貴人李氏)가 아들 완친왕
(完親王)[873]을 낳았으나 적손이 아니었고, 형이 1871년(고종 8)에 태
어났으나 4일 만에 죽자 순종을 1875년(고종 12) 2월 18일 왕세자
로 책봉하였다. 1882년(고종 19) 1월 20일에 관례를 행하고, 같은
해 2월 19일에 결혼식을 거행하였다.

1897년(고종 34) 9월 17일 국호를 대한(大韓)으로 하고, 임금을 황
제(皇帝)로 칭한다는 선포에 따라 황태자로 책봉되었다. 1907년(고종
44) 헤이그 밀사 사건으로 일본의 강압에 의해 고종이 물러나고, 순종
이 6월 10일부터 대리청정을 하다가 7월 19일에 경운궁 돈덕전(惇德
殿)에서 황제로 즉위하였다. 그러나 즉위한 지 3년 만인 1910년 7월

유릉의 석상

종의 어머니, 1851∼1895.
873) 완친왕(完親王): 고종과 영보당 귀인이씨의 아들, 이름 선(墡), 완화군(完和君), 1868∼1880.

25일에 황제의 자리에서 물러나고 말았다. 끝내는 53세의 일기로 창덕궁 대조전(大造殿)에서 1926년 3월 14일 묘시에 승하하였다.

순종 비 순명황후는 여은부원군 민태호(閔台鎬)의 딸로 1872년(고종 9) 10월 20일 양덕방 사가에서 출생하였다. 민씨는 1882년(고종 19) 2월 19일 세자빈으로 책봉되었다가, 1897년(고종 34) 9월 19일에 황태자빈으로 책봉되었다. 그러나 1904년(고종 41) 9월 28일 술시(戌時)[874]에 경운궁 강태실(康泰室)에서 33세를 일기로 승하하였다. 1907년 7월 19일 순종 즉위식 날에 황후로 추봉되었다.

계비 순정황후는 해풍부원군 윤택영(尹澤榮)의 딸로 1894년(고종 31) 8월 20일에 양평군 서종면 문호리 외가(外家)에서 출생하였다. 1906년(고종 43) 12월 11일에 황태자비로 책봉되었다가, 1907년 7월 19일에 황후로 올려 책봉되었다.

황태자빈 민씨가 1904년(고종 41) 9월 28일 술시에 승하하니, 고종은 산릉의 총책임자로 이근명(李根命)을 임명하고, 상지관(相地官)[875] 최헌규(崔獻圭)·제갈형(諸葛炯)·이승건(李昇乾)·김윤현(金潤鉉)·오성근(吳聖根)·김중빈(金重彬)·김광식(金光植)·박인근(朴寅根)·전성기(全成基) 등을 대동하고 장지를 찾도록 하였다. 용마산 아래 옛 수릉(綏陵)[876] 국내, 홍릉(洪陵)[877] 왼쪽 북서향 언덕과 북동향 언덕, 숭릉(崇陵)[878] 오른쪽 동향 언덕, 강릉(康陵)[879] 왼쪽 동향

---

874) 술시(戌時): 19:00~21:00.

875) 상지관(相地官): 조선시대에 대궐과 왕릉 자리 등을 살펴 정하는 일을 담당하는 관직.

876) 옛 수릉(綏陵): 조선 23대 왕 순조와 순원왕후의 아들 효명세자를 맨 처음 천장산에 장사 지냈다가, 1846년(헌종 12) 윤5월 20일에 용마봉 아래 계좌정향(癸坐丁向)으로 1차 천장을 했었다. 1855년(철종 6) 8월 26일에 수릉을 다시 동구릉 내로 2차로 천장하였다.

877) 홍릉(洪陵): 당시에 청량리에 있던 명성황후 민씨의 능을 말한다. 1919년 1월 16일에 명성황후를 고종과 합장하기 위해 현재의 위치로 천장하였다.

언덕 등 다섯 곳을 살펴보고 우선순위를 정하여 보고하였다. 용마산 아래 서향 언덕은 "내룡은 변화가 있어 살아 움직이고, 혈은 모양이 확실하여 기운이 응집되어 있고, 청룡과 백호는 연꽃잎처럼 겹겹이 혈을 감싸고 있으며, 혈 주변을 흐르는 명당수도 혈을 감싸 돌 뿐만 아니라, 혈 앞의 공간은 평평하면서도 반듯하고, 앞에 있는 산들은 혈을 향해 고개를 숙이며 다소곳하고, 혈토는 오색 빛깔을 띠며 윤기가 난다"고 평가하였다.

고종은 1904년(고종 41) 11월 29일 묘시에 양주군 내동 용마산 아래 언덕880)에 유좌묘향(卯坐卯向)881)으로 황태자비 민씨를 장사 지내고, 원호를 유강원(裕康園)이라 내렸다. 유강원은 후에 유릉(裕陵)이라고 올렸다. 용마산의 원래 지명은 용마봉(龍馬峰)이었는데 1846년(헌종 12)에 양주군 천장산에 있던 수릉을 이곳으로 옮기면서 용마산으로 고쳐 불렀다.

후에 순종이 승하하자 장지를 남양주시 금곡동 홍릉(洪陵)882) 국내 왼쪽 언덕 묘좌유향(卯坐酉向)883)에 장지를 조성하여, 순명황후를 1926년 4월 25일 묘시에 용마산에서 옮겨와 먼저 장사를 지냈다. 같은 해 5월 2일 해시(亥時)884)에 순종을 이곳에 합장으로 장사 지내고, 능호는 순명황후 능호를 그대로 사용하여 유릉이라 하였다.

---

878) 숭릉(崇陵): 조선 18대 왕 현종과 명성왕후의 능.
879) 강릉(康陵): 조선 13대 왕 명종과 인순왕후의 능.
880) 용마산 아래 언덕: 현 서울 어린이대공원.
881) 유좌묘향(卯坐卯向): 18시 방향에서 06시 방향을 바라보는 방위. 정동향.
882) 홍릉(洪陵): 조선 26대 왕 고종과 명성황후의 능.
883) 묘좌유향(卯坐酉向): 06시 방향에서 18시 방향을 바라보는 방위. 정서향.
884) 해시(亥時): 21:00~23:00.

순정황후는 1965년 12월 22일 창덕궁 낙선재(樂善齋)에서 승하하여 유릉에 합장하였다.

유릉을 살펴보면 능침이 있는 곳이 산이 끝나는 부분이 아닌 산줄기 중간에 있다. 주산에서 내려오던 산줄기가 왼쪽으로 방향을 돌리면서 오른쪽에 자연스럽게 가지가 나오는 곳에 생긴 약간 두툼한 곳에 능을 조성하였다. 당시의 시대적 상황이 순종황제의 능을 좋은 자리로 정할 수 없는 현실이었던 점을 감안하여 판단할 수밖에 없다. 조선시대 지리학 고시과목이었던 진(晉)나라 때의 사람 곽박(郭璞)의 『장서(葬書)』에 보면, "다른 산에서 나누어져 나오지 않고 홀로 서 있는 독산(獨山), 풀과 나무가 자라지 않고 벌거벗은 동산(童山), 바위로 이루어진 석산(石山), 산줄기가 끊어진 단산(斷山), 산의 기운이 멈추지 않고 계속 흘러가는 과산(過山)에는 장사를 지낼 수 없다" 하여, 이를 5대불가장지(五代不可葬地)라고 한다.

유릉은 산줄기가 재실(齋室)의 뒤를 지나 주차장까지 흘러가 5대불가장지의 하나인 과산에 해당이 되며, 그나마도 혈장보다 앞이 높은 역룡(逆龍)의 기운까지 더하고 있어 풍수에서 말하는 아주 좋지 않은 흉지(凶地)에 능이 조성되어 있다. 과산은 주산에서 내려오는 생기(生氣)가 유골에 전해지지 못 하고 앞으로 흘러내려 가며, 주산에서 내려오는 강하고 딱딱하고 거친 기운의 영향만 미친다는 불가장지다.

유릉(순종과 순명황후와 순정황후)

　유릉은 홍릉과 더불어 유골이 도망간다는 도시혈(逃屍穴)이라는 의심을 받는 곳이다. 이 말은 아마도 토질이 단단하지 못하여 생긴 오해인 것 같다. 소나무들이 능침을 향하여 굽어 있기 때문이다. 그러나 자세히 살펴보면 소나무가 능침을 향하여 기울어져 있을 뿐, 끝이 다시 하늘로 향하여 자라지 않은 것으로 보아 도시혈은 아닌 것 같다. 즉 햇볕이 잘 드는 방향인 능침 쪽으로 나뭇가지가 무성하게 자라서, 무게 중심이 능침 쪽으로 기울어졌을 뿐 뿌리까지 흘러나가지는 않은 것으로 보인다. 만약 뿌리가 흘러가서 소나무가 기울어졌다면 나무가 기울어진 반대방향, 즉 햇볕이 드는 방향으로 가지가 자라기 마련이다. 유릉은 유골이 흘러가는 도시혈은 아니지만, 토질이 단단하지 못하고 무른 땅인 것은 분명한 것 같다.

제3장 왕릉 풍수

1. 왕릉 풍수도

1.1 풍수도형

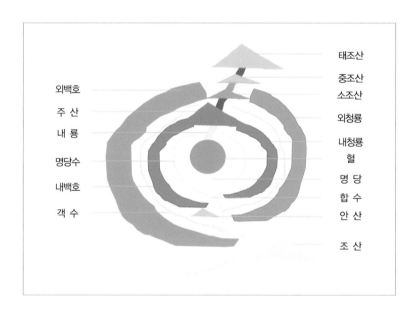

외백호
주 산
내 룡
명당수
내백호
객 수

태조산
중조산
소조산
외청룡
내청룡
혈
명 당
합 수
안 산
조 산

1.2 사신사(四神砂)

1.3 풍수지리 용어

1) 주산(主山): 혈 뒤에 우뚝 솟아 있는 산.

2) 내룡(來龍): 주산에서 혈까지 연결해 주는 산줄기.

3) 혈(穴): 사람이 거주하는 곳. 유골이 묻혀있는 곳.

4) 청룡(靑龍): 혈을 왼쪽에서 감싸주는 산줄기.

5) 백호(白虎): 혈을 오른쪽에서 감싸주는 산줄기.

6) 안산(案山): 혈 앞에 있는 산.

7) 조산(朝山): 혈 앞쪽에 있으면서 안산보다 멀리 있는 산.

8) 명당수(明堂水): 혈 주위에서 흐르는 물.

9) 수구(水口): 명당수가 청룡과 백호 밖으로 흘러나가는 지점.

10) 객수(客水): 혈을 감싸고 있는 청룡과 백호 밖에서 흐르는 물.

11) 명당(明堂): 혈 앞에 펼쳐진 넓은 공간.

2. 왕과 왕비의 위치

2.1 합장릉

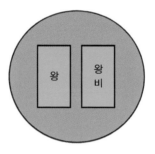

2.2 쌍릉 및 동원이강릉

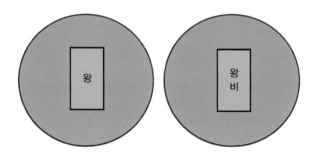

2.3 삼연릉

2.4 동원상하봉릉

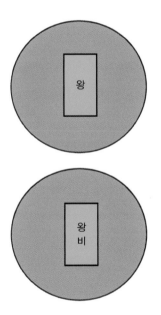

2.5 음양(陰陽)의 논리

陽	男	左	高	天	日	生	홀수	溫	東	前	春
陰	女	右	低	地	月	死	짝수	冷	西	後	秋

2.6 오행(五行)의 논리

1) 상생(相生) 관계

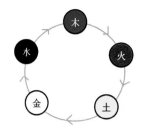

木生火: 나무는 불을 낳는다.

火生土: 불은 흙을 낳는다.

土生金: 흙은 쇠를 낳는다.

金生水: 쇠는 물을 낳는다.

水生木: 물은 나무를 낳는다.

2) 상극(相剋) 관계

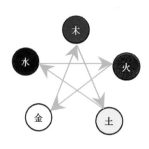

木剋土: 나무는 흙을 이긴다.

土剋水: 흙은 물을 이긴다.

水剋火: 물은 불을 이긴다.

火剋金: 불은 쇠를 이긴다.

金剋木: 쇠는 나무를 이긴다.

3) 오행(五行)의 배속체계

區分	木	火	土	金	水
方位	東	南	中央	西	北
季節	春	夏	四季	秋	冬
五常	仁	禮	信	義	智
五味	酸(신맛)	苦(쓴맛)	甘(단맛)	辛(매운맛)	鹹(짠맛)
五數	3, 8	2, 7	5, 0	4, 9	1, 6
五色	靑	赤	黃	白	黑
五神	靑龍	朱雀	皇帝	白虎	玄武
五臟	간, 담	심장, 소장	비, 위	폐, 대장	신장, 방광
五音	ㄱ, ㅋ	ㄴ, ㄷ, ㄹ, ㅌ	ㅇ, ㅎ	ㅅ, ㅈ, ㅊ	ㅁ, ㅂ, ㅍ
天干	甲, 乙	丙, 丁	戊, 己	庚, 辛	壬, 癸
地支	寅, 卯	巳, 午	辰, 戌, 丑, 未	申, 酉	亥, 子

3. 오행산(五行山)

3.1 목형산(木形山)

나무처럼 뾰족하게 우뚝 솟은 산을 목형
산이라 한다. 특히 붓끝처럼 뾰족한 산
을 문필봉(文筆峰) 또는 필봉이라 한다.

3.2 화형산(火形山)

산 정상이 불꽃처럼 뾰족뾰족하고 날카롭게 생긴 산을 화형산이라 한다. 지기(地氣)가 한 개의 봉우리로 뭉쳐지지 못하여 혈을 맺기 어려우나, 혈이 맺힌다면 강력한 지도력을 가진 자가 태어난다고 한다.

3.3 토형산(土形山)

산 정상이 일자(一字) 모양과 같이 반듯한 산을 토형산이라 하며, 한일자처럼 생겼다고 하여 일자문성(一字文星)이라고도 한다. 안산(案山)이 일자문성이면 제왕(帝王)이 태어난다고 한다.

3.4 금형산(金形山)

산 정상이 거북이 등, 종(鍾)을 엎어놓은 모양, 여인의 눈썹 모양, 반달이나 초승달 모양처럼 생긴 산을 금형산이라 한다. 규모가 큰 산에서는 부자가 나고, 반달이나 초승달처럼 작고 예쁜 산에서는 왕비(王妃)나 미인이 난다고 한다.

3.5 수형산(水形山)

산 정상이 물결 모양처럼 오르락내리락 하는 산을 수형산이라 한다. 기운이 봉우리마다 나뉘기 때문에 혈이 맺힐 가능성이 없다. 수형산은 봉우리와 봉우리를 연결해주는 역할을 담당할 뿐이다.

4. 용혈사수

4.1 용(龍)

주산과 혈을 연결해 주는 내룡을 용이라 한다. 용은 살아서 움직이는 모습, 즉 '뱀이 물을 헤엄쳐 건너는 모습'을 가장 이상적인 용으로 여기며 생룡이라 한다. 생룡이어야 주산에 있는 좋은 기운을 혈까지 전달할 수 있다고 본다.

4.2 혈(穴)

혈이란 주거지를 말한다. 양택의 경우 핵심 건물이 있는 곳, 왕릉의 경우 능침이 조성되는 곳을 말한다. 혈의 종류에는 와혈(窩穴, 제비집 형국), 겸혈(鉗穴, 삼태기 형국), 유혈(乳穴, 능선 끝에 있는 혈), 돌혈(突穴, 볼록 솟은 형국)이 있다.

4.3 사(砂)

혈 주변에 있는 산을 말한다. 주산, 안산, 청룡, 백호는 사신사(四神砂)라 하며, 그 외에 혈 가까이에 있는 작은 산이나 언덕, 바위, 명당 등을 일컫는다. 사신사보다 멀리 있는 산들도 사(砂)라고 한다.

4.4 수(水)

혈 주변에 있는 물을 말한다. 명당수, 객수, 우물, 연못, 호수 등을 일컫는다.

4.5 좌향(坐向)

어느 기준점에서 뒤쪽을 좌(坐), 앞쪽을 향(向)이라 한다. 좌와 향은 일직선상에서 서로 반대쪽을 일컫는다. 풍수에서 좌향은 패철(佩鐵)이라는 기구로 측정한다. 패철을 라경 또는 윤도라고도 한다.

참고문헌

『경국대전(經國大典)』.
『내훈(內訓)』.
『산릉의장(山陵議狀)』.
『연려실기술(練藜室記述)』.
『조선왕조실록(朝鮮王朝實錄)』.
『지리전서동림조담(地理全書洞林照膽)』, 국립중앙도서관소장본.
『춘정집(春亭集)』.
곽박, 최창조 역(1993), 『청오경・금낭경』, 민음사.
곽박, 허찬구 역(2005), 『장서역주』, 비봉출판사.
이병유・이은희(2008), 『王에게 가다』, 문화재청, (주)지오마케팅.
이현종(1971), 『동양년표』, 탐구당.
전용신(1993), 『한국고지명사전』, 고려대학교 민족문화연구소.
채성우, 김두규 역(2002), 『明山論』, 비봉출판사.
최낙기(2007), 『풍수지리를 올바로 알면 부자가 될 수 있다』, 한국학술정보.
최낙기(2011), 「정감록연구」, 선문대학교 대학원 박사학위논문.
최낙기(2005), 「지명과 풍수지리의 관련성 연구」, 선문대학교 대학원 석사학
        위논문.
최창조(1984), 『한국의 풍수사상』, 민음사.
한국역사연구회(2000), 『역사문화수첩』, 역민사.
호순신, 김두규 역(2001), 『지리신법(地理新法)』, 비봉출판사.
두산백과사전(http://terms.naver.com)
문화재청 조선왕릉전시관(http://royaltombs.cha.go.kr)
한국민족문화대백과사전(http://terms.naver.com)
한국역대인물종합정보시스템(http://people.aks.ac.kr/index.aks)
조선왕조실록, 국사편찬위원회(http://sillok.history.go.kr)
조선왕조실록, 한국고전번역원(www.itkc.or.kr)

최낙기

문학박사(풍수지리전공)
한성대학교 부동산경영학과 풍수지리 교수 역임
한성대학교 부동산대학원 풍수지리 교수 역임
명지전문대학 부동산경영과 풍수지리 교수 역임
SBS 드라마 〈대풍수〉 풍수 자문
MBN 토크쇼 〈황금알〉 출연
KBS, MBC, SBS, 경인방송, 마운틴TV 등 풍수지리
　　관련 방송 출연
現) 선문대학교 풍수지리 교수

『풍수지리를 올바로 알면 부자가 될 수 있다』
「정감록연구」
「지명과 풍수지리 관련성 연구」

왕릉
풍수
이야기

초판인쇄　2014년 9월 26일
초판발행　2014년 9월 26일

지은이　최낙기
펴낸이　채종준
펴낸곳　한국학술정보㈜
주소　경기도 파주시 회동길 230(문발동)
전화　031) 908-3181(대표)
팩스　031) 908-3189
홈페이지　http://ebook.kstudy.com
전자우편　출판사업부　publish@kstudy.com
등록　제일산-115호(2000. 6. 19)

ISBN　978-89-268-6655-9 93380